"中国消费经济运行报告"丛书

丛 书 主 编：韩 雷
丛书执行主编：刘 娜
丛书副主编：张丹丹 欧定余 马丽君 侯新烁

湘潭大学商学院
湘潭大学消费经济研究院
长沙新消费研究院

联合出品

数字经济赋能
农产品区域公用品牌
高质量发展

侯新烁 刘亚军 雷丽彩 ◎ 著

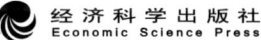

中国财经出版传媒集团
经济科学出版社
Economic Science Press
·北 京·

图书在版编目（CIP）数据

数字经济赋能农产品区域公用品牌高质量发展／侯新烁，刘亚军，雷丽彩著．-- 北京：经济科学出版社，2025.5. --（"中国消费经济运行报告"丛书）.
ISBN 978-7-5218-6915-6

Ⅰ.F326.5

中国国家版本馆 CIP 数据核字第 2025L5U968 号

责任编辑：胡成洁
责任校对：蒋子明
责任印制：范　艳

数字经济赋能农产品区域公用品牌高质量发展

SHUZI JINGJI FUNENG NONGCHANPIN QUYU GONGYONG PINPAI GAOZHILIANG FAZHAN

侯新烁　刘亚军　雷丽彩　著
经济科学出版社出版、发行　新华书店经销
社址：北京市海淀区阜成路甲 28 号　邮编：100142
经管中心电话：010-88191335　发行部电话：010-88191522
网址：www.esp.com.cn
电子邮箱：espcxy@126.com
天猫网店：经济科学出版社旗舰店
网址：http://jjkxcbs.tmall.com
北京季蜂印刷有限公司印装
710×1000　16 开　12.25 印张　220000 字
2025 年 5 月第 1 版　2025 年 5 月第 1 次印刷
ISBN 978-7-5218-6915-6　定价：65.00 元
(图书出现印装问题，本社负责调换。电话：010-88191545)
(版权所有　侵权必究　打击盗版　举报热线：010-88191661
QQ：2242791300　营销中心电话：010-88191537
电子邮箱：dbts@esp.com.cn)

"中国消费经济运行报告"丛书

丛书主编

韩 雷

丛书执行主编

刘 娜

丛书副主编

张丹丹　欧定余　马丽君　侯新烁

丛书编委会

刘长庚	刘金刚	罗菊兰	罗建文	醋卫华	杨智辉
朱　健	易行健	夏杰长	毛中根	汪　伟	杨汝岱
张川川	楚尔鸣	龚志民	谭燕芝	陈湘满	湛　泳
刘亚军	陈华帅	张　立	吴朝霞	张　磊	田小文
张伟伟	姚海琼	陈　靖	郑　平	彭明霞	雷剑峰

本书编委会

侯新烁　刘亚军　雷丽彩
文　艺　张帆顺　侯泽敏

总　序

　　中共中央、国务院《扩大内需战略规划纲要（2022—2035年）》指出，坚定实施扩大内需战略、培育完整内需体系，是加快构建以国内大循环为主体、国内国际双循环相互促进的新发展格局的必然选择。为深入实施扩大内需战略，必须充分发挥消费对经济发展的基础性作用，不断增强高质量发展的持久动力。消费不仅是内需体系的重要支撑，也是中国经济发展的基本动力，是满足人民日益增长的美好生活需要的必然要求。习近平总书记强调，要增强消费能力，改善消费条件，创新消费场景，使消费潜力充分释放出来。习近平总书记关于消费问题的重要论述，为我们开展消费经济理论研究、探索消费扩容提质的思路与举措提供了根本遵循。国务院办公厅2023年7月发布《关于恢复和扩大消费的措施》，就恢复和扩大消费展开系统部署。2024年全国两会提出，要培育壮大新型消费，实施数字消费、绿色消费、健康消费促进政策，积极培育智能家居、文娱旅游、体育赛事、国货"潮品"等新的消费增长点。党的二十届三中全会也对加快培育完整内需体系作出全面部署，提出"完善扩大消费长效机制"。当前，中国消费已从疫后恢复阶段逐步转向持续扩大阶段，消费需求稳步增长、消费结构加快升级、消费拉动经济的作用显著增强，许多消费新现象、新趋势、新问题持续涌现，围绕这些新现象、新趋势和新问题开展系统深入的研讨，有着重要的学术价值和实践意义。

　　湘潭大学是中国消费经济学研究的发源地，也是当前国内消费经济学研究领域最有影响的重镇之一。1979年开始，杰出的学科带头人尹世杰教授带领一批年富力强的中青年学者在湘潭大学开展对社会主义消费经济学的研究，创下"六个第一"：第一个把消费经济作为独立学科进行研究，出版第一本系统研究消费经济的专著《社会主义消费经济学》（1983年），获第一届孙冶方经济科学奖（1985年），第一个招收消费经济学方向硕士研究生，创办第一个消费经济研究所（1984年经湖南省人民政府批准成立，2011年升格为消费经济研究院），创办第一家消费经济学术刊物《消费经济》（1985年）。湘潭大学商学院、湘潭大学消费经济研究院以"推动中国消费经济学理论与实践研究、彰显服务中国式现代化责任担当"为己任，以科学研究和社会服务为依托，着力培养壮大消费经济研究力量，推动中国消费经济学科发展，服务地方经济发展，促进社会消费繁荣。为进一步传承和发扬尹世杰教授等前辈学者深耕消费经济研究的优良传统，凸显消费经济研究特色，彰显消费经济学学科影响力，更好地服务国家和地方经济社会发展，湘潭大学商学院、湘潭大学消费经济研究院充分挖掘和发挥学科团队在消费经济研究领域的经年积淀与高层次人力资本优势，研究市场深度需求，组织撰写可充分满足政府、企业与消费者多维需要、特色鲜明的中国消费经济运行报告。2023年首批报告发布，本套丛书为中国消费经济运行报告的第二批成果。

本套丛书由湘潭大学商学院、湘潭大学消费经济研究院、长沙新消费研究院联合出品。长沙新消费研究院由湖南省商务厅指导、长沙市商务局与天心区人民政府共同发起，以"政府指导·市场主导·赋能产业"三位一体发展理念筹建，定位长沙新消费产业服务与孵化平台，由长沙新消费产业研究有限公司运营。长沙新消费研究院以"消费向上·中国向前"为愿景，围绕"产业研究·企业咨询·投资孵化"三个功能定位，以"共创、共生、共享"的价值理念，致力于促进新消费产业领域内学术、企业、资本、平台、政府等之间的交流，推动新消费产业前沿理论与市场实践的高质量互动发展。湘潭大学与长沙新消费研究院共同创建"新消费经济研究中心"，双方立足长沙、放眼全国，在数据采集与挖掘、科研与产学研合作、产业人才培养等多方面展开了深度合作。本套丛书是双方深度合作的成果，力求为中国新消费经济理论研究与产业实践实现高质量发展添砖加瓦。

本套丛书秉持首批中国消费经济运行报告丛书的宗旨，对中国当前消费经济热门领域展开观察与思考。本套丛书从不同主题切入，充分运用理论推演、数据挖掘、田野调查、案例分析等多种研究方法精确描摹和深度剖析中国消费经济运行现状、特征与趋势，为相关部门制定和实施扩内需

总　序

促消费政策、企业应对新消费时代生产服务转型提供了依据和参考。未来，期待湘潭大学在消费经济研究领域持续发力，推出更多基于理论指导、立足现实需要的消费经济研究成果，为推动构建新发展格局、不断满足人民日益增长的美好生活需要积极贡献智慧和力量！

中国社会科学院财经战略研究院研究员

2024 年 11 月 16 日

前　言

农产品区域公用品牌是农业高质量发展的重要标志，也是乡村振兴的重要抓手。农产品区域公用品牌作为一种依托农村本地资源而发展起来的知识产权，可以为当地成员企业所共有，因而其价值具有普惠性，对于带动农民增收和地方经济发展具有重要意义。

我国农产品区域公用品牌总量快速增长，从2008年的121个增长至2022年的3 510个，年均复合增长率高达27.19%，但总体仍处于初期发展阶段，品牌质量、品牌价值有待提高，同质化竞争、区域发展不均衡等问题突出。

随着数字经济向农业快速渗透，农产品区域公用品牌的发展迎来新机遇。2023年全国农产品网络零售额达5 870.3亿元，比上年增长12.5%，并且数字化浪潮正迅速向上游生产端延伸。数字经济的新技术、新市场、新业态和新模式，推动农业全产业链的数字化升级，促进了农产品区域公用品牌的高质量发展。在此背景下，如何抓住农业数字化转型的机遇，让数字经济有效赋能农产品区域公用品牌，实现高质量发展，是推动乡村振兴过程中需要研究的重要理论和现实问题。

本书是2023年分报告《湖南省区域公用品牌网络口碑分析报告》的接续研究成果。作为消费经济学的发源地，湘潭大学消费经济研究院长期致力于消费经济研究，其中比较重要的一个模块就是农村消费和品牌消费。去年，我们团队的《湖南省农产品区域公用品牌网络口碑分析报告》一书顺利出版，获得了良好的社会反响。此次，我们又针对数字经济如何赋能农产品区域公用品牌高质量发展问题开展理论和案例研究，探索其赋能机理，通过案例分析解释其赋能机制和模式，期望为农产品区域公用品牌的数字化转型升级提供有益的理论指导和实践经验借鉴，为推动数字经济发展和乡村振兴战略贡献绵薄之力。

全书从构思到成书，经历文献和案例调研、理论分析和框架构建、案例分析与机制提炼、对策研究四个阶段，前后共十个月时间。各章节主要人员分工如下：第 1 章，侯新烁、桂思、刘鑫；第 2 章，雷丽彩、胡靖；第 3 章，刘亚军、许方银；第 4 章，侯泽敏；第 5 章，张帆顺；第 6 章，文艺、周海彤；第 7 章，雷丽彩、吴晓玲；第 8 章，侯新烁、刘鑫。侯新烁、桂思、刘鑫等负责全书统稿。

本书在写作和出版过程中，得到湘潭大学商学院、湘潭大学消费经济研究院及经济科学出版社的大力支持，在此表示感谢。本书也是国家社科基金重大项目"在高质量发展中促进共同富裕的制度设计研究"（项目编号：23ZDA021）和国家社科基金一般项目"基于数字技术嵌入的农产品区域品牌'搭便车'问题治理研究"（项目编号：24BGL178）的阶段性成果。

由于时间紧、任务重，本书在写作过程中难免存在各种问题，欢迎各界同仁提出宝贵意见。随着数字经济的快速发展，农产品区域公用品牌的数字化实践也日新月异，相应的分析工具和理论也需不断迭代，课题组将会对此进行长期的跟踪研究。

课题组
2024 年 12 月 26 日

目 录

第1章 绪论 ... 1

1.1 中国农产品区域公用品牌蓬勃发展 ... 2
1.2 区域公用品牌高质量发展推动农业农村现代化 ... 4
1.3 数字经济背景下区域公用品牌发展的新特点 ... 5
1.4 数字经济多维赋能农产品区域公用品牌高质量发展 ... 7
1.5 研究内容及思路 ... 10

第2章 中国农产品区域公用品牌发展现状 ... 13

2.1 中国农产品区域公用品牌发展基本现状 ... 13
2.2 中国农产品区域公用品牌发展特征 ... 28
2.3 中国农产品区域公用品牌的机遇与挑战 ... 33
2.4 本章小结 ... 39

第3章 数字经济赋能农产品区域品牌高质量发展的机理 ... 41

3.1 农产品区域公用品牌发展痛点 ... 41
3.2 农产品区域公用品牌高质量发展的内涵 ... 44
3.3 农产品区域公用品牌生态体系建设与高质量发展 ... 46
3.4 数字经济的内涵、特性与表现形式 ... 49
3.5 数字经济对农产品区域公用品牌生态体系的赋能作用 ... 61
3.6 数字经济何以赋能农产品区域公用品牌高质量发展 ... 65
3.7 本章小结 ... 67

第 4 章　新市场赋能：数字消费驱动农产品区域公用品牌高质量发展　68

4.1　数字消费、新市场与区域公用品牌高质量发展　68
4.2　新市场赋能下数字消费驱动区域公用品牌高质量发展的案例研究　73
4.3　新市场赋能下数字消费驱动区域公用品牌高质量发展的模式及政策　88
4.4　本章小结　90

第 5 章　新技术赋能：数字技术推动区域公用品牌高质量发展　92

5.1　新技术及其应用现状　92
5.2　数字技术赋能区域公用品牌高质量发展的作用机制　95
5.3　大数据赋能区域公用品牌价值攀升——以攀枝花芒果为例　100
5.4　区块链赋能区域公用品牌治理完善——以盐池滩羊为例　106
5.5　本章小结　112

第 6 章　新业态赋能：离岸孵化中心服务区域公用品牌高质量发展　114

6.1　数字经济下的新业态　114
6.2　品牌离岸孵化新业态赋能农产品区域公用品牌的理论框架　119
6.3　案例解读：安化黑茶离岸孵化中心赋能安化黑茶区域公用品牌高质量发展　126
6.4　本章小结　139

第 7 章　新模式赋能：供应链视角下数字平台助推区域公用品牌高质量发展　141

7.1　平台模式及农产品供应链　141
7.2　数字平台赋能农产品区域公用品牌高质量发展的实现机制　147
7.3　数字生产平台赋能：以托普云农为例　156
7.4　数字交易平台赋能：以赣南脐橙为例　159

7.5 本章小结 ……………………………………………………… 168

第8章 本书主要结论和发展建议 …………………………… **169**

8.1 主要结论 ……………………………………………………… 169
8.2 发展建议 ……………………………………………………… 171

参考文献 ………………………………………………………… **176**

第1章

绪　　论

实现乡村振兴是新时代"三农"工作的核心任务，也是全体人民迈向共同富裕的必由之路。在此进程中，产业振兴占据着举足轻重的地位。[①] 农业的高质量发展为乡村产业振兴奠定了坚实的基础。2024年中央一号文件指出，要将农业发展成为现代化大产业，并鼓励各地根据当地条件大力发展特色产业，支持打造具有乡土特色的品牌。品牌化不仅是农业高质量发展的重要标志，更是推动农业规模化、标准化、产业化和市场化的关键途径。品牌化能够有效提升农产品的质量，促进农业产业结构的优化升级，从而实现农业增效和农民增收。农业农村部发布的《农业品牌精品培育计划（2022—2025年）》强调，到2025年，要打造一批品质卓越、特色鲜明、竞争力强且享有高知名度和美誉度的农产品区域公用品牌。[②]《支持脱贫地区打造区域公用品牌实施方案（2023—2025年）》进一步指出，为实现乡村产业帮扶，需要打牢品牌基础，壮大品牌主体，促进渠道对接，并加强营销推广，以品牌强农为策略，推动脱贫攻坚与乡村振兴的有效衔接。[③] 由此可见，推动农产品区域公用品牌的高质量发展，已成为实现乡村全面振兴的重要举措。

农产品区域公用品牌是指一个地区内众多农产品生产者或经营者共同塑造的，以该地区特有的农产品为基础的品牌标识和形象。这些品牌根植于独特的自然生态环境和富有特色的历史人文背景之中，具有产区标识明确、地域特色显著以及功能属性独特等特点。如前所述，农产品区域公用品牌的高质量发展已成为

---

① 刘敏. 助力乡村振兴打造农产品区域公用品牌（新知新觉）[N]. 人民日报, 2023-08-23.
② 农业农村部办公厅. 农业品牌精品培育计划（2022-2025）[R]. 农业农村部门户网站, https://www.moa.gov.cn/govpublic/SCYJJXXS/202206/t20220614_6402467.htm.
③ 农业农村部办公厅. 支持脱贫地区打造区域公用品牌实施方案（2023-2025年）[R]. 农业农村部门户网站, https://www.gov.cn/zhengce/zhengceku/2023-04/20/content_5752372.htm.

推动农业农村现代化、促进乡村产业振兴的关键动力。因此，培育一批标准化、特色鲜明的区域公用品牌，并充分发挥其带动作用，是推动乡村振兴的必由之路。

近年来，我国农产品区域公用品牌的数字化发展规模持续扩大（乔瀛东等，2024）。数字经济的发展为区域公用品牌建设带来了新活力和强大动能，有力推动了农产品区域公用品牌的快速发展。例如，电商平台、社交媒体等线上渠道的广泛拓展，有效打破了地域限制和信息不对称的壁垒，极大地拓展了农业品牌消费的新增长点；同时，智能化生产、溯源系统等数字化技术的广泛应用，显著提升了农业品牌的建设效率与产品质量。然而，在具体实践中，仍面临诸多挑战和问题，严重阻碍了农产品区域公用品牌的高质量发展。因此，系统研究数字经济如何有效赋能农产品区域公用品牌建设，明确农产品区域公用品牌高质量发展的数字化长效机制，实现资源的合理配置，以激发农业农村的发展活力，已成为全面实现农业农村现代化与乡村振兴过程中亟待解决的重大课题。

1.1 中国农产品区域公用品牌蓬勃发展

随着政府对公用品牌建设支持力度的不断加大，以及企业和农户品牌意识的明显提升，中国农产品区域公用品牌的数量实现了快速增长。从 2008 年的 121 个增长至 2022 年的 3 510 个，年均复合增长率高达 27.19%。[①] 这一数据有力地证明了中国农产品区域公用品牌展现出的强大增长动力和蓬勃发展态势。在品牌数量持续增长的同时，品牌的质量保障措施亦得到了显著加强。政府层面，不仅加大了对农产品质量安全的监管力度，还积极推动标准化生产的广泛应用，并进一步完善了品牌认证与溯源体系，从而切实保障了消费者能够获取到安全、高品质的农产品。企业和农户层面，积极响应政府号召，主动参与品牌建设，提升产品美誉度与品牌形象，为区域公用品牌的长期稳健发展打下了牢固基础。一系列有力举措不仅显著增强了品牌的综合竞争力，更为广大消费者提供了更多优质、值得信赖的农产品选择。

从区域视角审视，我国农产品区域公用品牌展现出高度的区域集中性与分

---

① 资料来源：全国地理标志农产品查询系统得到的全部类型农产品地理标志信息（www.anluyun.com）。

布不均衡性。截至2022年12月，全国31个省、自治区、直辖市的3 510个农产品区域公用品牌中，山东省以351个品牌数量独占鳌头，远超其他省份，四川省（201个）和湖北省（197个）紧随其后，分列第二、第三位。① 总体来看，西部地区凭借其独特的自然条件和丰富的生物多样性，在农产品区域公用品牌数量上超过了中部地区和东部地区。然而，这些地区在品牌发展上又各具特色。东部沿海地区因其地理优势，农产品品牌更易于实现现代化、标准化和规模化生产，从而在市场上占据一席之地。相比之下，中西部地区的农产品品牌则巧妙融合了传统与现代，既保留了浓郁的地方特色和深厚的文化底蕴，又积极吸纳先进的生产技术和市场理念，构建起了相对完善的农业产业体系，展现出独特的市场竞争力。

从品类视角观察，随着我国农业新质生产力的蓬勃发展和乡村振兴战略的深入实施，农产品区域品类日益丰富，形成了特色鲜明、优势互补的多元化发展态势。作为粮食生产大国，种植类品牌在农产品区域品牌中占据主导地位，而畜牧类和水产类品牌虽占比较少，但也呈现出稳步发展的态势。在品牌建设与市场需求紧密相连的背景下，果品类、蔬菜类、肉类品牌因市场需求旺盛而占比最高。这不仅反映了消费者对健康、绿色农产品的追求，也体现了品牌在满足市场需求、提升产品附加值方面的积极作用。此外，各省份依托独特的自然条件和资源优势，孕育了一批具有鲜明地域特色的农产品品牌。云南的普洱茶、宁夏的枸杞、新疆的瓜果以及黑龙江的大米，这些品牌已成为各自省份的亮丽名片，不仅在国内市场上享有盛誉，也在国际市场上展现出强大的竞争力。这些成功案例不仅为当地农业发展注入了新活力，也为其他地区的农产品品牌建设提供了宝贵经验。

从公用品牌价值的角度来看，我国品牌价值分布呈现出显著的集中性特点。一些头部品牌凭借其卓越的品质、广泛的市场认知度和深厚的品牌底蕴，拥有极高的品牌价值，进而带动了整个区域品牌价值的提升，使得区域品牌价值也呈现出集中趋势。根据第一批农业品牌目录区域公用品牌价值评估结果，有27个品牌的单个品牌价值突破了100亿元大关，这些品牌的价值总和占据了全部品牌价值份额的七成以上，彰显了其在市场中的重要地位和巨大影响力。其中，"五常大米""洛川苹果""赣南脐橙"以及"盘锦大米"等品牌

---

① 资料来源：全国地理标志农产品查询系统得到的各省份农产品地理标志信息（www.anluyun.com）。

的价值更是超过了500亿元，成为引领行业发展的标杆。① 高价值品牌凭借其强大的品牌忠诚度、显著的口碑效应和广泛的影响力，不仅成为各自行业的领军者，更是地域特色与卓越品质完美融合的典范。行业头部品牌通过其辐射效应和示范效应，对区域整体品牌价值产生了深远的带动作用。它们不仅促进了区域产业链的延伸和经济结构的多元化发展，为当地经济注入了新的活力，还激励着更多的企业和农户积极投身品牌建设之中。这些企业和农户通过学习和模仿头部品牌的成功经验，不断提升自身的产品质量和服务水平，进而推动我国农产品区域公用品牌的整体发展迈上新的台阶。可以说，高价值品牌是农产品区域公用品牌发展的核心驱动力，它们的成功不仅为自身带来了可观的经济效益，更为整个行业的进步和区域经济的发展作出了重要贡献。

从线上布局来看，我国已成为世界农产品电商领域的领头羊，农产品区域品牌线上化进程明显提速。线上农产品区域品牌数量及各平台整体销售额均持续增长。2023年，全国农产品网络零售额达到5 870.3亿元，同比增长12.5%。② 其中，农产品区域公用品牌网上销售额同比增长20.5%，增速较2022年提高了8.2个百分点。③ 广东省、浙江省、上海市的农产品线上品牌渗透率最高，东部地区和中部地区发达的电商环境推动了省内农产品区域品牌的线上化进程。此外，由于茶叶耐储存、易运输，在农产品区域品牌的三级分类中，茶叶品类全网销售额占比最高。

1.2 区域公用品牌高质量发展推动农业农村现代化

农业品牌是农业农村现代化的重要标志。④ 农产品区域公用品牌强调了区

---

① 中国农业品牌目录2019农产品区域公用品牌（第一批）价值评估榜单［R］. 中国农业信息网，http：//www.chama.org.cn/zxt/ppml/20200/t20200222_7303904.htm.

② 2023年中国农村电商市场运行情况分析：农产品网络零售额同比增长12.5% ［EB/OL］. 中国产业研究院，https：//www.askci.com/news/chanye/20240806/0903192722906191834542233.shtml.

③ 2024中国农产品区域公用品牌网络零售发展蓝皮书［R］. 欧特欧咨询，https：//www.shangzhizhen.com/#/infoDetail? chs_id=124&ens_id=0.

④ 刘萌萌. 走向大市场 叫响农产品区域公用品牌［N/OL］. 中国经济导报，2024-05-30. https：//www.gov.cn/zhengce/zhengceku/2023-04/20/content_5752372.htm.

域地理特色和产品的共同特性，超越了单纯的地理标识或产品名称，它不仅是推动地区经济发展和文化传承的重要载体，更是实现可持续发展和普惠增长的关键力量。农产品区域品牌发展是一个复杂而系统的过程。当前，我国农产品区域公用品牌的发展仍面临一些阻碍，包括品牌建设中的非标准化问题、品牌"搭便车"行为、假冒伪劣产品泛滥、品牌同质化严重、品牌区域发展不均衡等（董银果等，2022）。同时，部分品牌影响力不强、维护力不足，产业发展基础相对薄弱，加之线上线下融合不充分等，这些因素共同限制了农产品区域公用品牌的发展（黎彩眉，2021）。因此，探索如何通过建立健全区域公用品牌管理体系、加强品牌产业支撑、提升区域公用品牌的知名度和美誉度，以实现区域公用品牌高质量发展，具有深远价值。

农产品区域公用产品的高质量发展意味着区域特色资源与文化价值的深度融合、经济发展与社会责任的并重、效率与效益的双重提升，以及持续性与公平性的兼备（毕婕，2023），融合了创新发展、价值发展、绿色发展和普惠发展的理念。创新发展通过农业技术进步和数字化转型，提高农业生产效率，打造差异化竞争优势；价值发展聚焦于提升产品与服务质量，实现品牌价值最大化，并提高生产经营效益；绿色发展强调环境保护和生态文明建设，推动资源循环利用和可持续发展；普惠发展则致力于让品牌价值惠及更广泛的民众，促进地方经济多元发展，提升区域整体竞争力，并为农民创造更多就业岗位和增收机会。通过探索区域公用品牌高质量发展之路，可以实现经济效益、社会效益和生态效益的统一，推动地区经济繁荣、文化传承和社会进步。

1.3 数字经济背景下区域公用品牌发展的新特点

数字经济是以数字化的知识和信息作为关键生产要素，以数字技术为核心驱动力量，以现代信息网络为重要载体，通过数字技术与实体经济深度融合，不断提高经济社会的数字化、网络化、智能化水平，加速重构经济发展与治理模式的新型经济形态。根据《数字中国发展报告（2023）》，我国数字经济规模已超过55万亿元，位居全球第二。① 数字技术应用场景不断拓展，已渗透至农业生产经营、居民消费等多个领域。区域公用品牌与数字经济的结合，引领中国农产品品牌建设迈向一个新的发展阶段，呈现出一系列新的发展趋势和特点，主要表现在以下几个方面。

第一，数据驱动的品牌精准营销。2021年中国农业区域公用品牌运营闭门会上提出，利用数字媒体进行品牌推广和营销是农产品区域公用品牌建设的一个重要方向。大数据分析、用户画像技术和数据可视化工具的应用，使农产品品牌能够更精准地定位目标市场和客户群体，洞察消费者需求和偏好，制定个性化的营销策略，并通过精准推送提升营销效果，直观展示品牌发展状况，提高品牌的市场响应力。

第二，"互联网+农业"的运营模式。电商平台、直播带货、云展会等新型销售模式已成为当下区域公用品牌的关键促销途径。这些模式打破了传统农业的地域限制，拓宽了农产品的销售渠道，提升了品牌的市场影响力和认知度。如双十一、618等电商平台的促销活动，成为农产品区域品牌迅速扩大市场份额、提高市场活力的重要机会。同时，美团优选、兴盛优选、多多买菜等社区团购新模式降低了流通成本，增加了产品的附加值，为农产品的直供直销提供了新的可能性。

第三，智能化的农产品生产管理。物联网技术与农产品溯源系统在我国得到了广泛推广应用。利用物联网技术有效监控农产品的生产环境，实现了精准灌溉、施肥、采摘、加工等流程，显著提升了生产效率及产品质量。农产品溯源系统通过详细记录产品的生产、流通等关键环节信息，极大地增强了消费者的信任感。例如，福建安溪的"铁观音"茶产业依托智能物联网技术，实现了从种植到加工的全流程智能化生产，最大限度地确保了茶叶的高品质。

第四，多样化的品牌传播方式。互联网的普及催生了社交媒体、内容营销以及搜索引擎优化等多样化传播手段，这些渠道为区域公用品牌故事营销和形象宣传搭建了多元化的平台，增强了品牌的互动性和市场影响力。依托数字平台的多渠道传播优势，不同媒介的组合宣传策略不仅可以深化消费者对品牌的认知，提高品牌的曝光度和知名度，而且借助带货机构、网红明星的背书效

---

① 数字中国发展报告（2023）[R]. 国家数据局，https：//www.digitalchina.gov.cn/2024/xwzx/szkx/202406/t20240630_4851743.htm.

应，为品牌建设推波助澜，实现了品牌美誉度与销量的双重提升。

第五，国际化发展。根据《全国农产品跨境电子商务发展报告（2020—2021）》，我国农产品跨境电商贸易规模持续扩大，呈现高速增长态势。[①] 跨境电商综合示范区、境外农业合作示范区、农业国际贸易高质量发展基地等平台的建立，推动了农业高质高效发展。借助数字平台的全球化网络，农产品区域公用品牌能够轻松跨越地域限制，拥有更广阔的市场。通过跨境电商、国际展会等渠道，公用品牌能够直接对接海外消费者和采购商，提升品牌知名度和市场占有率。同时，数字平台还能为公用品牌提供国际贸易规则、市场趋势等方面的信息支持，助力其适应国际市场。

数字经济作为一种新兴经济形态，对传统经济模式产生了深刻影响。电子商务、移动支付、共享经济、平台经济等数字经济新业态蓬勃发展，成为推动中国农产品品牌建设的新动能。在数据驱动的精准营销、"互联网＋农业"运营模式、智能化生产管理、多样化的品牌传播和国际化发展方式的推动下，中国农产品品牌建设正迈向高质量发展的新路径。本书研究数字经济背景下农产品区域公用品牌的高质量发展模式和策略，对于深化区域公用品牌内涵、提升品牌市场竞争力，推动乡村产业现代化转型与全面推进乡村振兴战略具有重要现实意义。

1.4 数字经济多维赋能农产品区域公用品牌高质量发展

当前，部分农产品区域公用品牌建设正面临多重困境，严重制约了其市场竞争力和发展潜力。首先，品牌同质化现象严重，缺乏清晰的市场定位和差异化策略，导致品牌难以在激烈的市场竞争中脱颖而出（黎彩眉，2021）。这主要归因于品牌建设初期缺乏系统的规划和深入的市场调研，使得品牌形象模糊，难以形成独特的品牌魅力。其次，农产品质量控制体系的不完善也是制约品牌建设的关键因素。标准化程度不足、产品质量参差不齐，直接影响了消费

[①] 农业农村部信息中心. 全国农产品跨境电子商务发展报告（2020—2021）[R]. 农业农村部门户网站，2021－12－10. https://www.moa.gov.cn/xw/zxfb/202112/t20211210_6384542.htm.

者的购买信心和品牌声誉。再次，传统农产品供应链的弊端同样不容忽视。信息不对称、效率低下、物流成本高、损耗大等问题，严重削弱了品牌的市场竞争力。此外，营销和推广方式的单一也限制了品牌市场的拓展。许多农产品区域公用品牌仍依赖于传统的线下销售渠道，缺乏多样化的营销和推广手段。同时，在快速变化的市场环境中，传统农产品区域公用品牌创新意识和能力的缺失，也是制约其发展的重要成因。最后，资金和技术短缺也是部分区域公用品牌面临的现实问题。农产品区域公用品牌建设需要大量资金投入和技术支持，尤其是在数字化转型方面。然而，由于资金有限和技术能力不足，许多品牌难以有效推进数字化建设，进而限制了其市场竞争力和发展潜力。从理论上看，数字经济以其特有的开放性、共享性、协同性和创新性，为破解上述困境提供了多方面的支持。

依托"数字+生产""数字+流通""数字+营销"以及"数字+治理"的融合模式，数字经济正驱动着传统区域公用品牌实现全链条的升级。农产品区域公用品牌建设不仅可以凭借大数据分析，实现精准营销和差异化发展，还能够通过建立全程可追溯系统、在线用户评价系统等方式，加强对品牌质量的把控，提升品牌的可信度，进而增强消费者对农产品区域公用品牌的认同感和忠诚度（赵建伟等，2020）。不仅如此，数字经济还能促进农产品供应链管理的优化，拓宽农产品区域公用品牌的传播渠道和产品销售路径，有效弥补传统农产品区域公用品牌在供应链和推广方式上的不足。此外，数字经济还为品牌建设提供了丰富的资金支持和技术服务平台，打破了品牌发展的资金和技术壁垒，加速了品牌创新的步伐。通过数字化金融服务和创新的融资模式（如众筹、电商贷款等），农产品区域公用品牌能够获得更多的资金支持（刘邓威等，2024）。同时，技术服务平台为品牌提供了数字化转型所需的技术支撑和解决方案，助力农产品区域公用品牌实现技术的升级和模式的创新。因此，深入研究数字经济如何赋能农产品区域公用品牌生态体系的构建，对于推动农产品区域公用品牌的高质量发展，进而促进农业农村现代化，实现乡村振兴，具有重要的政策启示意义和实践指导价值。

数字经济这一新兴经济形态，正凭借新技术、新市场、新业态、新模式全面融入人类的生产生活，通过多维度的赋能，推动区域公用品牌实现更加可持续、更具竞争力的高质量发展。具体而言，这一过程可概括为以下四个方面。

第一，数字技术赋能为农产品区域公用品牌建设提供了坚实的技术支撑，引领农业开启了数字化新篇章。作为数字经济的核心驱动力，数字技术已成为新一轮科技革命的主导技术，赋予了农业生产力新的内涵。首先，物联网、区块链等先进技术的应用，为农产品区域公用品牌提供了从生产到销售的全程质量监控和可追溯性保障，显著提升了品牌信誉。其次，人工智能在农业领域的深度应用，如智能化种植、病虫害监测与预测等，不仅大幅提高了生产效率，还有效保障了农产品的品质。此外，大数据和云计算的引入，使得农业生产、流通和营销各环节的数字化管理成为可能。供应链数字化管理和智能物流系统的应用，有效减少了中间环节，降低了物流成本，使品牌能够更迅速地响应市场需求，显著提升了农产品区域公用品牌供应链的整体效率（杨军鸽等，2024）。大数据分析则帮助品牌精准把握市场需求和消费者偏好，深入洞察目标市场，通过制定个性化的营销策略，凸显品牌的独特性和区域特色，有力推动了农产品的差异化发展（陈卫洪等，2023）。因此，新一代信息技术与农业生产经营的深度融合，已成为当前数字经济高速发展背景下促进区域公用品牌建设的必然趋势和迫切要求。

第二，新市场的开拓为农产品区域公用品牌的高质量发展注入了强劲动力。在数字消费情景下，消费者的购买行为深度依赖线上平台。农产品区域公用品牌通过电子商务平台、社交媒体以及直播电商等多元化的线上传播渠道，能够触达更广泛的受众，从而显著扩大市场覆盖面。线上社区和社群运营进一步助力农产品区域公用品牌深入了解消费者的需求和反馈，品牌据此能够及时调整营销策略，提升市场适应性。同时，跨境电商的迅猛发展打破了国际贸易壁垒，使中国优质的农产品能够顺利走向世界。此外，直播电商作为一种新兴的销售方式，凭借其直观、生动的展示形式和即时互动的交互特点，已成为农产品销售的新风口。它为农产品的推广和销售开辟了新的途径，进一步拓宽了农产品区域公用品牌的销售渠道，并显著增强其影响力和知名度。

第三，社区电商、离岸孵化等新业态的蓬勃兴起，为农产品区域公用品牌探索出全新的商业模式。借助这些平台，农产品不仅能够打入国际市场，还能通过精准营销策略触及更多潜在的消费群体。大数据驱动的产品研发、智能农业的推广以及个性化定制服务等新兴商业模式，源源不断地为农产品区域公用品牌建设注入创新活力。农户得以把握机遇，不断推出贴合市场需求的新产品，从而大大提升了农产品区域公用品牌的生命力和市场竞争力（孙全爽等，

2024）。一方面，智慧农场的兴起通过实现精益化和高效化的农业生产管理，显著提升了农产品的附加值。另一方面，农文旅融合战略将地方农业、文化与旅游业深度融合，创造出更为丰富多元的消费场景，进一步丰富了区域农产品品牌的文化底蕴与外延，为其增添了独特的魅力。

第四，新模式的应用为农产品区域公用品牌的建设开辟了全新的发展路径。平台经济模式通过构建线上线下相融合的服务平台，有效整合了产业链上下游资源，为农产品品牌的推广与销售铺设了顺畅的通道。共享经济则通过资源的共享与优化配置，显著提升了农业生产的效率与集约化水平。此外，去中心化的信息共享模式打破了以往的信息壁垒，加速了信息的流通与共享，为品牌的迅速传播与广泛推广提供了有力支撑。

因此，本书将重点聚焦于新技术、新市场、新业态和新模式这四个关键维度，深入探究数字经济如何赋能农产品区域公用品牌实现高质量发展。通过挖掘背后的作用机制，并详细分析现有的成功案例，本书旨在为区域公用品牌与数字经济的深度融合与建设提供具有针对性和实用性的政策建议，以期为推动农产品区域公用品牌的高质量发展贡献智慧与力量。

1.5　研究内容及思路

本书以"总—分—总"的思路展开，具体的章节安排如下（见图1-1）。

第1章，绪论。该章旨在总结数字经济时代背景下农产品区域公用品牌所展现的新特点，深入阐释研究数字经济赋能农产品区域公用品牌生态体系建设的重要性及意义。

第2章，中国农产品区域公用品牌发展现状。该章从数量基本状况、区域分布特征、品类分布概况以及品牌价值分析这四个维度，全面剖析中国农产品区域公用品牌的现状。通过对这些数据的综合分析，高度概括中国农产品区域公用品牌的发展特征，并在此基础上总结其面临的机遇与挑战。

第3章，数字经济赋能农产品区域品牌高质量发展的机理。该章系统梳理数字经济的内涵、特性及主要表现形式，进而总结农产品区域公用品牌在发展过程中的痛点问题。在此基础上，深入研究数字经济如何赋能农产品区域公用品牌，探讨推动其实现高质量发展的作用机理。

第4章，新市场赋能：数字消费驱动农产品区域公用品牌高质量发展。该章从新市场赋能的角度出发，深入探讨数字消费与农产品区域公用品牌高质量发展之间的内在联系。通过阐述新市场的概念、分类及其特点，构建新市场赋能农产品区域公用品牌高质量发展的逻辑框架和作用机制。在理论分析的基础上，依托保山小粒咖啡和东莞荔枝这两个具体的区域公用品牌案例，解析它们在实现高质量发展过程中，新市场、数字消费与区域公用品牌之间的相互作用及关系，提炼出相应的发展模式，并据此提出针对性的政策建议。

第5章，新技术赋能：数字技术推动区域公用品牌高质量发展。该章从数字经济新技术出发，详细阐述数字技术对区域公用品牌高质量发展的赋能机制。基于大数据和区块链技术视角，分别结合具体案例，深度剖析数字经济技术如何赋能农产品高质量发展，揭示实现路径和具体成效。

第6章，新业态赋能：离岸孵化中心服务区域公用品牌高质量发展。该章从生产、流通、服务及产业融合等角度，对数字经济催生的农业新业态进行分类，并列举相应的典型类型。其中，以"品牌离岸孵化"新业态为主要研究对象，分析概括了其赋能区域农产品公用品牌高质量发展的理论框架。在案例解读部分，详细介绍了安化黑茶离岸孵化中心如何促进安化黑茶区域公用品牌发展的系列举措，并深入探究其赋能机制，为整体新业态赋能提供宝贵的案例参考。

第7章，新模式赋能：供应链视角下数字平台助推区域公用品牌高质量发展。该章通过深入分析平台模式和农产品供应链，揭示数字平台在提升农产品品牌价值、优化供应链管理、增强市场竞争力等方面的重要作用。数字平台通过有效整合资源、提供便捷互动机制，不仅促进了农产品供应链的高效运作，还借助数据驱动和技术创新，提升了农业生产的标准化和信息化水平。依托普云农和赣南脐橙为成功案例，展示了数字平台在实际应用中的有效性和巨大潜力。

第8章，本书主要结论和发展建议。基于前几章深入细致的分析和得出的结论，该章提出旨在推动农产品区域公用品牌在数字经济时代背景下实现高质量发展的建议。

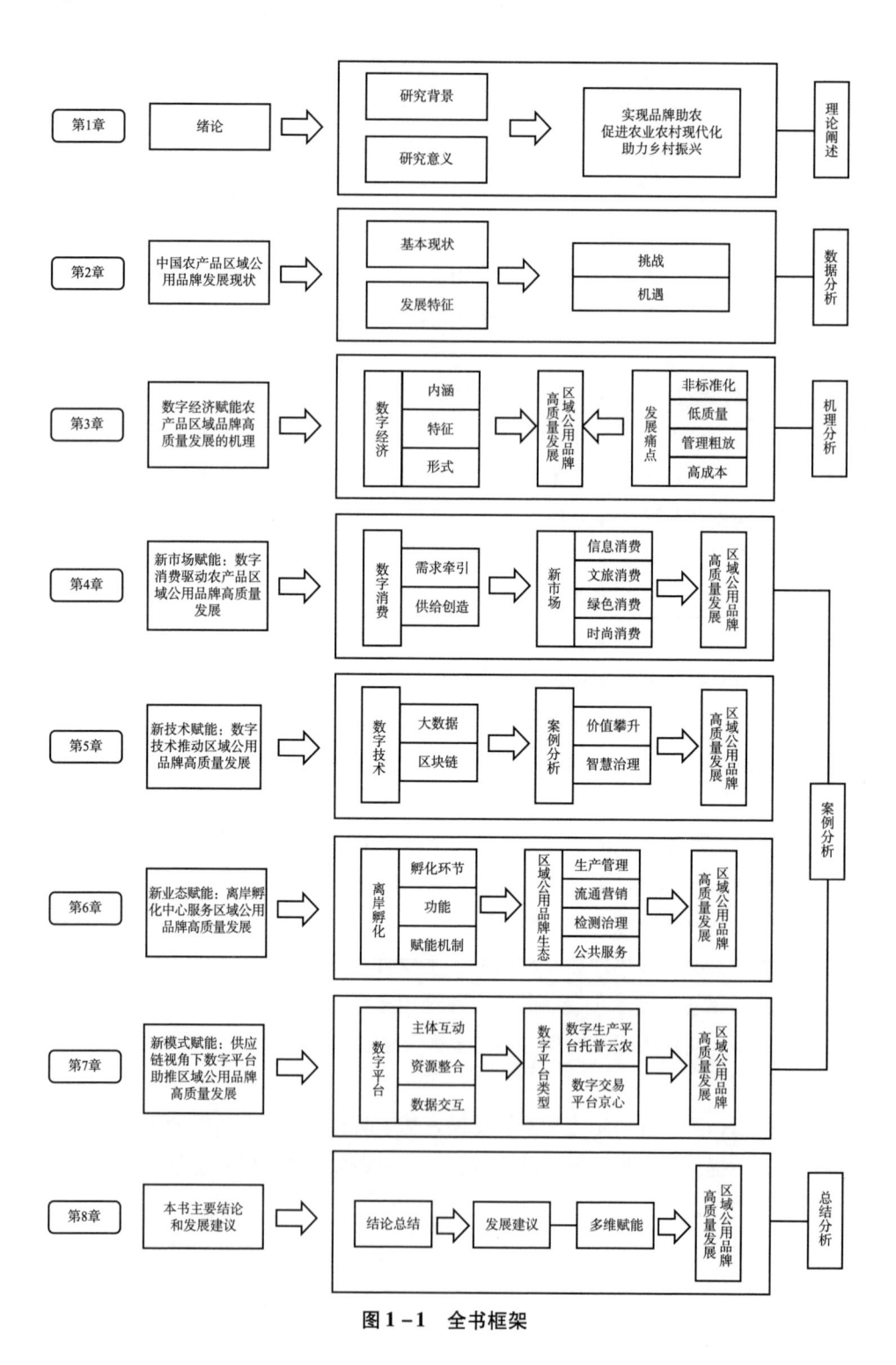

数字经济赋能农产品区域公用品牌高质量发展

章节	主题	主要内容	分析类型
第1章	绪论	研究背景、研究意义 → 实现品牌助农 促进农业农村现代化 助力乡村振兴	理论阐述
第2章	中国农产品区域公用品牌发展现状	基本现状、发展特征 → 挑战、机遇	数据分析
第3章	数字经济赋能农产品区域公用品牌高质量发展的机理	数字经济（内涵、特征、形式）→ 区域公用品牌高质量发展 ← 发展痛点（非标准化、低质量、管理粗放、高成本）	机理分析
第4章	新市场赋能：数字消费驱动农产品区域公用品牌高质量发展	数字消费（需求牵引、供给创造）→ 新市场（信息消费、文旅消费、绿色消费、时尚消费）→ 区域公用品牌高质量发展	
第5章	新技术赋能：数字技术推动区域公用品牌高质量发展	数字技术（大数据、区块链）→ 案例分析（价值攀升、智慧治理）→ 区域公用品牌高质量发展	案例分析
第6章	新业态赋能：离岸孵化中心服务区域公用品牌高质量发展	离岸孵化（孵化环节、功能、赋能机制）→ 区域公用品牌生态（生产管理、流通营销、检测治理、公共服务）→ 区域公用品牌高质量发展	
第7章	新模式赋能：供应链视角下数字平台助推区域公用品牌高质量发展	数字平台（主体互动、资源整合、数据交互）→ 数字平台类型（数字生产平台托普云农、数字交易平台京心）→ 区域公用品牌高质量发展	
第8章	本书主要结论和发展建议	结论总结 → 发展建议 → 多维赋能 → 区域公用品牌高质量发展	总结分析

图 1-1 全书框架

第 2 章

中国农产品区域公用品牌发展现状

2.1 中国农产品区域公用品牌发展基本现状

2.1.1 中国农产品区域公用品牌数量基本状况

中国地理标志农产品作为乡村特色产业的排头兵，是各地基于自然生态及历史人文特征而形成的最具特色和优势的农产品区域公用品牌，是实现乡村高质量发展的重要抓手。[①] 就如何统计农产品区域公用品牌的数量，王小璟等（2023）认为可以农业农村部主管并登记的"农产品地理标志"为口径加以确定。基于此，本书研究团队对农产品地理标志进行搜索并爬取了 2008～2022 年的相关信息（截至 2022 年 12 月 31 日），该信息包含产品名称、等级证书编号、证书持有人名称及注册所在地等（黄亚妍等，2024）。爬取的数据经过清洗和去除重复认证的品牌数据后，共计获得 3 510 个农产品区域公用品牌的相关数据。[②]

1. 我国农产品区域公用品牌总量逐年增长

由图 2 – 1 可知，自 2008 年以来，我国农产品区域公用品牌总量持续攀升。由 2008 年的 121 个增长至 2022 年的 3 510 个，年均复合增长率高达

[①] 2023 中国地理标志农产品区域公用品牌声誉评价报告 [R]. 中国农业品牌研究网，http://www.brand.zju.edu.cn/2023/1120/c57343a2828426/page.htm.

[②] 资料来源：全国地理标志农产品查询系统得到的全部类型的农产品地理标志信息（www.anluyun.com）。

27.19%，展现出强劲的增长势头。

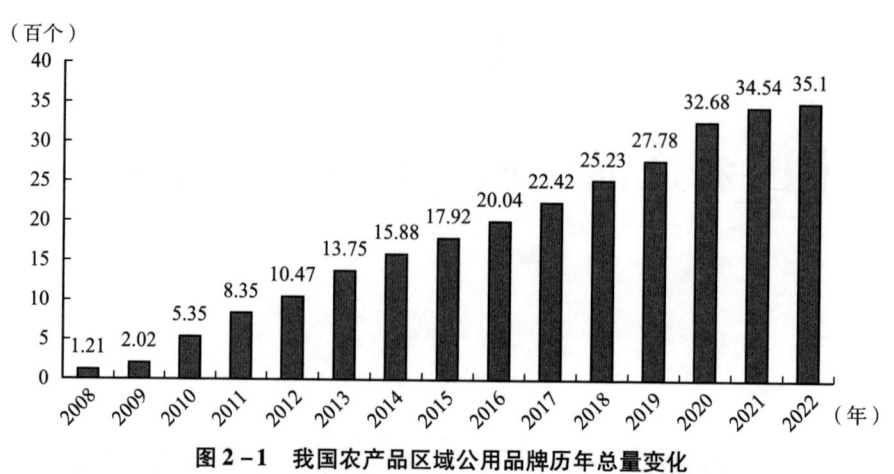

图 2-1 我国农产品区域公用品牌历年总量变化

资料来源：全国地理标志农产品查询系统检索得到的 2018~2022 年全部类型农产品公用品牌信息。

2. 我国农产品区域公用品牌数量呈先快速后平稳的增长趋势

由图 2-2 可知，我国农产品区域公用品牌数量增速在 2009~2010 年大幅提高，而在之后的 2010~2022 年呈现下降的趋势。本节将根据我国地理标志农产品建设的三个阶段（刘竞，2024），即初步发展阶段（2008~2014 年）、稳定发展阶段（2015~2018 年）和快速跃升阶段（2019~2022 年），分析各阶段的增长趋势及原因。

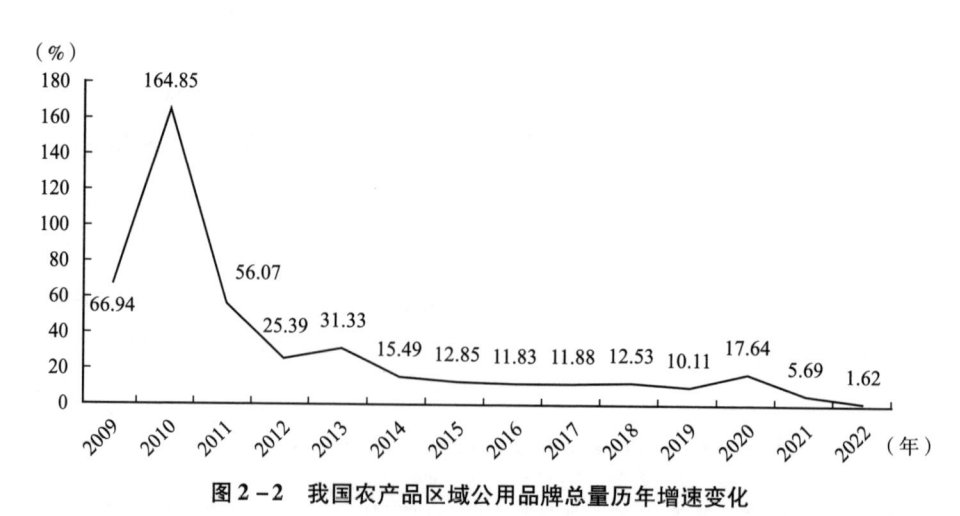

图 2-2 我国农产品区域公用品牌总量历年增速变化

资料来源：全国地理标志农产品查询系统检索得到的 2018~2022 年全部类型农产品公用品牌信息。

3. 农产品区域公用品牌的区域分布不均衡

截至 2022 年 12 月，我国 31 个省、自治区、直辖市拥有的农产品公用品牌共计 3 510 个，平均每个省份拥有 110 个。[①]

由图 2-3 可知，我国农产品区域公用品牌呈现出区域分布不均衡的特点。其中山东省以 351 个农产品区域品牌位居榜首，在数量上远胜于其他省份。四川省和湖北省分别以 201 个和 197 个紧随其后。相比之下，天津市、北京市、上海市的数量居末位，分别为 9 个、15 个和 16 个。这种不均衡的分布特征，主要归因于地理条件、气候差异、经济发展程度、农业生产条件、品牌建设与管理水平以及市场经营主体等多方面因素。

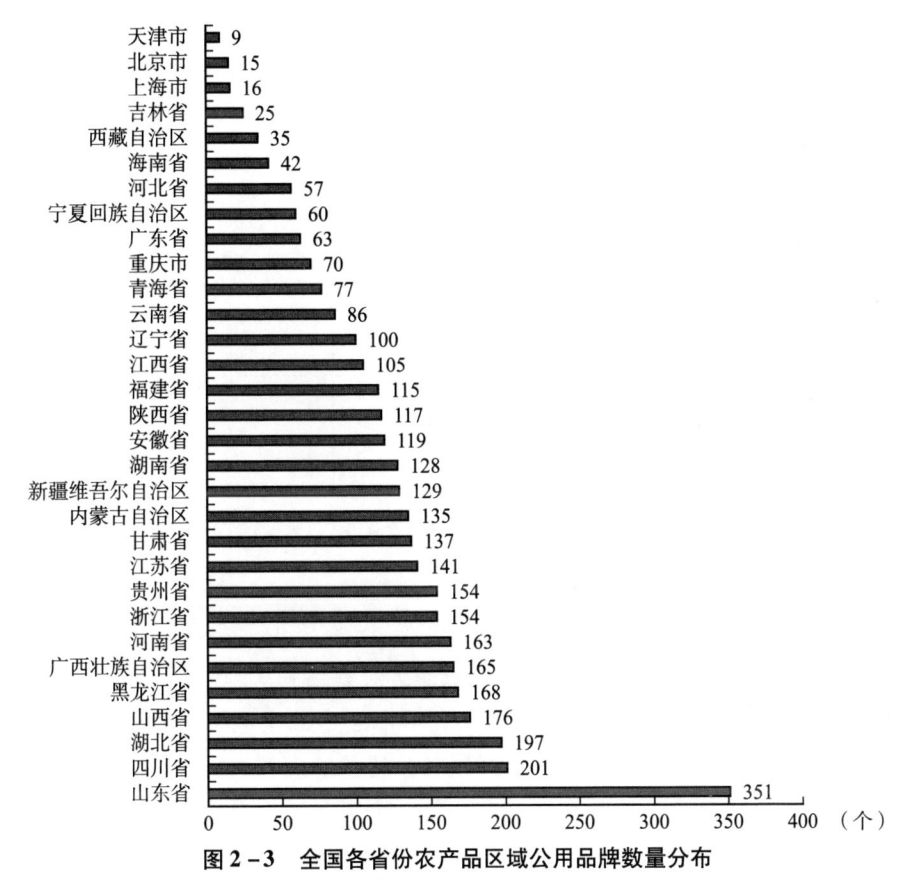

省份	数量（个）
天津市	9
北京市	15
上海市	16
吉林省	25
西藏自治区	35
海南省	42
河北省	57
宁夏回族自治区	60
广东省	63
重庆市	70
青海省	77
云南省	86
辽宁省	100
江西省	105
福建省	115
陕西省	117
安徽省	119
湖南省	128
新疆维吾尔自治区	129
内蒙古自治区	135
甘肃省	137
江苏省	141
贵州省	154
浙江省	154
河南省	163
广西壮族自治区	165
黑龙江省	168
山西省	176
湖北省	197
四川省	201
山东省	351

图 2-3 全国各省份农产品区域公用品牌数量分布

资料来源：全国地理标志农产品查询系统检索得到的各省份全部类型的农产品区域公用品牌信息。

① 资料来源：全国地理标志农产品查询系统得到的全部类型的农产品地理标志信息（www.anluyun.com）。

4. 农产品区域公用品牌数量的区域集中度高

由表2-1可知，数量排名前十的省份农产品区域公用品牌数量共有1 870个，占全部农产品区域公用品牌数量的53.28%。

表2-1　　　　　　　　农产品区域公用品牌排名前十的省份

省份	农产品区域公用品牌数量（个）	占比（%）	排名
山东省	351	10.00	1
四川省	201	5.73	2
湖北省	197	5.61	3
山西省	176	5.01	4
黑龙江省	168	4.79	5
广西壮族自治区	165	4.70	6
河南省	163	4.64	7
浙江省	154	4.39	8
贵州省	154	4.39	9
江苏省	141	4.02	10

资料来源：全国地理标志农产品查询系统检索得到的各省份全部类型农产品区域公用品牌信息。

5. 西部地区的农产品区域公用品牌数量领先

由图2-4可知，中国的农产品区域品牌总数达到3 510个，这些品牌不均衡地分布于全国31个省、自治区及直辖市之中，全国可进一步划分为东部、中部与西部三大区域。西部地区以其独特的地理与资源条件，孕育了众多的农产品区域品牌，总数高达1 366个，数量上领先全国其他区域。东部区域共汇聚了1 063个农产品区域品牌，中部区域拥有1 081个农产品区域品牌。

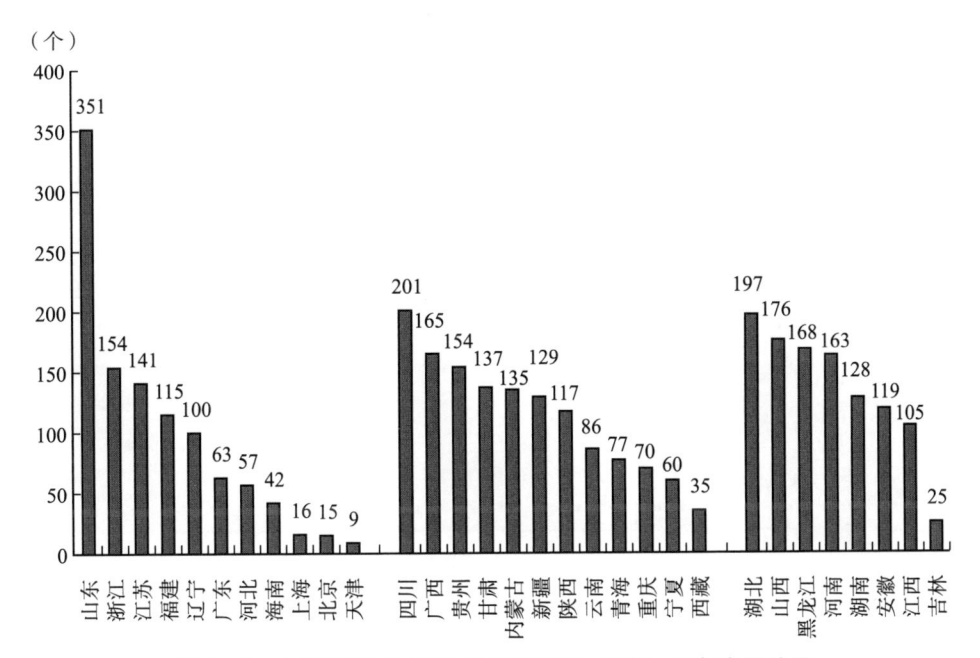

图2-4 中国农产品区域公用品牌东部、中部、西部发展差异

资料来源：全国地理标志农产品查询系统检索得到的各省份全部类型农产品区域公用品牌信息。

2.1.2 中国农产品区域公用品牌品类基本状况

1. 三大类农产品品牌占比不均衡

根据中国农业农村部对农产品的界定和全国地理标志系统的查询方式，可将具有地理标志的农产品分为种植业、畜牧业和水产业三大类。由图2-5可知，三大类农产品品牌数量存在明显差异，种植业品牌占有77.24%的较大比重，在第一产业中占据绝对数量优势。相对而言，畜牧业和水产业占比较小，分别占比14.96%和7.81%。由图2-6可知，种植类品牌在全国各省份所占比重均已超过50%，这表明种植业品牌具有显著的地理集聚特征，这也印证了肖卫东（2012）等学者的早期结论。

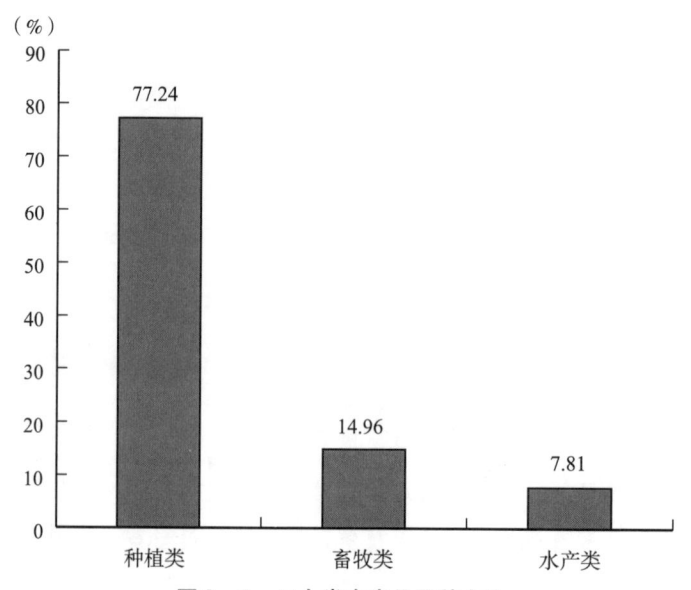

图 2-5 三大类农产品品牌占比

资料来源：全国地理标志农产品查询系统检索三大类农产品区域公用品牌信息。

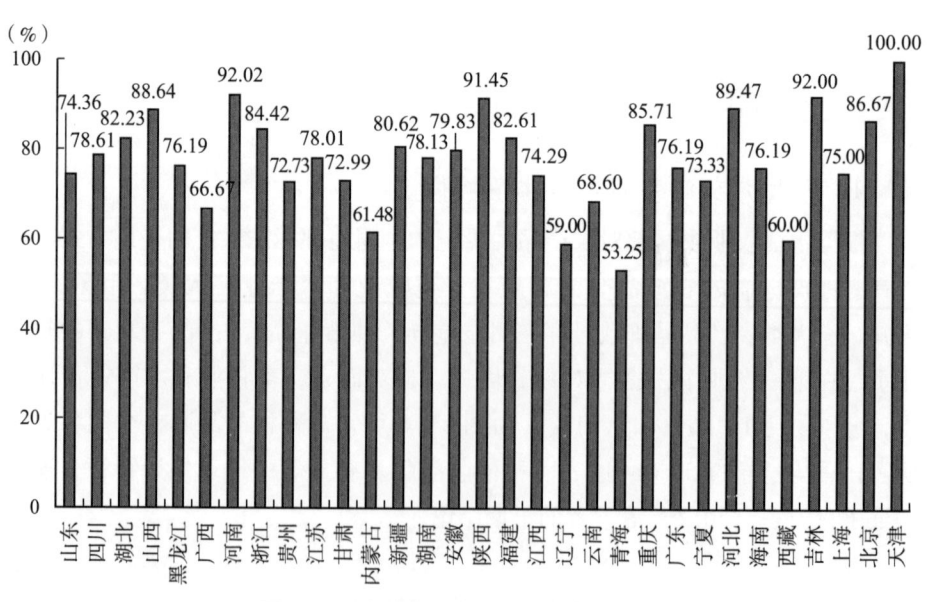

图 2-6 种植类品牌在全国各省份占比

资料来源：全国地理标志农产品查询系统检索得到的各个地区种植类农产品区域公用品牌信息。

2. 品类分布具有集中性

三大农产品地理标志品类可进一步按产品类型细分。其中，种植类分为14类：果品类、蔬菜类、粮食类、食用菌类、油料类、糖料类、茶叶类、香料类、药材类、花卉类、烟草类、棉麻蚕丝类、热带作物类、其他植物类。畜牧类分为5类：肉类、蛋类、奶制品类、蜂类产品类、其他畜牧类。水产类分为3大类：水生动物类、水生植物类、水产初加工品类（汪冉和雷书彦，2021）。因其他植物类和其他畜牧类数量较少，故本书将它们合并为其他类来研究。

由表2-2可知，截至2022年12月，果品类、蔬菜类、肉类这三个品类的品牌数量位居前三，数量分别为948个、597个和443个，各占总量的27.01%、17.01%和12.62%，可见超过半数的品牌集中在果品类、蔬菜类、肉类中。果品类、蔬菜类、肉类、粮食类公用品牌数量均超过400个，表明在我国农产品品牌化的进程中，品牌建设与消费者对其的需求程度息息相关。

表2-2　　　　中国农产品区域公用品牌的品类分布

所属种类	种类	项数（个）	比例（%）	排名	所属种类	种类	项数（个）	比例（%）	排名
种植类	果品类	948	27.01	1	种植类	香料类	34	0.97	12
种植类	蔬菜类	597	17.01	2	种植类	花卉类	33	0.94	13
畜牧类	肉类	443	12.62	3	种植类	棉麻蚕丝类	19	0.54	14
种植类	粮食类	414	11.79	4	畜牧类	蛋类	19	0.54	15
水产类	水产动物类	262	7.46	5	种植类	烟草类	16	0.46	16
种植类	茶叶类	244	6.95	6	种植类	糖料类	11	0.31	17
种植类	药材类	232	6.61	7	水产类	水生植物类	8	0.23	18
种植类	油料类	83	2.36	8	畜牧类	奶制品类	4	0.11	19
种植类	食用菌类	71	2.02	9	水产类	水产初加工品类	4	0.11	20
畜牧类	蜂产品类	54	1.54	10	种植类	热带作物类	2	0.06	21
种植类	香料类	34	0.97	11	其他类	其他	12	0.34	22

资料来源：全国地理标志农产品查询系统检索得到的三大类农产品细分种类区域公用品牌信息。

3. 品类分布与市场需求高度相关

果品类、蔬菜类、肉类这三大品类相比于其他品类更具丰富性，各自可细化为十几类品种。为使数据对比更加具有说服力，本部分列举前十大品种的数量，进一步分析果品类、蔬菜类、肉类等农产品品牌数量高于其他品类的原因。由表2-3可知，这三大品类排名前十的品种都具有较高的市场需求，果品类的梨、苹果、西瓜和蔬菜类的辣椒、青菜、萝卜等尤其受到人们青睐。

表2-3　　　　我国农产品区域公用品牌前三大品类中前十大品种分布

序号	果品类 品种	果品类 数量（个）	蔬菜类 品种	蔬菜类 数量（个）	肉类 品种	肉类 数量（个）
1	梨	89	辣椒	72	鹅	127
2	苹果	71	青菜	72	羊	124
3	西瓜	63	萝卜	47	鸭	108
4	葡萄	53	葱	29	猪	86
5	枣	50	大蒜	28	鸡	84
6	樱桃	39	竹笋	26	牛	77
7	核桃	36	姜	25	马	14
8	李子	35	藕	21	兔	6
9	柚子	32	豆类	18	驴	6
10	黄桃	31	马铃薯	10	骆驼	4

资料来源：全国地理标志农产品查询系统检索得到的三大类农产品细分种类区域公用品牌信息。

4. 品类发展呈多样化且扩大化的趋势

近年来，随着农业新质生产力的发展和乡村振兴战略的全面推进，我国农产品区域品牌品类不断丰富，形成了各具特色、优势互补的发展格局。由图2-7可知，果品类的区域公用品牌数量每年都在增加，表明该品类发展呈现加速趋势。新的区域公用品牌可以是来自不同地方的同一品种或者是来自同一地方的不同品种，甚至是一个全新的品种。

第 2 章 中国农产品区域公用品牌发展现状

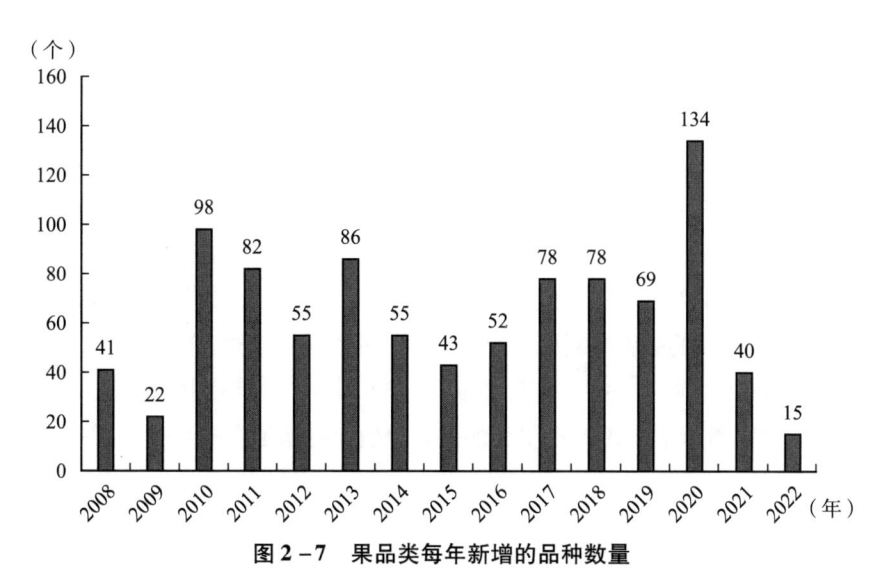

图 2-7 果品类每年新增的品种数量

年份	数量
2008	41
2009	22
2010	98
2011	82
2012	55
2013	86
2014	55
2015	43
2016	52
2017	78
2018	78
2019	69
2020	134
2021	40
2022	15

资料来源：全国地理标志农产品查询系统检索得到的果品类农产品细分种类区域公用品牌信息。

由表 2-4 可知，在 2022 年的果品市场中，有 15 种新增果品类品牌，其中尤为引人注目的有 7 个全新品牌：新官紫桃、苍南四季柚、天柱山瓜蒌籽、西和八盘梨、麦盖提灰枣、疏附开心果、莎车巴旦姆。

表 2-4　　　　　　　　　　2022 年果品类中的新品牌

品种	产地
新官紫桃	江苏省南通市
苍南四季柚	浙江省温州市
天柱山瓜蒌籽	安徽省安庆市
西和八盘梨	甘肃省陇南市
麦盖提灰枣	新疆维吾尔自治区喀什地区
疏附开心果	新疆维吾尔自治区喀什地区
莎车巴旦姆	新疆维吾尔自治区喀什地区

资料来源：全国地理标志农产品查询系统检索得到的果品类区域公用品牌信息。

2.1.3　中国农产品区域公用品牌价值基本状况

1. 品牌价值的高低是衡量品牌质量优劣的关键标尺

高品牌价值往往标志着品牌发展的卓越品质，品牌价值的高低与品牌发展的质量之间存在着紧密的正相关关系。①

2. 品牌价值分布具有集中性

在价值评估中，27%的区域公用品牌贡献了高达72.08%的总体品牌价值。这一数据凸显了头部品牌的强大影响力。具体而言，有27个品牌凭借其卓越表现，使得合计品牌价值达到了惊人的6 654.98亿元，占据了全部品牌价值份额的七成以上，其中单个品牌价值突破了100亿元。进一步分析价值分布区间，不难发现，高端市场的品牌垄断现象尤为明显。品牌价值超过500亿元的超级品牌阵营中，仅有四位成员——"五常大米""洛川苹果""赣南脐橙"及"盘锦大米"，它们共同贡献了2 793.83亿元的品牌价值，占据了全国区域公用品牌总价值的近三分之一（30.26%）。这四大品牌不仅代表了各自行业的巅峰，也彰显了地域特色与品质卓越的高度融合。而在200亿~500亿元的价值区间内，共有6个品牌，如"潜江龙虾""金乡大蒜"等，它们的品牌价值总和达到了1 361.77亿元，占总体品牌价值的14.75%，体现了这些品牌在行业内的坚实地位与广泛影响力。此外，还有17个品牌分布在100亿~200亿元的价值区间，它们的品牌价值总和为2 499亿元，占比27.07%，②这一庞大的数量群体构成了品牌价值分布的重要基础，体现了品牌建设的潜力。

品牌价值的集中性还体现在品牌影响力的深度和广度上。高价值的品牌往往具有更强的品牌忠诚度和口碑效应，能够在消费者心中形成独特的品牌形象和认知定位。在大多数情况下，品牌价值越高的品牌，其影响力也越大。由表2-5可知，五常大米的品牌价值最高，为897.26亿元，其品牌影响力也排在第二名。类似的，盘锦大米、赣南脐橙、洛川苹果等品牌价值较高的品牌，其品牌影响力排名也相对较高。

表2-5 2019年农产品区域公用品牌（第一批）价值评估前十名榜单及品牌影响力

省份	申报品牌	行业类别	评估结果（亿元）	品牌价值排名	品牌影响力指数（%）	品牌影响力排名
黑龙江	五常大米	粮食	897.26	1	91.014	2
陕西	洛川苹果	果品	687.27	2	84.904	11
江西	赣南脐橙	果品	680.3	3	87.393	6

---

①② 中国农业品牌目录2019农产品区域公用品牌（第一批）价值评估榜单［R］. 中国农业信息网，http：//www.chama.org.cn/zxt/ppml/202002/t20200222_7303904.htm.

续表

省份	申报品牌	行业类别	评估结果（亿元）	品牌价值排名	品牌影响力指数（%）	品牌影响力排名
辽宁	盘锦大米	粮食	529	4	76.697	43
辽宁	大连海参	水产	267.47	5	78.914	31
湖北	潜江龙虾	水产	238.77	6	87.754	5
江苏	盱眙龙虾	水产	228.3	7	84.779	14
山东	金乡大蒜	蔬菜	218.19	8	81.939	19
吉林	抚松人参	中药材	206.32	9	72.412	64
甘肃	庆阳苹果	果品	202.72	10	71.489	70

资料来源：中国农业品牌目录 2019 农产品区域公用品牌［R］. 中国农业信息网, http://www.chama.org.cn/zxt/ppml/202002/t20200222_7303904.htm.

3. 区域品牌价值具有集聚性

区域品牌价值的分布格局同样具有集聚的趋势。由图 2-8 可知，陕西省、黑龙江省、辽宁省的品牌价值总和达到了 3 710.51 亿元，其中陕西省为 1 054.02 亿元，黑龙江省和辽宁省分别为 946.89 亿元和 917.48 亿元。三省品牌价值总和占比高达 40.19%，呈现明显的集中趋势。此外，品牌价值的前十名榜单还包括江西省、吉林省、山东省、江苏省、河南省以及内蒙古自治区，它们的品牌价值虽然不及前三名，但这十个区域的品牌价值总和达到了 5 923.23 亿元，占据了全国品牌价值总量的 64.16%，进一步印证了品牌价值在地理分布上的集中。

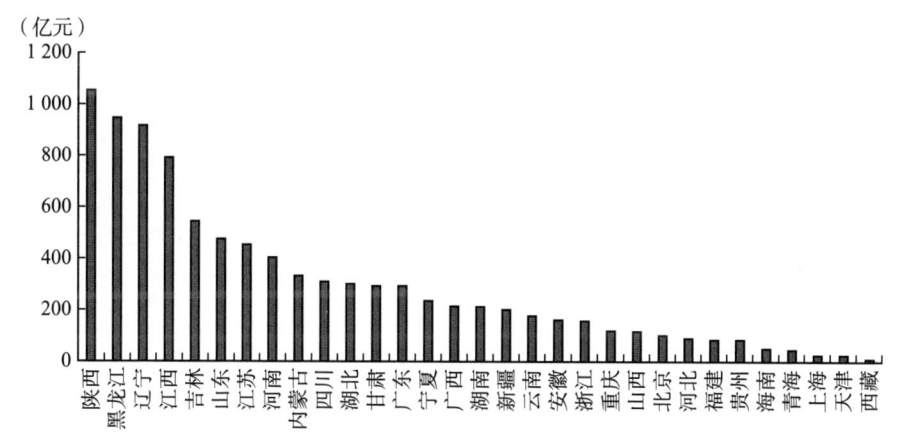

图 2-8 全国各省区域品牌价值

资料来源：中国农业品牌目录 2019 农产品区域公用品牌（第一批）价值评估榜单［R］. 中国农业信息网, http://www.chama.org.cn/zxt/ppml/202002/t20200222_7303904.htm.

由图 2-9 可知，行业头部品牌贡献了区域整体品牌价值的关键比例。陕西省、黑龙江省、辽宁省的品牌价值之所以位居前列，关键不在于所拥有的区域品牌数量，而在于这 100 个品牌目录中各省所拥有的行业头部品牌。在区域品牌数量上获得优势的是山东省和四川省，但是山东省和四川省最高的品牌价值分别是 218.19 亿元、150.61 亿元，分别占两省品牌价值的 45.78% 和 48.52%。与此形成鲜明对比的是陕西"洛川苹果"的品牌价值占陕西品牌价值的 65.2%，黑龙江"五常大米"占黑龙江品牌价值的 94.76%，辽宁"盘锦大米"的品牌价值占辽宁省品牌价值的 57.66%，远超当地其他区域公用品牌。显而易见，区域整体品牌价值主要靠行业头部品牌带动。

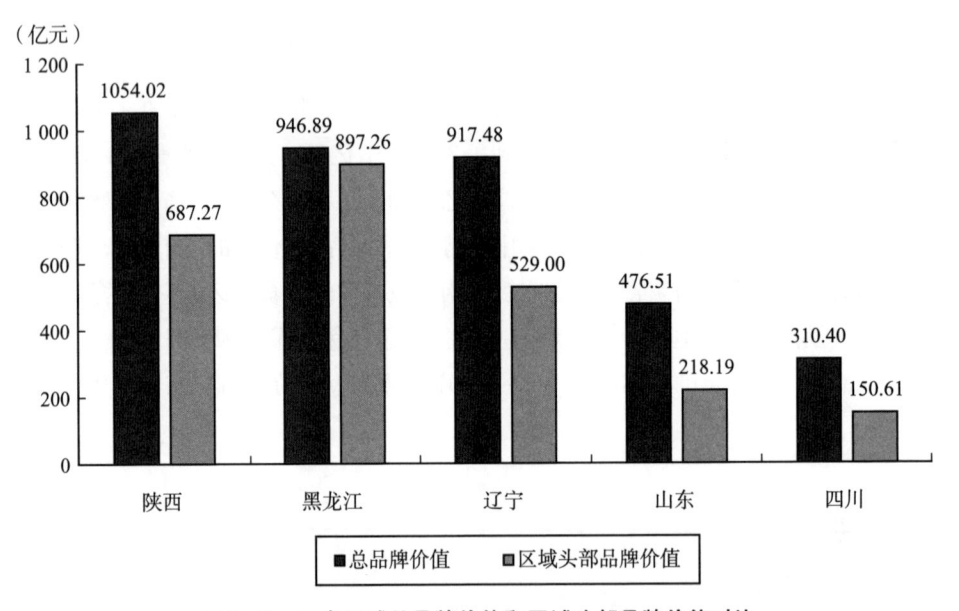

图 2-9　五省区域总品牌价值和区域头部品牌价值对比

资料来源：中国农业品牌目录 2019 农产品区域公用品牌（第一批）价值评估榜单 [R]．中国农业信息网，http：//www.chama.org.cn/zxt/ppml/202002/t20200222_7303904.htm.

4. 品牌价值的品类分布同样具有集中性

根据行业类别，可将 2019 年品牌目录中区域公用品牌划分为九大品类。由图 2-10 的各品类品牌价值评估结果可知，品牌价值的品类分布高度集中于"粮食"与"果品"两大领域。二者的品牌价值总和占据了全部品牌价值的

66.51%，这两个品类拥有一批具有强大市场影响力和高附加值的品牌。值得注意的是，品牌价值突破500亿元大关的四个品牌——"五常大米""洛川苹果""赣南脐橙"及"盘锦大米"，均归属于这两个品类。

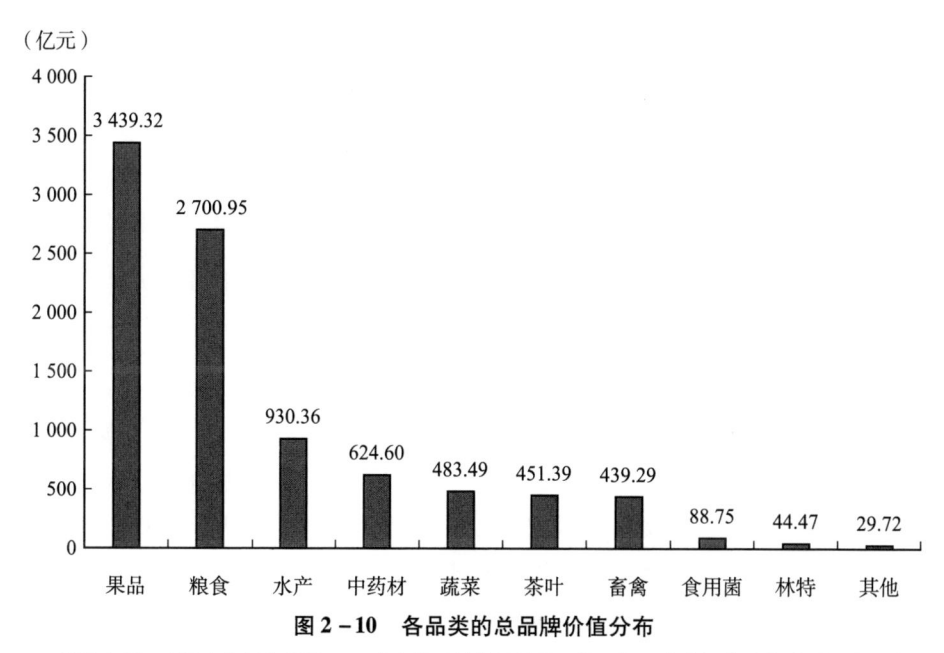

（亿元）

品类	品牌价值（亿元）
果品	3 439.32
粮食	2 700.95
水产	930.36
中药材	624.60
蔬菜	483.49
茶叶	451.39
畜禽	439.29
食用菌	88.75
林特	44.47
其他	29.72

图 2-10　各品类的总品牌价值分布

资料来源：中国农业品牌目录2019农产品区域公用品牌（第一批）价值评估榜单［R］. 中国农业信息网，http://www.chama.org.cn/zxt/ppml/202002/t20200222_7303904.htm.

2.1.4　中国农产品区域公用品牌线上销售基本状况

1. 农产品区域公用品牌网络销售规模增速明显

2023年全国农产品网络零售额飙升至5 870.3亿元，[①] 这不仅彰显了线上市场的巨大潜力，更标志着农产品区域公用品牌在线上渠道的影响力与竞争力实现了质的飞跃。由图2-11可知，代表更高品质农产品的区域公用品牌在网上销售领域展现出强劲的增长势头，其销售额同比增长达到了20.5%，这一增速比2022年显著提升了8.2个百分点。

[①] 2023年中国农村电商市场运行情况分析：农产品网络零售额同比增长12.5%［EB/OL］. 中国产业研究院，https://www.askci.com/news/chanye/20240806/09031927229061913454223.shtml.

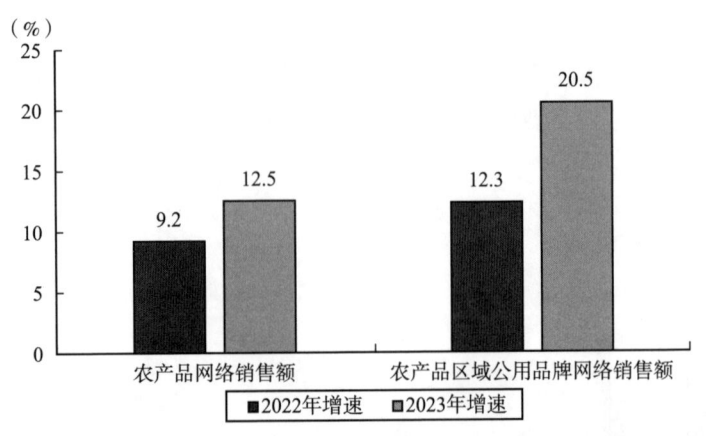

图 2-11 2022 年、2023 年农产品与农产品区域公用品牌网络销售额增速

资料来源：商务部电子商务司负责人介绍 2023 年上半年网络零售市场发展情况［EB/OL］.中国政府网，https：//www.gov.cn/lianbo/fabu/202307/content_6893264.htm.

2. 农产品区域公用品牌网络销售额持续扩大

近年来，随着消费者对品牌农产品的偏好增强，区域公用品牌农产品销售额实现了持续增长，市场份额随之逐年扩大。由图 2-12 可知，2021 年这些品牌农产品在线上农产品销售中的占比已突破 10% 大关，至 2022 年，这一比例更是提升至 10.5%，凸显了区域公用品牌农产品日益增长的市场影响力和消费者认可度。

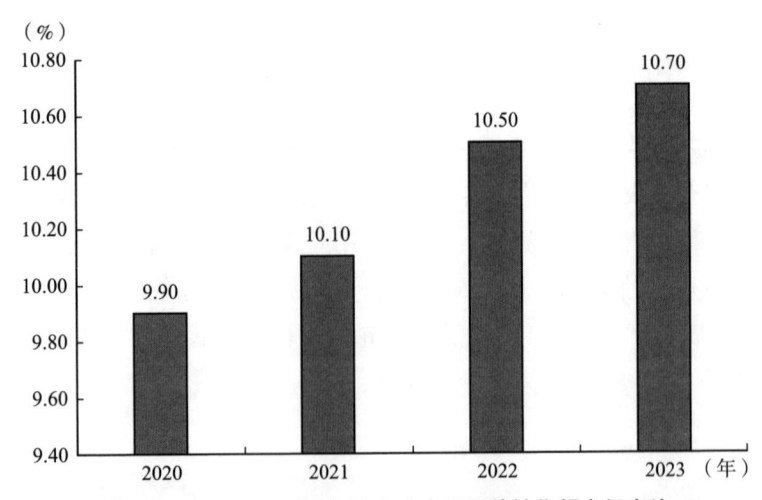

图 2-12 2020~2023 年线上农产品品牌销售额市场占比

资料来源：2023 年中国农村网络和农产品网络零售额分析［EB/OL］.中商情报网，https：//www.163.com/dy/article/J8TBBSTE051481OF.html.

3. 云南省、福建省、辽宁省区域公用品牌网络销售额覆盖率高

由图2-13可知，云南省、福建省、辽宁省品牌网络销售额覆盖率位列前三，共同占据了高达54.3%的市场份额。这充分显示了这三个省份区域公用品牌在网络销售方面的突出表现，展现出强大的市场竞争力和品牌影响力。

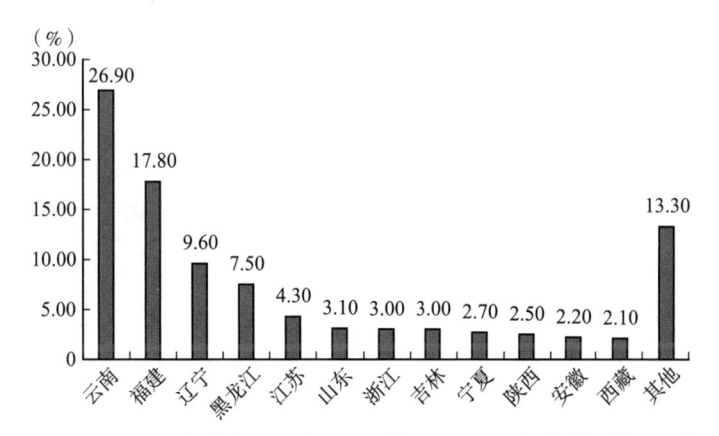

图2-13 2023年农产品区域公用品牌Top100网络销售额省份分布

资料来源：《农产品区域公用品牌互联网传播影响力指数研究报告（2023）》在京发布［R］. 中国政府网，http：//www.moa.gov.cn/xw/zwdt/202305/t20230509_6427182.htm.

4. 淘宝平台的农产品区域公用品牌覆盖率最高

由图2-14可知，淘宝平台上的农产品区域公用品牌数量达到了1 145个，远超其他平台。长期积累的商家基础和广泛的用户群体，是淘宝平台在农产品电商领域拥有更加丰富的品牌资源的主要原因。

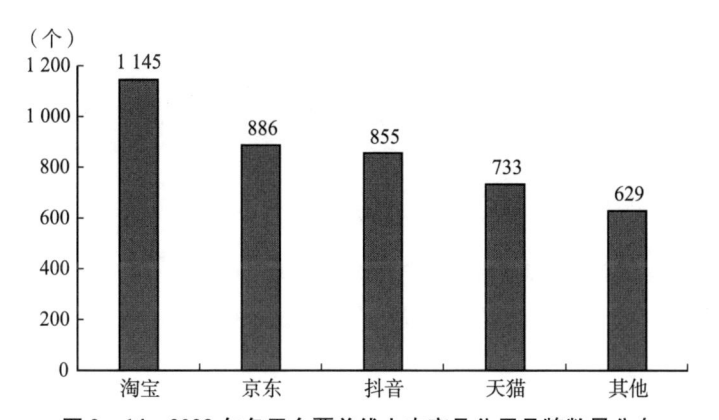

图2-14 2023年各平台覆盖线上农产品公用品牌数量分布

资料来源：2022年农产品区域品牌电商发展 苹果方面，洛川品牌活跃度升至第一！［EB/OL］. 陕西省农业中心，http：//www.guoye.sn.cn/hydt/38519.jhtml.

2.2 中国农产品区域公用品牌发展特征

2.2.1 中国农产品区域公用品牌高质量发展

1. 农产品、农业"三品一标"的转变

"三品一标"农产品是 20 世纪 90 年代以来由农业农村部门推动并得到社会广泛认可的安全优质农产品。所有无公害农产品、绿色农产品、有机农产品都需要通过严格的产品管理体系要求和产品质量标准,"三品一标"就是农产品标准化的标志(张侨,2017)。

农产品"三品一标"经过近三十年的推广深入人心,进入新发展阶段,农产品"三品一标"的内涵外延进一步拓展。守底线方面,将达标合格作为上市要求,从自愿认证的无公害农产品拓展到所有农产品。拉高线方面,将优质农产品范围从绿色、有机和地理标志农产品,拓展到其他具有高品质特性的农产品。两个"拓展"将更好支撑守底线拉高线一起抓、保安全提品质同步推,加快推动高质量发展和高水平监管。①

农产品"三品一标"作为品牌建设的开端,仅仅给农产品定了一个"标准",而要想实现从 0 到 1 的飞跃,还需要实现农业生产"三品一标"。农业"三品一标"包含培育品种、提高质量、创建品牌、规范生产四个方面。它是以农业生产方式为视角,通过优化品种、提升品质、打造品牌、规范生产来提升农产品竞争力。农产品"三品一标"和农业"三品一标"互为动因,互相促进,共同推进农业标准化发展,打造绿色化农产品品牌,推动农业高质量发展。

2. 品牌理念与定位向绿色化拓展

农产品区域公用品牌的核心价值越来越强调绿色生态。品牌在宣传过程中,会明确突出产品的自然生长环境、无污染的种植或养殖过程以及产品本身的健康属性。

---

① 关于实施农产品"三品一标"四大行动的通知 [S/OL]. 农业农村部门户网站, http://www.moa.gov.cn/nybgb/2022/202210/202211/t20221114_6415384.htm.

"田园徽州"是覆盖黄山市的全区域、全品类、全产业链绿色农产品区域公用品牌，品牌以"自然味、乡土情"为核心价值，以"绿色、特色、天然、健康"为发展方向。自"田园徽州"品牌培育以来，产品销售收入达到2.5亿元，带动农民增收、农产品销售达到8亿元，其品牌建设工作成效相当明显。[①]

3. 以可持续化发展为导向

农产品区域公用品牌在定位时，越来越注重品牌的可持续发展能力。品牌方会考虑如何通过绿色化的生产方式、供应链管理和市场推广策略，确保品牌在未来的市场竞争中保持领先地位。在行动上，一些农产品区域公用品牌通过利用数字化赋能，如精准农业、循环农业等，以降低生产过程中的资源消耗和环境污染。同时，通过与科研机构、高校等合作，共同研发绿色、高效的农业生产技术，为品牌的可持续发展提供有力支撑。

4. 政府和企业日益加强监管

在品牌数量持续增长的同时，品牌质量保障也进一步得到加强。政府部门的政策引领是我国农产品区域公用品牌质量的第一道防线。为贯彻2023年中央一号文件，农业农村部办公厅发布的《支持脱贫地区打造区域公用品牌实施方案（2023－2025年)》（以下简称《方案》）中，明确了到2025年的发展目标。[②]《方案》计划打造50个品质卓越、特色显著、具有强大带动力的区域公用精品品牌，同时培育200个享有一定知名度和影响力的地域特色公用品牌。此外，《方案》还致力于扶持300家具有市场竞争优势的核心授权企业品牌，并推广600个特色鲜明的优质农产品品牌，推动建设一批质量水平高、供给能力强的农产品原料基地品牌。[③]

品牌质量的保障离不开国家层面农产品质量安全监测工作的不断加强。表2－6表明，近年来我国农产品例行抽检结果的总体合格率较高，并且呈现出稳中有升的趋势。

---

① "田园徽州"农产品区域公用品牌闪耀上海农交会！［EB/OL］. 中宏网，https：//www.zhong-hongwang.com/show－140－314634－1.html.
② 支持脱贫地区打造区域公用品牌实施方案（2023－2025年)［S/OL］. 农业农村部门户网站，http：//www.moa.gov.cn/govpublic/SCYJJXXS/202304/t20230420_6425711.htm.
③ 关于开展2023年农业品牌精品培育工作的通知［S/OL］. 农业农村部门户网站，https：//www.gov.cn/zhengce/zhengceku/202305/content_6874848.htm.

表 2-6　　　　　　　近年农产品质量安全例行监测结果

年份	抽检样品数	总体合格率（%）	主要抽检产品合格率（%）
2024（截至 5~6月）	7 835 批次	98	蔬菜 97.8、水果 97.4、茶叶 98.5、畜禽产品 99.4、水产品 95.9
2023	7 575 个	97.5	蔬菜 97.3、水果 96.3、畜禽产品 99.2、水产品 94.7
2022	14 437 个	97.6	蔬菜 97.1、水果 98.8、茶叶 98、畜禽产品 99.1、水产品 95.8
2021	22 127 个	97.6	蔬菜 97.1、水果 96.5、茶叶 98、畜禽产品 98.8、水产品 96.9
2020	34 794 个	97.8	蔬菜 97.6、水果 98.0、茶叶 98.1、畜禽产品 98.8、水产品 95.9

资料来源：2024 年第一次国家农产品质量安全例行监测总体合格率为 98%［EB/OL］. 农业农村部门户网站，https://www.moa.gov.cn/xw/zwdt/202407/t20240705_6458545.htm.

2.2.2　中国农产品区域公用品牌多元化发展

1. 产品类型多元化

农产品区域公用品牌涵盖了茶叶、食用菌、小宗特产、中药材、粮油、水产、蔬菜、畜牧、果品等多个类别。而驱动其产品类型发展多元化的因素主要有四种：资源禀赋、产业集群、地方政府和人文历史（兰勇和张婕妤，2019）。

2. 营销手段多元化

（1）数字营销。在数字经济的背景下，农产品区域公用品牌不再是仅仅通过线下渠道来拓展，如参与农产品展销会、品鉴会等方式，而是利用数字经济赋能线上平台实现营销模式的转变。数字营销模式为农产品区域公用品牌的形成和价值创造带来了契机（路璐，2021）。

（2）文化营销。文化营销是指在特定的市场运营过程中，企业营销人员和有关人员在公司核心价值观的作用下，产生的营销思想和所建立的营销形象。其以文化力量为营销手段，以产品为媒介，以市场交易方式进入消费者的意识中，体现出消费者在物质与精神上的诉求。

(3）绿色营销。农产品绿色营销是指在农产品生产经营过程中，以环境保护为经营指导思想，以绿色文化为价值观念，以消费者的绿色消费为中心和出发点的营销观念、营销方式和营销策略（龙玉祥，2011）。

3. 发展模式多元化

（1）农产品区域公用品牌创建模式。现有研究对农产品区域公用品牌进行了研究回顾和展望，得出了两种创建模式：政府主导创建模式和多主体联动创建模式（兰勇和张婕妤，2019）。

在农产品区域公用品牌的创建模式中，政府主导创建模式占据重要地位。在这种模式下，政府扮演着关键角色，通过政策引导、资源配置和协调推动，积极促进地方特色农产品的品牌化进程。政府会基于地区的自然资源优势、历史文化底蕴以及农业产业基础，选定具有发展潜力的农产品种类，制定详细的品牌发展规划和实施方案。同时，政府会投入必要的资金，用于品牌的注册、设计、宣传及推广工作，并协调相关部门和机构，提供技术支持、质量监管及市场拓展等全方位服务。

农产品区域公用品牌中的多主体联动创建模式，是一种集合政府、行业协会、农业企业、农民专业合作社及农户等多方力量，共同参与、协同推进的品牌建设方式。这种模式下，各主体各司其职，形成合力，共同推动农产品区域公用品牌的形成与发展。具体而言，政府发挥主导作用，负责制定战略规划、提供政策支持和资金引导；行业协会则负责行业自律、品牌整合和宣传推广；农业企业和农民专业合作社作为品牌建设的主力军，负责具体的生产、加工和市场开拓；农户则是品牌产品的直接生产者，其生产行为直接影响到品牌的质量与声誉。

（2）农产品区域公用品牌建设模式。加强农产品区域公用品牌建设，对于提升我国特色农产品的市场竞争力、推动区域农业经济发展以及增加农民收入具有重要意义。根据现有研究对农产品区域公用品牌构成要素的探讨，农产品区域公用品牌的建设模式可分为特有自然资源建设模式、现代科技建设模式、历史文化建设模式、农业旅游建设模式（马清学，2010）。

特有自然资源建设模式，是基于农产品品牌的核心构成要素——特有品质，并结合区域特色自然资源进行建设的模式。该模式在对品牌核心价值的建设中，经历四个步骤：提升品牌核心价值、凸显品牌核心价值、实现品牌核心价值、传播品牌核心价值。在提升品牌核心价值方面，要充分利用地方优势资源，大力发展特色农业，确保并优化产品质量。为了凸显品牌核心价值，需要整合外部信息要素，如地理标志、绿色产品标志、网站域名等，并制定合理的价格策略以体现品牌价值。在实现品牌核心价值的过程中，要以聚集效应为基础，建立产业组织，培育管理主体。在传递品牌核心价值方面，要借助数字经济的力量，加强营销与宣传。

现代科技建设模式与特有自然资源建设模式在理念上有所共通，但侧重点不同。农产品区域公用品牌的发展融合了科技应用、品质提升、市场拓展和品牌塑造等多个方面，形成了一条综合性的发展路径。对于那些无法依赖特有自然资源进行农产品品牌建设的区域，采用现代科技建设模式成为一个明智的选择。在现代科技建设模式下，农产品利用物联网、大数据、人工智能等前沿技术，实现了从生产到销售的全面智能化升级，包括精准农业生产、大数据分析市场趋势、区块链技术确保产品追溯透明等。这一模式通过精准农业生产提升产品品质与产量，通过大数据分析洞察市场趋势，指导品牌策略制定，通过区块链技术确保产品追溯，增强消费者信任。最终，借助技术手段进行科学的区域规划，促进了区域性特色农业产业集聚的形成，并推动现代产业化组织的发展。

随着消费者对农产品历史与文化底蕴的日益重视，采用历史文化建设模式构建农产品区域品牌显得尤为关键。在这一模式下，品牌构建聚焦于地方特色文化、传统农耕故事以及世代传承的工艺，旨在通过讲述这些丰富独特的历史故事，为产品赋予灵魂与生命力。这样一来，消费者在购买品牌产品时，不仅收获了自然的馈赠，更深刻感受到了地方特色文化的魅力，进而加深了对品牌的情感认同和忠诚度。

农业旅游建设模式是基于人们日益增长的对农村绿色生活和休闲放松的追求，促使品牌创建者延伸产业链、提升农产品附加值的一种创新模式。该模式主要面向都市消费者，使他们能更深入地体验并感知品牌价值。在数字经济浪潮下，农业"云旅游"模式应运而生。该模式运用信息技术、云技术、移动技术和人工智能等前沿科技，通过实景直播、网页全景浏览和智能穿戴设备等多元化形式，让游客能够利用一个或多个终端设备在线上体验观光、互动、社交和购物等多样化的旅游活动（伍静等，2021）。该模式不仅突破了空间限制，通过"直播+带货"等创新营销方式有效推动了农产品品牌的发展，还对线下旅游经济产生了积极的溢出效应。

2.3 中国农产品区域公用品牌的机遇与挑战

2.3.1 中国农产品区域公用品牌的机遇

1. 国内市场机遇

从市场需求视角来看，我国消费品市场正蓬勃发展，消费环境不断优化。与此同时，国家大力推进"健康中国"战略，积极倡导均衡饮食，为农产品品牌消费带来了前所未有的发展机遇。

我国消费品市场展现出蓬勃活力与多样性，消费环境持续优化，为居民提供了更广阔的消费选择。2024年城镇居民人均食品消费支出中，粮食支出占比已缩减至约5.5%，较过去几十年发生了显著变化，反映出居民饮食结构的深刻变革。同时，肉禽蛋及水产类支出占比攀升至约35%，增加了近20个百分点，凸显了居民对高质量蛋白质来源的强烈追求。此外，在外就餐支出占比持续扩大，达到约30%，相较于2008年又有明显提升。[①] 这些变化既反映了居民生活节奏的加快，也彰显了餐饮业在居民饮食消费中的日益重要地位。

2. 政策支持力度不断加大

农产品区域公用品牌的成功构建，充分展现了当地特色农业经济的活力。它不仅为"三农"领域注入了强劲动力，为民众提供了改善生活、提升水平的契机，更是推动中国农业实现从量到质、由弱变强、焕发新生的关键策略。

从国家战略宏观层面看，乡村振兴战略的实施为农产品区域公用品牌的发展奠定了坚实基础。作为党中央、国务院的重大决策部署，乡村振兴战略旨在全面促进农业、农村、农民发展。在此战略框架下，农产品区域公用品牌成为提升农业产业竞争力、促进农民增收的关键一环，备受国家重视与支持。政府通过规划制定、政策出台、资金投入等举措，为农产品区域公用品牌的发展提供了有力保障。

从具体政策措施层面看，国家针对农产品品牌建设推出了一系列专项规划

---

① 2024年1月份居民消费价格环比上涨0.3% [EB/OL]. 国家统计局，https://www.stats.gov.cn/sj/zxfb/202402/t20240208_1947623.html.

和扶持政策。如《农业品牌精品培育计划（2022—2025年）》等文件，明确了品牌建设的目标与任务，为农产品区域公用品牌的发展指明了方向。政府通过财政补贴、税收优惠、金融扶持等措施，有效降低了品牌创建与运营成本，增强了品牌竞争力。同时，政府还强化了对品牌建设的指导与服务，为企业提供品牌策划、设计、营销等专业支持，助力企业提升品牌形象与价值。

3. 国际竞争力日益上升

近年来，中国在全球农业供应链中的地位稳步提升，众多农产品在国际市场上广受认可与青睐，其中大蒜的竞争力尤为凸显。联合国粮农组织（FAO）统计显示，中国大蒜出口量持续占据全球近九成份额，其高品质与稳定供应体系赢得了国际市场的信赖。中国大蒜已销往全球150多个国家和地区，特别是在美国等关键市场获得高度赞誉。许多美国消费者因中国大蒜的清洁、无化学残留及可靠品质而偏爱之，这一趋势进一步巩固了中国大蒜在国际市场的领先地位。[①]

中国鲜苹果的国际竞争力也持续增强。2019~2023年，中国鲜苹果出口量稳居全球首位，出口总额显著增长。特别是2023年，出口量创历史新高，达约150万吨，较2019年增长近三成，出口额同比增长超25%，且增长趋势稳健。[②] 中国苹果凭借独特的口感、丰富的营养价值及相对合理的价格，在全球消费者中赢得了良好口碑，市场份额不断扩大。

尽管过去"中国制造"在工业领域的某些负面印象及"农产品农残"事件一度给中国农产品出口带来挑战，但凭借独特的品种优势、严格的质量控制体系及不断提升的品牌形象，中国农产品逐步扭转了这些不利局面。如今，中国农产品不仅在国际市场上占据重要位置，更以卓越品质、丰富种类和强劲价格竞争力，成为众多国家和地区消费者的首选。未来，随着中国农业现代化进程的加速和国际贸易环境的优化，中国农产品在全球市场的竞争力有望进一步增强。

4. 数字经济赋能品牌高质量发展

近年来，随着数字经济的蓬勃兴起，我国农业领域迎来了"数字+农业"

[①] 中国大蒜贸易格局情况 [N/OL]. 人民日报，https：//szb. farmer. com. cn/2024/20240902/20240902_007/20240902_007_4. htm.

[②] 动态评析：我国苹果出口现状、问题及建议 [EB/OL]. 陕西省农业中心，http：//www. guoye. sn. cn/hydt/41027. jhtml.

的发展浪潮（靳代平等，2021）。数字经济通过新技术、新市场、新业态、新模式四个维度，赋能品牌高质量发展，为农产品品牌塑造奠定了坚实的数字化基础，推动我国农业向智能化、品牌化方向迈进。

（1）新市场赋能拓宽了品牌的销售渠道。当前，我国农村电商的兴起为农产品开辟了广阔销路和多样化融资渠道。据农业农村部数据统计，截至2023年，我国农产品网络销售总额已突破5 870.3亿元，同比增长超12.5%。[①] 这一数据不仅彰显了农产品在网络销售领域的巨大潜力，也清晰表明线上消费已成为消费者选择农产品的主流方式之一。

（2）新技术赋能优化了品牌的生产、营销和管理。随着数字化技术的飞速发展，物联网、大数据、人工智能等前沿科技在农业领域的渗透日益加深，为农产品品牌的数字化转型带来前所未有的机遇。借助传感器与物联网技术的融合，农业生产者能实时监测土壤湿度、气候条件等关键数据，精准调整灌溉与施肥策略，实现资源优化配置，促进农作物产量与品质双提升。同时，这些技术优化了供应链与管理，深度融入生产计划、资源调配及生产监控，极大提升了品牌生产管理的精细化程度，降低了成本，提高了生产效率（苏晓蕾，2023）。此外，物流、仓储及配送等关键流程在新技术的赋能下得以优化，确保了农产品从农田到餐桌的顺畅流转。

（3）新业态赋能缩短了品牌线上交易的中间环节。在新业态的赋能下，跨境电商、直播带货、农文旅融合、离岸孵化等模式兴起，使农产品区域公用品牌得以直接与消费者建立联系。随着流量经济与直播经济的高速发展，网红博主、知名明星及农户本身纷纷投身电商直播，借助这一创新模式营销与推广农产品。他们精心打造虚拟直播间，将琳琅满目的农产品与广大消费者紧密相连。主播作为桥梁，生动介绍并推销农产品。值得注意的是，这些主播中既有专业带货达人，也不乏亲自上阵的农户，这样的组合极大缩短了农产品中间流通环节。通过电商直播这一高效平台，农产品迅速直达消费者手中，简化了销售环节，确保了产品新鲜度与性价比，为农产品销售开辟了全新高效渠道。

（4）新模式赋能有助于品牌实现可持续发展。在数字经济背景下，平台经济和共享经济为品牌带来了前所未有的机遇。电商平台如淘宝、京东、天猫等，为农产品品牌提供了广阔的在线展示与销售空间。这些平台利用大数据分

---

① 以农村电商高质量发展助力乡村振兴（光明日报4月1日第2版）[N/OL]. 中国政府网，http://www.moa.gov.cn/ztzl/ymksn/gmrbbd/202404/t20240401_6452843.htm.

析消费者购物习惯和偏好，为品牌提供精准市场定位和营销策略，助力品牌更好地满足消费者需求，获取反馈，优化自身，从而实现转型升级。共享平台则通过整合供应链资源、降低交易成本、提高流通效率等方式，有力支持农产品品牌发展。它们利用数字化手段实现信息快速传递和资源优化配置，使农产品品牌生产和销售更加高效。此外，共享平台还注重打造品牌生态圈，整合产业链上下游资源，为农产品品牌提供全方位服务与支持，助力品牌可持续发展。

2.3.2 中国农产品区域公用品牌的挑战

1. 品牌的管理和发展的挑战

（1）品牌管理的协同不够导致各方信息不对称。在农产品区域公用品牌的数据采集过程中，数据提供方涵盖政府部门（如农业农村局、林草局、工商局）及非政府组织（如行业协会、销售协会、合作社、政府专门管理部门）、龙头企业和它们的协会。[1] 这些多元的资料来源虽丰富了品牌信息的维度，却导致信息口径不一，给品牌方信息的搜集、整合与验证带来重重挑战。更关键的是，这种多样性映射出品牌管理中的协同难题。不同参与方在信息共享、资源整合、策略制定等方面难以形成有效联动，导致品牌建设力量分散，难以形成合力。这不仅影响品牌建设的效率与效果，还可能因信息不一致或冲突而损害品牌整体形象。

（2）品牌建设主体不明确。农产品区域公用品牌的建设主体多样，导致管理模式各异。这虽体现了各地根据实际情况的灵活探索，但也反映出尚未形成被普遍认可且广泛适用的成功模式。实践中，建设主体类型多样：一是由政府主导，成立专门机构统筹品牌建设；二是政府指导、企业牵头，利用企业市场敏感性和资源整合能力引领品牌发展；三是行业协会主管，依托其行业影响力和专业知识推动品牌建设；四是龙头企业联合建设，通过集群效应和资源共享增强品牌竞争力。这些管理模式各有优势，但也暴露出协调机制不健全、资源分配不均、品牌认知度不高等问题。

（3）政府与市场力量的平衡问题。在我国农产品区域公用品牌建设中，政府发挥着举足轻重的作用。"公用"二字凸显了区域公用品牌的本质属性，即非私人或单一企业所能独立承担，需政府作为公共利益代表引导和推动。品

---

[1] 中国农产品区域公用品牌价值评估课题组. 中国农产品区域公用品牌价值评估的数据解读 [J]. 农产品市场周刊，2009（47）：35-46.

牌建设初期，政府强势介入尤为关键，能迅速集中资源，为品牌建设提供强有力支持，助其快速起步并形成初步影响力。然而，随着品牌建设深入，市场力量逐渐显现，企业主体地位和作用日益凸显。因此，适时、恰当地实现政府角色与企业作用的转换，成为当前亟待解决的重要课题。

（4）公用品牌建设的"搭便车"问题。农产品区域公用品牌的"搭便车"现象，虽为部分非核心参与者带来显著利益，却对优质、正宗农产品市场构成严峻挑战，潜藏多重风险。这种行为会导致市场失灵，破坏品牌声誉，侵犯消费者和生产者利益（马改艳，2024）。具体而言，搭便车行为削弱品牌独特性和辨识度，使市场充斥质量参差不齐的同品牌产品，混淆消费者选择，并可能因低劣产品引发食品安全问题，对行业造成负面影响。真正投入资源提升农产品品质的生产者，其产品易被低劣产品淹没，难以获得市场回报，形成"劣币驱逐良币"现象，挫伤生产积极性和创新动力。

2. 品牌持久发展的挑战

（1）农产品品质提升问题。品质提升不仅是农产品区域公用品牌可持续发展的核心追求，更是品牌建设的重要基础。近年来，众多农产品区域公用品牌涌现，它们以精美LOGO吸引眼球，口号响亮却缺乏针对性，地域文化故事与消费者需求脱节，礼盒设计偏向礼品化，忽视日常消费需求。光鲜表象下，隐藏着产品品质不稳定、市场根基薄弱等深层隐忧，制约着品牌的长远发展。

具体而言，部分品牌正面临品种老化的问题。产品因缺乏创新与活力，仅凭历史积淀已难以持续吸引消费者。在品质层面，种植或养殖管理缺乏统一标准，导致成品质量参差不齐，难以确保稳定的高品质产出。有些品牌虽然在品牌设计上华丽夺目，营销手段也热闹非凡，其内容却显得空洞，缺乏实质性支撑。若想在激烈的市场竞争中崭露头角，这些品牌亟须回归本质，扎实构建产品品质，明确品牌核心价值。

（2）品牌价值提升问题。目前，关于区域品牌价值提升的讨论主要聚焦于两大方面：一是实现从区域品牌向全国品牌的跨越，二是推动高知名度品牌进一步向高认知度与高美誉度发展（胡晓云，2010）。

面对市场覆盖的局限，众多农产品区域公用品牌正致力于从小众区域市场向广阔全国市场迈进，此乃品牌规模扩张与实力提升的必由之路。对于已在全国范围内享有较高知名度的农产品区域公用品牌而言，深化品牌内涵、提升消费者认知度与美誉度成为其下一步的重点。这要求品牌在消费者心中塑造鲜明、独特的形象，确保消费者在众多同类产品中迅速感知品牌魅力，并产生信赖与偏爱。为此，品牌需具备清晰定位，明确自身在市场中的独特位置与价值主张，并通过构建积极的品牌联想，激发消费者的正面情感与记忆关联。为达成此目标，品牌应实施一系列精细化战略举措，如精准定位、生动讲述品牌故事、多元化传播等。

3. 数字经济赋能的挑战

（1）数据信息孤岛问题。数据孤岛现象在中国农产品行业中尤为突出，根源在于生产主体的多元化与分散性，以及信息化发展不均衡。这一现状直接导致数据标准多样且不兼容，成为数字技术赋能品牌建设的巨大阻碍。农产品生产主体多样，从家庭农场到大型农业企业，规模与经营模式各异，大幅增加了数据收集、处理及应用的难度。此外，地区经济发展水平与政策导向的差异，使得信息化建设步伐参差不齐。部分地区或企业已实现高度数字化管理，而部分地区则刚起步。这种信息化水平的巨大差异，直接造成数据标准混乱，形成数据孤岛，难以互联互通。同时，市场上尚缺统一的客观数据平台来打破此僵局。

此外，系统兼容性问题进一步加剧了这一困境。不同企业根据自身需求和技术偏好，选用各异的软件系统管理生产、仓储、销售等关键环节。这些系统虽在一定程度上提升了运营效率，但因缺乏统一标准和接口，难以实现数据无缝对接与共享。系统间的壁垒不仅限制品牌内部资源的优化配置与协同作业，还阻碍品牌与外部合作伙伴的深度合作与资源共享，最终制约品牌在数字经济环境下的整体运营效率及市场竞争力。

（2）数据的隐私与安全问题。数字经济浪潮的推动使得农产品区域公用品牌正加速融入数字化进程，这一转变极大提升了品牌运营效率与透明度，但同时也使品牌面临数据泄露与非法利用等安全风险。农产品区域公用品牌所承载的生产、销售等敏感数据，既是品牌运营的核心资产，也是市场竞争力的关键。数据一旦泄露或被非法利用，将直接损害品牌商业利益，更可能引发公众信任危机，对品牌声誉造成不可逆转的损害。

数据安全防护能力不足，是当前农产品区域公用品牌面临的一大挑战。部分企业在数字化转型中，片面追求技术应用的便捷与效率提升，忽视了数据安全的重要性。这种"重应用、轻安全"的现象，致使企业在数据安全防护上投入不足，缺乏健全的安全管理制度、专业的安全技术人员及先进的安全技术。因此，面对数据安全威胁，这些企业难以迅速高效采取防御措施，面临核心数据被窃取、篡改或滥用的风险。

数据安全防护能力的欠缺，还体现在对外部威胁的防范上。随着网络攻击手段的不断演变升级，黑客越发擅长利用漏洞和弱点窃取敏感数据。农产品区域公用品牌因涉及众多生产主体和供应链环节，其数据系统更为复杂庞大，为黑客提供了更多攻击机会。若潜在漏洞和弱点不能及时发现修复，就易被黑客利用，引发数据泄露等安全事件。

（3）人才和技术问题。在探讨中国农产品区域公用品牌数字化转型的挑战时，关键技术受制于人以及人才短缺是两大不可忽视的方面。这两大问题紧密相连，共同阻碍了品牌的发展。

关键技术受制于人，是当前中国农产品区域公用品牌数字化转型不可忽视的瓶颈。尽管近年来中国数字科技创新能力显著增强，但在高端芯片、操作系统、核心算法等关键技术领域，仍面临国外的技术垄断和封锁。技术依赖增加了品牌数字化转型的成本和风险，限制了技术创新与应用的自主性。品牌常需斥巨资购买国外技术许可或解决方案，不仅提升了运营成本，还可能因技术壁垒无法获取最新技术成果与应用。

与此同时，人才短缺与技能不足成为制约农产品区域公用品牌数字化转型的另一大难题。数字经济的发展离不开高素质、高技能人才，而在农业领域，数字化技能人才尤为稀缺。农产品区域公用品牌在数字化转型中，急需既懂农业又精通数字化技术的复合型人才。然而，因农业行业的特殊性及数字化技术的迅猛发展，这类人才的培养与引进均面临较大挑战。市场上难以满足品牌对这类人才的迫切需求，致使数字化转型项目推进缓慢，成效不佳。

2.4 本章小结

为深入研究数字经济如何赋能农产品区域公用品牌高质量发展，首要前提是了解我国农产品区域公用品牌的发展现状。本章主要依托数据统计，从四个维度剖析中国农产品区域公用品牌的基本情况，概括其发展特征，并归纳其面临的机遇与挑战，以此为后续章节探讨数字经济赋能农产品区域公用品牌高质量发展奠定基础。

首先，本章从数量、品类、品牌价值及线上销售四个基本维度对中国农产品区域公用品牌进行深入剖析，并据此总结其突出特点。第一，在数量发展趋势上，中国农产品区域公用品牌数量呈现出逐年递增的趋势，增速则由初期的急剧上升逐渐转为平稳增长。从地域分布来看，这些品牌存在明显的不均衡性，且具有较高的区域集中度。值得注意的是，西部地区在农产品区域公用品牌数量上占据优势地位。第二，在品类结构上，中国农产品区域公用品牌大致可分为种植类、畜牧类、水产类三大类。据数据统计，这三类品牌之间的占比存在不均衡现象。进一步细分至种植类、畜牧类、水产类下的 22 种具体品类时，我们发现这些品类的分布呈现出一定的集中性，且与市场需求紧密相关。这种分布特点反映了市场需求对农产品区域公用品牌品类结构的影响。第三，在品牌价值评估方面，我们可以看到越来越多的中国农产品区域公用品牌积极参与品牌价值评估活动。品牌价值的高低已成为衡量品牌质量优劣的关键指标。根据品牌价值评估的结果，可以发现品牌价值的分布、区域品牌价值的分布以及品类品牌价值的分布都呈现出明显的集中性特点。这意味着在市场上，部分品牌凭借其优质的产品和服务，以及有效的品牌建设和营销策略，成功地在品牌价值上取得了优势。第四，在品牌线上销售方面，中国农产品区域公用品牌的网络销售规模增速远超整体农产品网络销售额，显示出消费者认可度提升及品牌网络竞争力增强。网络销售额持续增长，凸显其市场潜力。云南省、福建省、辽宁省品牌网络覆盖率高，或与地区电商发展及消费者偏好相关。淘宝平台农产品区域公用品牌覆盖率居首，归因于其在农产品电商领域的深耕与品牌影响力。

其次，本章高度概括了中国农产品区域公用品牌的发展特征，主要包括：品牌发展历程呈现阶段性特点、品牌发展趋势正朝向高质量发展迈进，以及品牌发展路径日益多元化。

最后，本章总结了中国农产品区域公用品牌面临的机遇与挑战。机遇方面，品牌需紧抓国内市场扩大、政策支持增强、国际竞争力提升及数字经济赋能的良机。挑战方面，则需审慎应对品牌管理与发展、品牌持久性以及数字经济融合应用等方面的难题。

第 3 章
数字经济赋能农产品区域品牌高质量发展的机理

本章引入农产品区域品牌生态体系的概念，从剖析数字经济的特性出发，论证数字经济如何通过赋能农产品区域品牌生态体系构建，克服其固有的发展痛点，实现农产品区域品牌高质量发展。

3.1 农产品区域公用品牌发展痛点

当前我国农产品区域公用品牌正处于提质加速发展阶段，但由于基础条件、行业及区域品牌本身的特性等原因，其发展仍面临一系列问题。本节将从企业经营与市场竞争与品牌治理与资源支持这两个方面来阐述农产品区域品牌高质量发展的痛点。

3.1.1 企业经营与市场竞争痛点

农产品区域公用品牌在企业经营过程中，面临着非标准化、成本高、效益差、管理粗放以及品牌知名度低等问题。在激烈的市场竞争中，价格战频发、同质化问题严重也是农产品区域公用品牌面临的痛点。

1. 非标准化

非标准化是农产品区域公用品牌发展的重要障碍。这体现在农产品从种植到收获的每一个环节，如种子选择、种植技术、施肥用药、采收时间等，大量品牌都缺乏统一的标准和指南。这种非标准化不仅导致农产品品质的不一致性,还增加了食品安全风险。此外,非标准化也增加了监管的难度,使得政府和市场难以有效维护市场秩序和消费者权益。

2. 成本高、效益差

农产品区域品牌发展的另一个难题是生产成本较高,这主要是农业生产本身具有投入大、周期长、风险高的特点所导致的。在种植、养殖等环节,需要投入大量的土地、人力等资源;同时,面对市场波动和自然灾害等不确定性因素,还需要承担较大的风险。这些成本因素使得农产品区域品牌在市场上难以形成价格优势,影响了品牌的盈利能力和可持续发展。由于市场竞争激烈、产品同质化严重等原因,部分农产品区域品牌的效益并不理想,这主要体现在销售额增长缓慢、利润率低等方面。品牌运营者往往面临着资金压力和市场挑战,难以投入足够的资源进行品牌建设和市场推广。同时,消费者对品牌的认知度和忠诚度相对较低,导致农产品品牌难以形成稳定的客户群体和市场份额。这种效益差的情况不仅影响了品牌的健康发展,还可能导致品牌退出市场。

3. 管理粗放

农产品区域品牌的管理往往呈现出粗放的特点,这主要体现在品牌建设、运营管理以及市场推广等方面。品牌建设缺乏长远规划和系统策略,导致品牌形象模糊、定位不清;运营管理方面则存在资源配置不合理、效率低下等问题;市场推广则依赖于传统的销售渠道和方式,缺乏创新性和精准性。粗放的管理方式使得品牌难以形成强大的市场影响力和竞争力,限制了品牌的快速发展。

4. 品牌知名度低

知名度低是限制农产品区域品牌发展的重要因素之一。由于品牌建设和市场推广力度不足、同类品牌众多等原因,部分品牌在市场上知名度较低甚至不为人知。这使得品牌难以吸引消费者的关注和购买意愿,从而限制了品牌的市场份额和盈利能力。因此,农产品区域品牌需通过多种渠道和方式向消费者传递品牌信息和价值理念,以提升品牌的知名度和美誉度。

5. 产品同质化

产品同质化是农产品区域品牌发展中普遍存在的问题。种植技术、品种选择等方面的相似性较高以及市场需求的相似性较强等原因导致市场上同类产品众多且差异不大，消费者难以区分和选择不同品牌的产品，从而降低了品牌的辨识度。为了解决这一问题，农产品区域品牌需要加强差异化竞争策略，通过提高产品品质、创新包装设计等手段来打造独特的品牌形象和市场定位。

6. 市场竞争劣势

农产品市场竞争激烈是品牌发展中面临的常态。随着消费者需求的多样化和市场竞争的加剧，越来越多的农产品品牌涌入市场争夺份额。这导致农产品品牌间的竞争日益激烈，价格战、促销战等竞争手段层出不穷。在这种环境下，农产品区域品牌需要不断创新和提升自身实力以应对市场竞争的挑战。同时，品牌还需要加强与其他相关方的合作与共赢以实现共同发展。

3.1.2 品牌治理与资源支持的痛点

农产品区域品牌发展离不开良好的监管治理和相应的资源支撑。但长期以来，由于治理能力不足及资源匮乏等原因，我国农产品区域品牌市场上人才、资金、技术等资源支撑不足，假冒伪劣等问题依然严重。

1. 假冒伪劣问题

假冒伪劣问题是农产品区域品牌发展中面临的严重挑战之一。部分企业生产的产品以次充好、以假乱真，严重损害了正规农产品区域品牌的利益和声誉，而互联网交易也为售假行为提供了更方便的途径，这不仅影响了消费者对该区域品牌的信任度和忠诚度，还破坏了市场的公平竞争秩序。

2. 品牌管理混乱

农产品区域品牌管理混乱问题主要表现为品牌授权与使用的无序状态，缺乏统一规范，导致市场上出现品牌滥用现象，严重侵蚀了品牌的纯正性和消费者信任。同时，品牌保护与维权机制不健全，使得侵权行为难以得到有效遏制。品牌管理各主体间缺乏有效沟通与协作，导致运营效率低下，品牌形象难以统一。加之品牌标准与质量控制的不一致，使得产品质量参差不齐，损害了品牌整体形象和市场竞争力。这一系列问题相互交织，共同构成了农产品区域品牌管理混乱的严峻现状。

3. 人才匮乏

农产品区域品牌公共服务体系的发展面临着专业人才严重匮乏的痛点。这一现状制约了农产品区域品牌策划、市场营销、质量控制及供应链管理等多方面的提升，使得农产品区域品牌难以在激烈的市场竞争中脱颖而出，难以充分展现其地域特色与文化底蕴，限制了农产品的附加值与品牌影响力，进而影响了农民增收与乡村振兴的步伐。因此，加强人才队伍建设，吸引并培养更多具备专业知识与创新思维的人才投身于农产品区域品牌的建设中，成为有待解决的关键问题。

4. 公共服务体系不完善

农业公共服务体系的不完善主要体现在以下几个方面：（1）服务内容缺乏系统性，未能全面覆盖品牌从规划到推广的全链条需求；服务标准不统一，导致服务质量参差不齐，难以保障品牌建设的专业性和有效性；（2）服务资源分配不均，部分区域或品牌难以获得必要的支持和帮助，加剧了品牌发展的不平衡性；（3）服务体系创新不足，面对快速变化的市场环境和消费者需求，公共服务体系未能及时跟进，无法提供具有前瞻性和针对性的服务方案。这些不完善之处严重制约了农产品区域品牌的高质量发展。

5. 环境污染

农业生产过程中的化肥农药使用、畜禽养殖废弃物排放等都会对环境和生态系统造成破坏。这不仅影响了农产品的品质和安全，还威胁到人类的健康和生存环境。随着消费者对环保和可持续发展的关注度不断提高，环境污染问题已成为影响农产品区域品牌声誉和市场竞争力的重要因素。因此，加强环境保护和可持续发展已成为农产品区域品牌发展的必然选择。

3.2　农产品区域公用品牌高质量发展的内涵

农产品区域公用品牌，作为某一地域内特色资源的集中体现和文化价值的承载者，已经不仅仅是地理标识或产品名称，更是地区经济发展和文化传承的重要载体。随着市场竞争的加剧和消费者需求的日益多样化，单纯的地域特色和文化底蕴已不足以支撑一个区域品牌的长期繁荣。因此，迫切需要探讨农产品区域品牌的高质量发展内涵，以确保其在激烈的市场竞争中保持领先地位，持续为地区经济和文化发展贡献力量。农产品区域公用品牌高质量发展是一个具有综合性和系统性的工程，是区域特色资源与文化价值深度融合、经济发展

第3章 数字经济赋能农产品区域品牌高质量发展的机理

与社会责任并重、效率与效益双重提升、持续性与公平性兼备的综合性发展模式。它超越了单纯的地理标识或产品名称，成为推动地区经济繁荣、文化传承和社会进步的重要力量。张月义等（2024）、夏显力等（2019）在研究农产品区域品牌内涵的基础上，结合农业高质量发展的特征，提出了农产品区域公用品牌高质量发展的内涵，主要包括创新发展、价值发展、绿色发展以及普惠发展四个方面。

（1）创新发展。创新发展是农产品区域品牌高质量发展的第一动力，主要体现在科技装备支撑、数字技术赋能以及产业融合发展上。农产品区域品牌通过科技装备支撑、数字技术赋能以及产业融合发展能够提高农业生产效率，通过积极拥抱数字化、智能化技术，能够实现农业生产全过程的智慧化监控与管理。同时，农产品区域品牌坚守并深挖区域特色并不断进行创新，将地域文化、自然环境等优势转化为品牌独特魅力，打造差异化竞争优势。

（2）价值发展。价值发展是农产品区域品牌的发展特点，表现为区域经济发展、产品附加值增加以及品牌价值提高。这意味着农产品区域品牌高质量发展要以区域为核心，充分利用并展示区域的独特资源和文化魅力，通过持续的创新形成具有鲜明地域特色的品牌形象，实现品牌价值最大化。同时，农产品区域品牌高质量发展要深知"质量是生命线"的道理，每一个环节都力求精益求精，确保产品与服务质量能够超越消费者的期待。此外，农产品区域品牌的高质量发展应带来生产经营效益的提高。提高生产经营效益，意味着农产品在生产、加工、销售等各个环节能够更加高效、精准地运作，减少浪费，降低成本，从而确保产品品质的稳定与提升。

（3）绿色发展。绿色发展是农产品区域品牌高质量发展的普遍形态，表现为绿色产品供给、资源的利用效率以及绿色品牌建设。农产品区域品牌高质量发展倡导人与自然和谐共生，注重环境保护和生态文明建设，减少对不可再生资源的消耗和对生态环境的破坏，推动绿色发展。并且，通过构建循环经济的模式，区域品牌致力于最大化资源利用效率，减少废弃物产生，推动废弃物的资源化再利用，形成闭环式的绿色经济循环体系。

（4）普惠发展。普惠发展是农产品区域品牌高质量发展的根本目的，表现为包容性与可持续发展、社会服务水平以及联农带农机制。农产品区域品牌的普惠发展，意味着实现农产品区域品牌高质量发展不仅要超越单一的经济增长范畴，而且要深入渗透到社会的各个层面，让品牌的价值与成果广泛而均衡地惠及广大民众。更为重要的是，要促进农产品区域品牌带动地方经济的多元化发展，提升区域的整体竞争力和知名度，进而为区域内的企业带来更加广阔的发展空间和更加稳定的经营环境，通过产业链的延伸和价值的深度挖掘，为农民创造更多就业机会和增收渠道。

3.3 农产品区域公用品牌生态体系建设与高质量发展

农产品区域品牌是一个由品牌授权企业、品牌管理方、政府、农户及消费者等多方构成的有机生态体系。按功能划分，主要包括四大体系：生产管理体系、流通营销体系、监测治理体系以及公共服务体系。下面将分别对这四个体系进行阐述。

3.3.1 农产品区域公用品牌生态体系构成

1. 生产管理体系

生产管理体系是农产品区域品牌生态体系的基石，其主要目标是通过优化生产和管理来提高生产经营效益、提升产品质量、降低生产成本。生产管理体系的参与者主要包括农户、生产企业等供应链中上游组织，也包括品牌管理方、政府相关部门等。该体系不仅涵盖标准化生产流程的制定与执行，确保农产品的种植、养殖、加工等环节都遵循科学、规范的操作流程，而且强调质量控制体系的建立和完善。主要体现为对原材料采购、生产过程监控、成品检验等环节的质量把控，从而确保农产品的安全、营养和口感。同时，生产管理体系还积极推动资源优化配置和技术创新，通过引入先进的农业技术和管理模式，提高农产品的产量、品质和附加值，为品牌的差异化竞争和可持续发展提供有力支撑。

2. 流通营销体系

流通营销体系是农产品区域品牌实现市场价值的核心驱动力，其主要目标是畅通农产品销售渠道并提升品牌价值。参与主体主要涉及流通、运输、销售等供应链中下游企业，也包括品牌管理方、政府相关部门等。该体系通过构建多元化的销售渠道，将优质的农产品推向更广阔的市场，包括但不限于传统的农贸市场、超市等销售渠道，以及新兴的电商平台、直播带货等零售模式。同时，流通营销体系注重品牌营销与推广的策略制定与执行，通过精准的市场定位和差异化的营销手段，提升品牌的知名度和美誉度。一方面，高效的物流配送体系确保了农产品能够及时、准确地送达消费者手中；另一方面，敏锐的市场反馈机制则帮助品牌及时了解消费者需求，调整销售策略，以更好地满足市场需求。

3. 监测治理体系

监测治理体系是保障农产品区域品牌生态体系健康运行的重要支撑。该体系通过建立健全质量安全监测机制，对农产品的生产、加工、流通等全过程进行实时监控，确保产品的质量和安全。该体系包括对农产品的农药残留、重金属含量、微生物污染等关键指标的检测，以及对生产环境、加工设备、包装材料等方面的监督检查。同时，监测治理体系严格执行国家和地方的法规政策，对违规行为进行严厉打击，以维护市场的公平竞争秩序。在环境保护与治理方面，该体系注重推动绿色生产方式的应用和普及，以减少农业生产对环境的负面影响。在品牌危机管理方面，监测治理体系具备完善的预防和应对机制，迅速响应并妥善处理各类突发事件，保障品牌的声誉和稳定发展。

4. 公共服务体系

公共服务体系是农产品区域品牌生态体系的重要支撑。该体系通过提供全方位的政策扶持与引导，为品牌的发展创造良好的外部环境和条件。政府部门通过制定和实施一系列优惠政策、补贴措施和激励机制，鼓励和支持农产品区域品牌的培育和发展。同时，公共服务体系还建立了全面的社会化服务体系，为农业生产经营者提供种子种苗供应、技术咨询服务、仓储物流支持、品牌营销策划等一站式服务。此外，信息服务平台的建设也为品牌提供了便捷的信息交流渠道和资源共享平台，以促进品牌与消费者之间的互动和沟通。在培训与指导方面，公共服务体系致力于提升农业生产经营者的品牌意识和运营能力，通过举办培训班、研讨会等，传授先进的品牌管理理念和营销策略，为品牌的长期发展提供人才保障和智力支持。

3.3.2 农产品区域公用品牌生态体系构建与高质量发展的关系

农产品区域品牌的高质量发展，其核心本体和落脚点就是农产品区域品牌生态体系的构建和提升。

1. 良好的生态体系是农产品区域公用品牌高质量发展的基础

当我们深入探讨农产品区域公用品牌的高质量发展时，不难发现，这一目标的实现从根本上依赖于其背后的生态体系的高质量发展。农产品区域品牌的高质量发展，不仅体现在市场份额的扩大、品牌知名度的提升或是产品销量的增长上，更在于其内在价值的深化、产业结构的优化以及可持续发展能力的增强。而这些方面的提升，无不需要一个高质量的生态体系作为支撑和保障。

首先，一个高质量的生态体系能够确保农产品区域品牌的产品品质始终保持在高水平。通过严格的品质控制体系、标准化的生产流程以及科学的种植养殖技术，生态体系能够有效地提升农产品的质量和安全性，从而满足消费者对高品质农产品的需求，为区域品牌赢得良好的口碑和市场声誉。

其次，高质量的生态体系能够促进区域品牌的产业协同与融合发展。在生态体系的框架下，不同产业之间的界限被打破，资源得以在更广泛的范围内进行配置和优化。这种协同与融合不仅有助于提升区域品牌的整体竞争力，还能够推动农业与第二、第三产业的深度融合，促进产业结构的优化升级。

最后，高质量的生态体系还能够为区域品牌的可持续发展提供强有力的支撑。在生态体系的引领下，区域品牌将更加注重环境保护、资源节约等方面的问题，积极推动绿色生产方式和循环经济的发展模式。这种可持续发展的理念不仅符合当代社会对环保和可持续性的要求，也将为区域品牌的长期发展奠定坚实的基础。

2. 生态体系构建是农产品区域公用品牌高质量发展的抓手和落脚点

要实现农产品区域品牌的高质量发展，必须精准施策，聚焦于农产品区域品牌生态体系生产管理、流通营销、监测治理及公共服务体系这四个核心环节。

首先，生产管理体系是品牌质量的源头保障。优质的农产品是品牌的立足之本，而高效、规范的生产管理则是确保农产品品质稳定、安全可靠的基石。通过优化生产流程、引入先进技术、加强质量监控，能够从源头上提升农产品的附加值，从而为品牌赢得市场认可奠定坚实基础。

其次，流通营销体系是品牌市场拓展的关键。在竞争激烈的市场环境中，如何有效触达目标消费者、提升品牌知名度和美誉度，是品牌高质量发展的关键所在。通过构建完善的流通网络、创新营销策略、强化品牌传播，农产品能够拓宽销售渠道，增强市场竞争力，为品牌发展赢得更广阔的发展空间。

再次，监测治理体系是品牌权益和可持续发展的守护者。在品牌发展过程中，难免会遇到假冒伪劣、侵权盗版等不法行为，这些行为严重损害了品牌形象和消费者利益。因此，建立健全监测治理体系，加强对市场的监管和治理，是维护品牌权益、保障市场秩序的必要手段。通过打击违法行为、维护公平竞争环境，为品牌的高质量发展保驾护航。

最后，公共服务体系是品牌发展的支撑平台。政府、企业、社会等多方资源的整合与利用，能够为品牌发展提供政策、技术、资金等多方面的支持与保障。通过加强公共服务体系建设，能够优化品牌发展环境、提升品牌服务能力、增强品牌竞争力，为品牌的高质量发展提供有力支撑。

综上所述，生产管理、流通营销、监测治理以及公共服务体系这四个体系相互关联、相互促进，共同构成了农产品区域品牌生态体系。以农产品区域品牌生态体系为抓手和落脚点，建设与优化农产品区域品牌，才能够实现品牌的高质量发展目标。

3.4　数字经济的内涵、特性与表现形式

3.4.1　数字经济的定义及内涵

中国通信研究院发布的《全球数字经济白皮书（2022 年）》对数字经济给出了如下定义：数字经济是以数字化的知识和信息作为关键生产要素，以数字技术为核心驱动力量，以现代信息网络为重要载体，通过数字技术与实体经济深度融合，不断提高经济社会的数字化、网络化、智能化水平，加速重构经济发展与治理模式的新型经济形态。其中，数字技术是数字经济的核心驱动力。[1] 数字技术在计算技术、微电子技术和现代通信技术组成的新技术群体不断发展的基础上演化，其本质是实现对各类信息的识别、转化、存储、传播和应用等功能。随着新一轮科技革命和产业变革的兴起和演化，以云计算、区块链、大数据等为代表的数字技术迅猛发展，不仅实现了对产业全方位、全链

---

[1]　中国信息通信研究院. 2022 年全球数字经济白皮书［R］. 中国信息通信研究院官网，http：//www. caict. ac. cn/kxyj/qwfb/bps/202212/P020221207397428021671. pdf.

条、全周期的渗透和赋能，而且正在推动着人类生产、生活和生态的深刻变化（田秀娟和李睿，2022）。数字技术已成为新一轮科技革命的主导技术，并赋予生产力新的内涵，新质生产力这一概念就反映了新一轮技术创新引领经济社会变革与发展的趋势。

数字经济的内涵具体包括四大部分。

一是数字产业化，即信息通信产业，具体包括电子信息制造业、电信业、软件和信息技术服务业、互联网行业等。

二是产业数字化，即传统产业应用数字技术所带来的产出增加和效率提升部分，包括但不限于智能制造、车联网、平台经济等融合型新产业新模式新业态。

三是数字化治理，包括但不限于多元治理，以"数字技术+治理"为典型特征的技管结合，以及数字化公共服务等。

四是数据价值化，包括但不限于数据采集、数据标准、数据确权、数据标注、数据定价、数据交易、数据流转、数据保护等。

数字经济已经成为我国加快经济社会化转型的重要选择。随着数据要素相关战略部署不断完善、数字化转型投资持续强化、数字经济与实体经济融合纵深推进以及网络安全战略指导全面加强，提升数字经济安全保障能力等各种加快数字经济发展战略政策出台并逐渐落地实施，数字经济得到了进一步发展。

3.4.2 数字经济的特性

1. 数字化

数字经济的基础是将客观世界的一切事物进行数字化表达，以便于在计算机系统及网络中进行计算和传输。数字化能将传统模拟或物理形态的信息、数据、过程及资产转化为数字形式，这一过程不仅是简单的编码和存储，更涉及信息的深度处理、智能分析以及基于数据的决策制定。数字化利用先进的计算机技术、互联网技术和通信技术，将现实世界中的复杂系统抽象为可量化、可计算、可优化的数字模型，从而极大地提升了信息的处理效率、传输速度和利用价值。

2. 智能化

在数字化的基础上，通过计算机的计算乃至模拟人类的思考，可以实现智能化。智能化是指事物在计算机网络、大数据、物联网和人工智能等技术的支持下，所具有的能满足人的各种需求的属性。智能化作为现代科技赋能下的新兴属性，深刻地改变了事物满足人类需求的方式，全面替代人的体力劳动和脑力活动，推动了生产力的飞跃。

3. 网络效应

万物互联是数字经济的基本特征之一。互联网、移动互联网、物联网等形式，构成了世界的物理网络，而以物理网络相连接的人类社会中又形成了大大小小的社会关系网络，比如用户网络。在商业活动中，我们把使用者从用户网络中获得的额外的福利变化定义为网络效应（闻中和陈剑，2000）。信息产品内在地蕴含了互联互通的迫切需求，其核心价值在于促进信息的广泛收集与高效交流。这一需求的满足深度与网络覆盖的广度紧密相连，形成了一种独特的经济生态。在初始阶段，若网络内用户基数较小，每位用户不仅需分担较高的运营费用，其信息交流的范围与深度也受限于有限的参与者，难以充分发挥信息产品的潜力。然而，随着用户群体的逐步壮大，这一局面迎来显著改观。网络规模的扩张不仅有效分摊了成本，使得运营更为经济高效，更关键的是，它极大地拓宽了信息交流的边界。用户间的互动与经验分享不再局限于小圈子，而是跨越更广阔的空间，每个人都能从这种规模的扩大中获取更丰富的价值，实现知识与信息的倍增效应。在这一过程中，网络的价值展现出了惊人的几何级增长态势。经济学领域将这一现象概括为"网络外部性"或"网络效应"，它深刻揭示了信息产品价值的独特构成：一个用户的体验与价值不仅由产品本身决定，更深受其他用户数量及活跃程度的影响。这种相互依存、共同促进的关系，为信息产品的持续发展注入了强大动力。可以认为，网络效应是数字经济的根本法则。

4. 边际成本为零

数字经济催生了大量边际成本为零的行业，主要体现在数字产品和服务的生产与分发过程中。传统经济中，商品的生产和分配往往需要大量的物质资源和成本，比如原材料、劳动力和运输。而数字经济则利用互联网和信息技术，使得知识、软件、媒体等数字化产品的复制和分发几乎没有成本。例如，一款应用软件在开发完成后，复制和传播的成本几乎为零，只需通过网络分发即可。这导致了数字产品的市场竞争加剧，企业在价格上不得不进行多方面的考量，甚至不惜采用免费模式或烧钱推广以吸引用户。这一特性也促成了平台经济的盛行，进一步降低了边际成本。

5. 结构洞效应

结构洞是指社会网络中的空隙，即某些个体与其他个体不发生直接联系，导致网络结构中出现了洞穴（梁鲁晋，2011）。数字经济的结构洞效应是指在数字经济背景下，社会网络结构中特定节点（如企业、地区或个体）因其独特的位置关系而形成的优势现象。这种效应主要源于数字经济时代信息的高速流动与广泛连接，使得网络中的某些节点能够跨越传统的界限，占据信息、资源和权力的关键位置。占据结构洞的个体或组织能够保持和控制系统中的信息流动，从而在资源分配、信息获取等方面拥有更大的控制权。这种控制不仅包括对信息的控制，还包括在需求上彼此冲突的团体之间扮演掮客角色，通过解决双方冲突来获取利益。此外，结构洞还意味着机会。具有企业家精神的个体可以在位于空隙两端没有直接联系的两个人之间担当联系人的角色，从而占据一个"结构洞"，通过这种位置优势，他们能够占据更重要的地位，增强调动人际关系为自己服务的能力。结构洞效应是当前平台经济盛行的原因之一。平台连接具有互补需求的各方主体，进而成为信息分发的结构洞，掌握整个网络的控制权和利益分配权。

6. 数据成为生产要素

数字经济的数据要素指的是在数字经济中，以电子形式存在的，可量化、可传输、可分析、可交易的信息资源。数据之所以被视为生产要素，主要基于以下几个方面。首先，数据具有高度的价值性。与传统生产要素如土地、劳动力、资本不同，数据可以无限复制、共享与增值，其蕴含的信息和知识能够突破时空限制，被反复利用于各种经济活动。其次，数据是数字经济活动的核心驱动力。在数字经济中，无论是智能制造、电子商务、金融科技还是数字内容产业，都离不开数据的支撑。数据不仅是这些产业运行的基础资源，更是推动其持续创新和发展的关键要素。最后，数据推动了经济结构的优化和升级。在数字经济时代，数据成为连接实体经济与虚拟经济、传统产业与新兴产业的桥梁。通过对数据的整合和分析，可以揭示出传统产业的痛点、难点和瓶颈问题，推动传统产业向数字化、网络化、智能化方向转型升级。同时，数据也催生了大量新兴业态和商业模式，如平台经济、共享经济等，为经济增长注入了新的活力。数据成为生产要素的意义在于推动新质生产力的形成和促进数字经济的发展。

3.4.3 数字经济的表现形式

数字经济的表现形式可以从新市场、新技术、新业态和新模式四个维度进行刻画。

1. 新市场

数字经济背景下,供给侧和需求侧两方力量共同推动了新市场的诞生。

从供给侧来看,数字经济加快了信息、资金、人才等各种要素的流动与融合,使得新产品、新工艺不断涌现,更能够满足新发展阶段下消费者对于美好生活的差异化需求,甚至能够以新供给创造新需求,开辟出全新的市场,如苹果推出的触摸屏智能手机、特斯拉推出的取代燃油车的电动汽车、贵州黔东南推出的乡村体育与旅游融合的"村 BA"等。

从需求侧来看,数字经济不仅表现为市场范围的扩大,也表现为新型消费的诞生。首先,互联网把世界变成地球村,使得企业和产品的市场触角极大扩张,让天下没有难做的生意。比如通过跨境电商平台,能让中国农产品品牌更快走向世界,也能让更多的国外优质农产品走入普通老百姓的家。其次,数字经济催生了新消费模式。以互联网平台为媒介、第三方支付为工具、新媒体平台为传播手段,使得消费场景、消费形式、消费客体、消费主体等各个要素融合创新,新消费模式层出不穷。比如新农人群体在抖音上开设直播或短视频账号,将农产品的生长过程直观地展示给消费者,拉近了与消费者的距离,获得了消费者的信任,提升了消费者的情绪价值,甚至带动了当地旅游业的发展。

2. 新技术

数字技术是数字经济发展的源泉和动力,可以说没有数字技术就没有数字经济。数字技术包括人工智能、大数据、云计算、物联网等,新技术的广泛应用,极大地提升了农业生产效率和服务质量,为涉农企业创新和发展提供了新的动力和可能性。

(1) 大数据和云计算。大数据是指具有更大、更多样化和更复杂结构的海量数据集。这些海量数据来自在线交易、电子邮件、视频等应用,存储在数据库中,难以通过典型的数据库软件工具捕获、形成、存储、管理、共享、分析和可视化。云计算是分布式计算的一种,指的是通过网络"云"将巨大的数据计算处理程序分解成无数个小程序,然后通过多部服务器组成的系统将处理和分析这些小程序的结果返回用户。

云计算为大数据提供算力支持，大数据为云计算提供原材料，二者配合才能发挥大数据的价值作用。例如，贵州省开阳县南江蔬菜良种繁育中心的农民采用大数据与云计算技术进行农业生产，随着夏季气温逐渐升高，手机里的微信小程序不断发出报警信息：湿度过低、温度过高。这是因为大棚基地开发了基于大数据技术的温湿度监测设备，提示要去基地大棚给幼苗降温增湿，在大数据技术支撑的温湿度监测设备的基础上，基地参与育苗管护的人员能通过设备查看育苗大棚生长环境数据，并利用这些设备得到的数据，通过云计算智能环境控制系统，使得基地育苗可以实现在最佳的时间进行一体化施肥、喷灌和补光等操作。且天气炎热时，可利用智能化设备一键式启动温湿度控制系统，利用湿帘风机和风窗大小控温控湿，帮助幼苗健康成长。[①]

（2）区块链。狭义而言，区块链是一种创新的链式数据结构，它依据时间顺序将各个数据区块紧密相连，构建出一个难以伪造的分布式记录系统。该系统依托密码学原理确保数据的绝对真实性与不可变性。广义上的区块链技术则是一个综合性的技术框架，是指利用独特的块链结构来验证与存储信息，融入分布式节点共识机制以动态生成并维护数据更新，同时借助密码学手段守护数据传输与访问的安全之门（洪小玲等，2020）。

区块链技术正在改变传统农业的生产和管理方式。例如，潍坊寒亭郭牌农业"区块链+蔬菜"是潍坊市"区块链+蔬菜"确定的6个试点主体之一，郭牌农业科技有限公司通过"区块链+蔬菜"应用技术，借助物联网"溯源品控一体化管理平台"系统，记录西瓜从种植到销售的每一个环节，确保产品上链信息的真实性和完整性，促进产品生产过程标准化、智能化，从而提升了产品品质和附加值。"区块链+蔬菜"平台为西瓜生产经营数据安全管理、及时上链提供了技术支撑，能够有效存储和管理大量数据，进而为种植员及管理者提供准确信息，从而提高农业生产效率，使得种植西瓜的效益提高了35%以上。[②] 总体而言，"区块链+农业"项目能够推动农业全产业链升级，进而提高农业产业质效。

（3）物联网。物联网是指通过信息传感设备，按约定的协议，将任何物体与网络相连接，通过信息传播媒介进行信息交换和通信，以实现智能化识

[①] 贵州：数字赋能助力乡村振兴 ［EB/OL］. 新华网，https：//baijiahao. baidu. com/s? id＝1767032573681283215&wfr＝spider&for＝pc.

[②] 潍坊寒亭："区块链+蔬菜"打造无忧农产品追溯之旅 ［EB/OL］. 大众网，https：//baijiahao. baidu. com/s? id＝1798582394778719467&wfr＝spider&for＝pc.

第3章 数字经济赋能农产品区域品牌高质量发展的机理

别、定位、跟踪、监管等功能。物联网中的"事物"可以是嵌入任何类型的传感器设备,能够独立收集数据并通过网络传输数据,不需人工干预。

西槐庄村是应用物联网技术发展农业的一个典型案例。在北京市通州区的西槐庄村,一座科技小院正悄然引领着农业的新革命。这里的物联网设备化身为农作物的忠诚"守护者",全天候、无死角地监测着蔬菜的生长状态。由北京电信精心打造的物联网监测设备时刻捕捉着土壤、温度、湿度等七大关键环境参数的变化。这台设备还与智慧滴灌系统紧密相连,一旦检测到土壤湿度低于预设标准,便会自动启动灌溉程序,精准补水,确保每一株萝卜都能享受到恰到好处的滋润。这些设备通过物联网技术的赋能,让农户能够实时掌握种植环境的每一个细微变化,从而告别了传统农业中"凭经验、靠感觉"的粗放管理模式。①

(4)5G。第五代移动通信技术简称5G,是一种具有高速率、低时延和大连接特点的新一代宽带移动通信技术;5G通信设施则是实现人机物互联的网络基础设施。

武宣县是运用5G技术赋能农业发展的经典案例。在武宣县,450亩② "智慧农业"用上了5G技术。走进武宣群农耕丰农业科技有限公司智慧农业园,依托高速的5G网络,光照传感器、风速传感器及温湿度传感器等智能设备得以即时捕捉蔬菜生长的每一个细微环境变化,并将海量数据上传至智慧农业平台。③ 这不仅极大缩短了数据收集与处理的时延,也确保了关键环境指标的实时监测与调控,让蔬菜在最佳生长条件下茁壮成长。5G的高速度,如同为农业插上了科技的翅膀,让智慧农业的实践更加高效、精准,引领着现代农业迈向全新的发展阶段。

(5)人工智能。人工智能是一组代码、技术、算法和数据,能够使计算机系统开发和模拟类似人类的行为,从而做出与人类相似或在某些情况下比人类更好的决策。

寿光现代农业高新技术试验示范基地是运用人工智能技术优化农产品生

---

① 农田有了数字"保镖" 北京乡村尽显"科技范儿" [N/OL]. 北京日报, https://baijiahao.baidu.com/s?id=1781069686533951883&wfr=spider&for=pc.
② 笔者注:1亩=666.67平方米,遵循农业中的使用惯例,此处保留以亩为单位的表述。
③ 潮!武宣450亩"智慧农业"用上了5G技术 [EB/OL]. 武宣县融媒体中心, https://mp.weixin.qq.com/s?__biz=MzAxODA0NjM4NA==&mid=2650834128&idx=1&sn=7f7b635141ebb9236db726f3e82037&chksm=8028680fb75fe119d5d879cdc881068dc16af2d5de868afc69fc6f9ea61e9fe71f3a01e1d95d&scene=27.

产过程的一个典型案例。在这里，人工智能是驱动高效智能精准水肥系统的核心引擎。该系统依托先进的算法模型，根据作物生长周期与环境变化，实时精准调控水肥配比与灌溉时间，实现了水肥资源的最大化利用与零排放管理，有效解决了传统农业生产中资源浪费与环境污染的问题。同时，田间作业智能装备与机器人作为人工智能技术的延伸，彻底改变了传统农业的生产模式。从智能机器人自动打药、精准巡检，到番茄智能分级筛选系统的应用，每一步都体现了人工智能对农业生产的深度赋能。它不仅能够自动收集、处理并分析来自田间地头的海量数据，如土壤湿度、光照强度等，还能通过机器学习不断优化模型，预测作物生长趋势，提前发现潜在问题，并给出科学合理的解决方案，为精准施肥、灌溉、病虫害防治等提供了实时、准确的数据支持。①

3. 新业态

数字产业化和产业数字化过程中，传统的产业边界变得越来越模糊，并直接催生了大量的新兴业态，如跨境电商、直播带货等。这些新业态不仅改变了传统农业的商业模式，也创造了许多新的商业机会，促进了农产品区域公用品牌的多元发展。列举几种典型的新业态如下。

（1）跨境电商。跨境电子商务（以下简称跨境电商）是指分属不同关境的交易主体通过电商平台达成交易、进行支付结算，并通过跨境物流送达商品、完成交易的一种国际商业活动。

甘肃省兰州海关下辖的天水海关，精准把握陇南地区电子商务的蓬勃态势，聚焦于特色农业与食品产业链的蓬勃发展需求，独具匠心地设计了一系列扶持跨境电商成长的策略。天水海关通过深入企业一线，实施了"一对一"的政策宣讲服务，有效传达跨境电商 B2B 及出口海外仓模式的成功实践案例，携手地方相关部门，积极鼓励并扶持具有行业引领力的龙头企业率先探索跨境电商领域，成功助力 43 家跨境电商出口企业完成备案，并认证了 3 家海外仓储设施。② 跨境电商的兴起，进一步拓宽了农产品的国际视野，不仅在国内市场大受欢迎，更将甘肃的优质农产品推向了中亚与欧洲的市场。

---

① 寿光：从输出蔬菜和技术到输出"园区"［EB/OL］. 潍坊新闻网，https：//m. thepaper. cn/baijiahao_23312453.

② 甘肃加快兰州、天水跨境电商综试区建设［N/OL］. 国际商报，http：//tradeinservices. mofcom. gov. cn/article/news/gnxw/202112/124914. html.

（2）社区电商。社区电商即社区电子商务，是电子商务与现代科技深度融合的产物，是一种创新且高度适应性的商业模式。它根植于社区及其周边生态，巧妙融合互联网技术，实现了商业活动的社区化转型与升级。

兴盛优选就是社区电商的一个典型案例，通过独特的"预售+自提"模式和供应链整合能力，有效地改变了传统农业的商业模式。这种"预售+自提"模式使得供应链更加精准，减少了库存积压和浪费，同时让农产品供应商能够提前了解市场需求，合理安排生产，提高了农业生产的效率和响应市场变化的能力。同时，兴盛优选通过其广泛的社区网络和高效的供应链体系，促进了农产品区域公用品牌的发展。社区电商平台通过预售模式，能够集中采购特定区域的优质农产品，并利用其社区网络和品牌效应进行推广和销售。这种集中采购和推广的方式，有助于提升农产品的知名度和美誉度，进而促进农产品区域公用品牌的发展。

（3）直播带货。直播带货是以网络直播技术为基础，以主播作为信息传播的中介，为用户提供商品销售的新型非接触性的互联网购物模式。

根据农信研究院《农业直播分析研究报告》，2020年春季（2~5月），拼多多平台特别设立的直播助农区域大放异彩，促成了惊人的1.4亿笔订单，将超4.25亿公斤农副产品销往全国，惠及农户数量突破35万户，[1] 展现出强大的助农潜力。至2020年5月底，字节跳动旗下抖音与西瓜视频已邀请超过百位县市级领导入驻直播间，利用平台强大的流量与技术创新，促成农产品销售额突破1.16亿元，进一步拓宽了农产品的销售渠道。[2] 与此同时，阿里巴巴通过其直播渠道吸引了超过600位县市级领导亲自上阵，引领了一股"政府+直播"的新风尚，农产品直播销售额飙升至60亿元以上。[3]

（4）农文旅融合。农文旅融合是指农业、旅游业和文化产业融合发展，以乡村旅游发展为导向最终形成地方农业、乡土文化、乡村旅游协调发展的乡村可持续发展模式（杨昀和贾玎，2021）。

广东省茂名市政府针对当地特色，以互联网为纽带，因地制宜培育发展新产业新业态，提升乡镇联城带村水平，推动镇域经济发展。各地依托本土资源，分别打造独具特色的"墟"。茂南区：选点金塘镇打造展现"油城文化"

---

[1] 拼多多获评"精准扶贫优秀案例奖"[EB/OL].新华网，https://www.xinhuanet.com/tech/2021-01/29/c_1127041564.htm.

[2][3] 农信研究院.农业直播分析研究报告[EB/OL].知乎，https://zhuanlan.zhihu.com/p/159796213.

的油城墟；电白区：选点观珠镇沙垌村打造以沉香为主题的沉香墟；水东湾新城：选点南海街道打造具有"渔港风韵、渔村风情、鱼鲜风味、渔民风采"内涵的晏镜疍家墟；信宜市：选点信宜市区、镇隆镇打造以"窦州文化、信义文化"为特色的窦州墟；高州市：选点曹江镇打造彰显"高凉洗太好心文化"的高凉墟；化州市：选点杨梅镇打造以化橘红为主题的橘州墟。① 六大墟深度挖掘本地文化特色，赋能产业发展，打造农文旅商相结合的城乡融合发展样板，大批游客慕名而来，为茂名乡村振兴描就一幅墟镇美景与美食相得益彰、文化艺术交融、传统与新潮共振的美丽画卷。

（5）品牌离岸孵化。离岸孵化是一种产学研合作的创新模式，这种模式可以补齐创业短板，实现在较大范围内配置资源，通过在本地区以外的城市或区域设置孵化器，对其他地区的特色产业或高新技术进行孵化，最终实现产业化。

为了突破安化黑茶产业发展所需的人才、技术、信息等瓶颈，安化县在几百公里外的长沙岳麓山国家大学科技城附近设立了安化黑茶离岸孵化中心，这是全国首个县域经济离岸孵化器。安化黑茶孵化中心采取"政府监管+联盟共同议事+平台公司建设运营"三轨并行模式。该商业模式的建立能够依托长沙的资源优势吸引人才，助力安化黑茶产业的互联网转型。安化黑茶孵化中心通过自身影响力吸引电商人才为安化黑茶提供服务，同时还采取措施帮助安化茶企培养电商人才。"双创孵化"方面，孵化中心重视与安化茶企以及其他企业进行合作，在吸引茶企进驻并帮助他们孵化电商的同时，还不断孵化项目，拓宽业务范围，从而更好地为安化黑茶的电商发展提供服务。"公共品牌传播"方面，孵化中心着力打造"安化黑茶"公共品牌，运用了线上线下联动的营销模式，以加速品牌价值的提升。

（6）智慧农场。智慧农场是指充分应用现代信息技术成果，集成应用计算机与网络技术、物联网技术等多种数字技术以及农业专家智慧与知识的决策支持系统，实现农场农业生产的现代化、数字化、智能化和可持续发展。

坐落于安徽省芜湖市繁昌区平铺镇的伏羲农场，自2022年起便成为中国科学院计算技术研究所与繁昌区携手共创的智慧农业示范基地。伏羲农场占地

---

① 茂名：以"墟"为媒，农文旅商齐上阵奏响城乡融合发展新乐章 [EB/OL]. 茂名文旅，https://mp.weixin.qq.com/s?__biz=MzUxMzE2OTM2Ng==&mid=2247611605&idx=1&sn=10f97e10394c56f75c2444e0954d4693&chksm=f954b9ccce2330da0e6ddbc2a3ffd944552ef4956560390da41543ed428e76d7802b14b816d9&scene=27.

达5 000亩,是引领现代农业变革的前沿阵地。① 该农场匠心独运,专注于构建面向南方水稻种植区的智能化农业生态系统并打造标杆性示范项目,通过持续的数据积累与智能算法的自适应优化,伏羲农场开创性地实施了"地块级健康监测－全生命周期信息采集－即时定制化方案生成－智能精准作业执行"的闭环管理模式。这一创新模式不仅深刻践行了节本增效的农业可持续发展理念,还实现了农作物品质的提升、产量的增加以及整体效益的飞跃。它标志着农业生产从经验驱动向数据驱动、智能驱动的华丽转身,为现代农业的转型升级树立了新标杆。

(7) 植保无人机。用于农林植物保护作业的无人驾驶飞机,由飞行平台、导航飞控、喷洒机构三部分组成,通过地面遥控或导航飞控,来实现喷洒作业,可以喷洒药剂、种子、粉剂等。

近年来,临汾市在推动农业现代化进程中,尤为注重无人机植保技术的广泛应用,通过无人机植保技术的大面积推广,有效减轻了临汾市农民的体力劳动负担;同时实现了病虫害的精准、及时防控,奠定了粮食作物稳定增产、高产的坚实基础,有力保障了粮食生产安全,为农业供给侧结构性改革的深化注入了强劲动力。相较于传统人工喷药方式(其农药利用率通常在25% ~ 30%),无人机作业展现出了显著优势:农药利用率跃升至50%以上,直接减少了近半的农药使用量;喷洒效率与效果均实现质的飞跃,地表残留大幅减少。② 这一变革不仅极大改善了作业环境,提升了作业过程的安全性,还促进了农业的绿色发展、生态保护和高效产出,助力现代农业的规模化经营与推动绿色农机化进程。

4. 新模式

数字经济下,不仅技术创新速度更快,商业模式创新也日益频繁,一些行业甚至由于某种商业模式的出现而发生颠覆式的变化,如O2O模式、平台模式、生态圈模式、共享经济模式等。这些新模式不仅改变了传统农业的运营方式,也推动了产业链和价值链的重构,促进了农业产业升级和创新发展。列举几种典型模式如下。

---

① 智慧农场将"高标准"变成"高效益"[N/OL]. 农民日报, http://www.gdzl.agri.cn/ntjs/202404/t20240418_440184.htm.

② 无人机植保飞防技术推广典型案例[EB/OL]. 中国农业机械化信息网, http://www.amic.agri.cn/secondLevelPage/info/39/171231.

（1）平台模式。平台模式是指连接两个（或更多）特定群体，为他们提供互动机制，满足所有群体的需求，并巧妙地从中赢利的商业模式。按照供应链上下游关系，大致可以分为生产平台、流通消费平台两类。

托普云农作为生产平台模式的杰出代表，其凭借自主研发的"农作物病虫害智慧测报系统"，利用人工智能、大数据技术对田间病虫害、气象环境信息进行在线采集，并系统完成趋光性害虫图像识别、种类鉴别、自动计数和实时传送，实现田间病虫害状态实时展示、趋势分析、虫情自动预警等，显著提升病虫害测报水平，为虫口夺粮、保障粮食安全提供了重要的决策依据。托普云农自主研发的"农作物病虫害智慧测报系统"凭借其独特性、创新性，已在全国31个省份相继投入使用，为农业绿色发展保驾护航。[①]

惠农网是连接农业生产者与消费者、促进农产品流通的流通消费平台典范，其独特的商业模式和创新实践，正深刻改变着我国农业产业的格局，为乡村振兴注入了新的活力。作为农业产业服务领域的佼佼者，惠农网根植于农业产业互联网的信息沃土，深耕农产品供应链的每一环节，并巧妙融合大数据与金融服务，构建起全方位的服务生态。惠农网业务覆盖全国2 821个县级行政区，平台用户突破3 000万个，深度开展的农业产业链服务项目遍布全国20省超80个县域，成为乡村振兴的重要动力和创新载体。[②]

（2）O2O模式。O2O商业模式是一种创新的电子交易架构，它巧妙地将线下丰富的商业机遇与互联网的广阔平台相融合，实现了虚拟世界与实体世界的无缝对接与双向引流。这一模式以电子技术为坚实支撑，同时汲取商务运作的精髓，于开放互联的网络环境中，高效完成交易信息的确认与匹配。

山西乐村淘网络科技有限公司自2014年初在太原市高新区电子商务产业园诞生以来，便以开创者的姿态，引领中国村镇电商O2O的新纪元。作为业界先驱，该公司率先构建了村镇级O2O电商平台，将遍布乡野的传统小卖铺转型升级为乐村淘线下体验中心，为农村居民开辟了网购新渠道，助力农产品触网销售，实现了城乡商品流通的双向畅通。乐村淘平台深度融合线上线下，用户在线上便捷下单并完成支付，而优质的服务体验则延伸至线下，构建了一

[①] 智慧农业新突破：托普云农入选浙江省智慧农业"百千工程"[EB/OL]. 托普云农TOP, https://baijiahao.baidu.com/s?id=1802069755108488422&wfr=spider&for=pc.

[②] 惠农网：数字化铺就农产品消费升级路[EB/OL]. 中国商务新闻网, https://www.comnews.cn/content/2022-07/20/content_13413.html.

个集商流、物流、信息流、资金流于一体的闭环生态系统。①

（3）共享经济模式。共享经济是指利用互联网等现代信息技术，以使用权分享为主要特征，整合与分享海量的分散化资源，满足多样化需求的经济活动总和。

东雨农业是共享经济模式的一个典型案例。东雨农业在蓬溪县文井镇成功实践了"共享田园综合体"的创新模式，这一模式不仅引领了当地农业发展的新风尚，还通过实施稻虾共生的生态种养模式，大力推动了农业的可持续发展。东雨农业巧妙地将共享经济理念融入农业生产中，通过资源共享、协同合作的方式，实现了农业生产效率与生态效益的双赢。2017年，将一期建好的虾田中的800亩用于与消费者共建。消费者仅需投入1万元，即可拥有为期三年的一亩虾田认养权。这三年里，认养者每年可获得125公斤龙虾，他们既可以选择获得龙虾，也可以选择获得卖龙虾的收益。② 下一步，东雨农业通过租赁一些村民的房屋作为民宿，未来将打造集人文要素、生态要素、科技要素、创意要素于一体的特色农庄，形成集种植养殖、休闲观光、生态民宿、"互联网＋"于一体的智慧农业发展模式。

3.5 数字经济对农产品区域公用品牌生态体系的赋能作用

在数字经济蓬勃发展的时代背景下，新技术、新市场、新业态与新模式的不断涌现，正以前所未有的深度和广度赋能农产品区域公用品牌生态体系构建。这一赋能过程，核心本质在于服务的全面升级与优化。

3.5.1 数字经济对农产品区域公用品牌生态体系赋能的内涵与本质

1. 数字经济赋能的本质是服务的全面升级与优化

赋能作为一种主体行为，其本质是施动者与受动者之间的一种能量传递。

---

① "互联网＋"优秀案例：聚焦上行 助力"三农" 乐村淘农村电商平台——山西乐村淘网络科技有限公司［EB/OL］. 农业部市场与经济信息司，http://www.moa.gov.cn/ztzl/scdh/sbal/201609/t20160902_5263350.htm.

② 遂宁东雨农业打造"共享田园综合体"［EB/OL］. 遂宁新闻网，https://www.suining.gov.cn/xinwen/shw/2f03a18f0b14122ab9126c3eb127fde.html.

数字经济对农产品区域公用品牌的赋能，就是通过数字化、数智化的生产管理服务、流通销售服务、监测治理服务及公共服务，构建更加有机、协同、智慧的农产品区域公用品牌生态体系，其本质就是服务的全面升级与优化。数字经济的新技术、新市场、新业态、新模式，实际就是指新技术服务、新市场服务、新业态服务和新模式服务。

2. 数字服务促进农产品区域公用品牌生态体系结构优化

数字技术的广泛应用，不仅产生大量新的服务，拓展了服务的边界，也提升了服务质量，促进了分工的细化。根据分工理论，行业分工的细化会引致生产经营效率的提升，以及产业生态体系的壮大和优化。数字技术的应用、新业态新模式的出现，都会催生分工的细化，从而丰富农产品区域公用品牌生态物种，促进生态体系结构优化。

3. 数字服务提升农产品区域公用品牌生态体系的规模和效益

一方面，数字经济的新市场服务，可以为农产品区域公用品牌提供更广阔的市场空间，以需求拉动整个生态体系的规模扩大。另一方面，数字服务的跨时空、广泛连接和智能化等特性，可以使得服务更加快捷和智能。无论在生产管理、流通营销，还是监测治理、公共服务等各方面，农产品区域公用品牌既是数字服务的受益者，也是数字服务的提供者，从而使品牌生态体系的价值与效益得到提升。

3.5.2 数字服务消除农产品区域公用品牌发展痛点

通过数字经济的新技术、新市场、新业态和新模式等服务，能够有效克服农产品区域品牌发展过程中固有的痛点。

1. 企业经营与市场竞争方面

针对企业经营与市场竞争方面存在的诸如效率低、成本高、非标准化、同质化竞争等痛点，数字服务能够提高区域品牌的生产力，进而消除上述痛点。

首先，数字服务深度挖掘并应用大数据、云计算等前沿技术，构建起一套覆盖农产品生产、加工、流通等全链条的数据化管理体系。这一体系不仅能够实时收集并分析生产过程中的各项数据，如土壤湿度、作物生长状况、气候变化等，还能通过算法模型预测产量、优化种植结构，从而显著提高生产效率并保障产品质量。更重要的是，新技术、新模式等服务推动了生产流程的标准化和规范化，有效解决了以往非标准化导致的农产品质量参差不齐问题。同时，基于数据的精准决策机制，使得资源配置更加科学合理，成本得到有效控制，环境污染问题也随之减少，为农业的绿色可持续发展奠定了坚实基础。

其次，数字经济催生了跨境电商、社区电商、直播带货等一系列新市场和新业态，不仅打破了传统市场的地域限制，让农产品区域品牌能够轻松跨越千山万水，触达更广阔的消费群体，还极大地丰富了营销手段和渠道。通过跨境电商平台，品牌可以直接面向国际市场，展示自身特色与优势；而社区电商和直播带货则以其独特的互动性和即时性，吸引了大量年轻消费者的关注与参与。这些新业态不仅拓宽了品牌的市场边界，还通过个性化推荐和精准营销等手段，有效解决产品同质化问题，满足了消费者日益多样化的需求，也提升了品牌价值。

2. 品牌治理与资源支持方面

针对品牌治理与资源支持方面的诸如假冒伪劣、资源支撑不足、公共服务缺乏等痛点，数字服务能够通过降低信息不对称、创新公共服务模式和范围等方式，消除上述痛点。

首先，数字服务在保障消费者权益、打击假冒伪劣等方面也发挥了重要作用。通过区块链、物联网等先进技术手段，建立起农产品全程可追溯体系，从源头开始记录农产品的生产、加工、运输等各个环节的信息，确保每一环节都可查、可验。消费者只需通过扫描二维码或输入相关信息，即可轻松查询到农产品的"前世今生"，从而有效打击假冒伪劣产品，保障消费者的合法权益。这一举措不仅提升了品牌信誉度，还增强了消费者对品牌的信任感和忠诚度。

其次，数字服务可以帮助政府和相关机构提供更加高效的公共服务，克服传统条件下公共服务不足的阻碍，并缓解资源紧张的状况。例如，通过数字平台，政府可以开展农业技术培训、政策宣传和补贴信息的发布，减少农民与政府之间的信息不对称。

3.5.3 数字经济对农产品区域公用品牌生态体系赋能的具体表现

1. 数字经济赋能农产品区域公用品牌生产管理体系

本书将从新市场、新技术、新业态与新模式四个方面详细探讨数字经济如何赋能农产品区域公用品牌生产管理体系构建，推动生产管理体系迈向更高水平，实现农产品质量与品牌价值的双重飞跃。

新市场赋能：新市场的开拓不仅能够促进农业生产的规模化，降低平均生产成本，也能促使生产管理体系更加灵活多变，满足不同市场的差异化需求。通过市场反馈，生产管理体系不断调整生产策略，推出符合市场趋势的新产品，提升品牌竞争力。

新技术赋能：物联网、大数据、人工智能等技术的引入，使得农业生产实现了智能化、精准化。通过智能监测设备实时收集土壤、气候等环境数据，结合算法模型进行预测分析，为农民提供科学的种植决策支持，进而优化资源配置，提高生产效率与农产品质量。

新业态赋能：智慧农业等新兴业态的兴起，为生产管理体系带来了全新的管理理念和技术手段，实现降本增效。通过数字化、智能化手段优化生产流程，实现生产过程的可视化、可控化，提升农产品的标准化和可追溯性。

新模式赋能：定制化生产、共享经济等新模式的应用，促使生产管理体系更加注重消费者需求和市场导向。通过精准对接市场需求，实现农产品的按需生产，减少浪费，提升经济效益。

2. 数字经济赋能农产品区域公用品牌流通营销体系

新市场赋能：数字贸易联通国际国内更大的市场，比如跨境电商等对新兴市场的开拓，为农产品区域公用品牌提供了更广阔的舞台。通过国际市场的拓展，提升品牌知名度和影响力。

新技术赋能：电商平台、智慧物流等技术的应用，使得农产品流通更加便捷高效。通过大数据分析消费者行为，精准推送营销信息，提高营销效果，实现供需精准匹配。

新业态赋能：新业态如直播带货、社群营销等，不仅打破了传统营销模式的界限，更通过实时互动、精准推送和社群效应，为农产品区域品牌流通营销体系注入了新的活力与创意。新业态将农产品直接呈现给消费者，增强了区域品牌的亲和力和可信度，同时拓宽了销售渠道，加速了农产品的市场流通，实现了营销效果与销售业绩的双重提升。

新模式赋能：平台电商、线上线下融合、全渠道营销等新模式的推广，使得农产品流通营销更加多元化、精准化。通过多渠道布局和精准营销，提升市场份额和销售额。

3. 数字经济赋能农产品区域公用品牌监测治理体系

新市场赋能：新市场的开拓，推动农产品区域公用品牌生态规模的扩大和物种的多元化，有利于多方参与监督农产品质量，倒逼监测治理体系的完善，即通过加强质量监管和品牌建设，提升品牌信誉度和美誉度。

新技术赋能：区块链、物联网、大数据等技术的应用，使得农产品质量追溯和监管更加便捷高效。通过构建全程追溯体系，确保了农产品质量安全可靠。

新业态赋能：绿色农业、有机农业等新业态的兴起，为监测治理体系带来了新的挑战和机遇。通过推广绿色生产方式和环保理念，实现农业可持续发展。

新模式赋能：政府监管、社会监督等多方共治的新模式的应用，使得监测治理体系更加完善，即通过多方参与和协同治理，大幅提升监管效果和公信力。

4. 数字经济赋能农产品区域公用品牌公共服务体系建设

新市场赋能：新市场的开拓促使公共服务体系更加注重市场导向和服务创新。通过加强市场调研和需求分析，推出符合市场需求的服务项目和产品。

新技术赋能：云计算、人工智能等技术的应用，使得公共服务体系更加智能化、便捷化，企业和农户足不出户便可以享受丰富的公共服务。

新业态赋能：农业科技服务、普惠金融服务等新业态的兴起，为公共服务体系带来了新的增长点。通过拓展服务领域和提升服务质量，满足农户和企业的多元化需求。

新模式赋能：线上线下融合、一站式服务等新模式的推广，使得公共服务体系更加高效。通过优化服务流程和提升服务效率，降低农户和企业的成本负担。

3.6 数字经济何以赋能农产品区域公用品牌高质量发展

综合以上论述，数字经济赋能农产品区域公用品牌高质量发展，核心是以数字经济的新市场、新技术、新业态、新模式等数字服务克服农产品区域公用品牌的固有痛点并推动高质量的生态体系构建，进而实现品牌的创新发展、价值发展、绿色发展和普惠发展。

数字经济赋能的本质是服务的全面升级与优化，数字经济催生了四类新服务。数字经济所催生的新市场、新技术、新业态和新模式，本质都是数字服务，具有网络化、智能化等特性，遵循网络效应、边际效益递增等发展规律。

数字新服务克服了农产品区域公用品牌固有的发展痛点并推动了高质量生态体系的构建。数字经济的新市场、新技术、新业态及新模式，能够克服区域公用品牌在企业经营、市场竞争、品牌治理及资源支撑等方面的痛点，助力其产品质量、品牌效益等问题得到解决，以及高质量的生态体系构建。

高质量的生态体系能够实现区域公用品牌的高质量发展。以数字服务为基础，由生产管理、流通营销、监测治理和公共服务四大体系构成的有机生态体系，提升了区域公用品牌的创新度、价值度、绿色度和普惠度，从而实现高质量发展（见图3-1）。

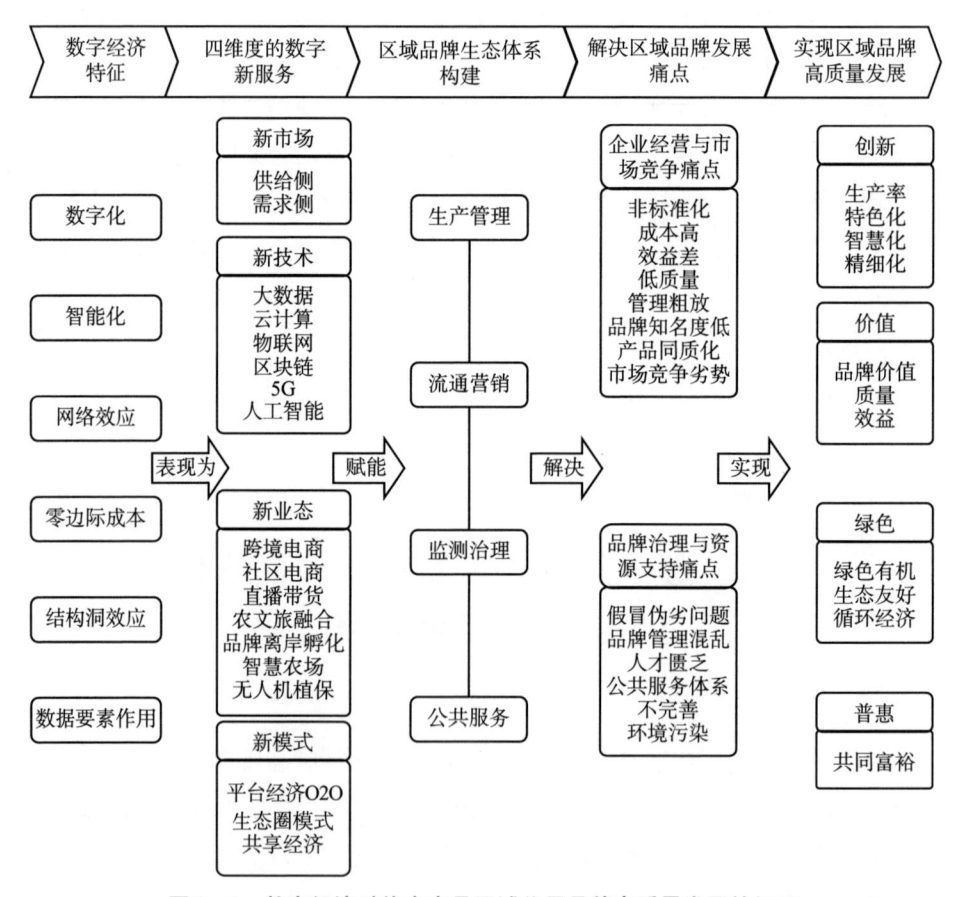

图3-1 数字经济赋能农产品区域公用品牌高质量发展的机理

3.7 本章小结

本章详细探讨了数字经济如何赋能农产品区域品牌高质量发展,并对发展机理进行了全面剖析,阐述了数字经济的内涵、特性及表现形式,其中,特性包括数字化、智能化、网络效应、零边际成本、结构洞效应以及数据成为新的生产要素。这些特性在经济社会各领域发挥着重要作用,极大提升了生产效率、服务质量和创新能力。

数字经济赋能农产品区域公用品牌高质量发展,主要是通过数字经济的四新服务——新市场、新技术、新业态、新模式,来克服农产品区域公用品牌的固有痛点。在此过程中,推动构建高质量的生态体系,包括生产管理体系、流通营销体系、监测治理体系和公共服务体系,进而实现创新发展、价值提升、绿色发展以及普惠发展。

第 4 章

新市场赋能：数字消费驱动农产品区域公用品牌高质量发展

数字技术在消费领域的深入应用使得居民消费行为、消费偏好和消费对象等发生巨大变革（夏杰长和张雅俊，2024），催生了如新媒体传播、农文旅融合消费等数字消费形式，并在服务消费、绿色消费、时尚消费、品质消费、农村消费等领域形成新市场。① 党的十九大以来，随着乡村振兴全面推进，农业农村现代化持续深入，数字消费所催生的新市场已经成为农产品区域公用品牌高质量发展的关键动力。本章在进一步挖掘新市场概念和内涵的基础上，剖析数字消费与新市场间的内在逻辑，挖掘数字消费依托新市场进而拉动区域公用品牌高质量发展的作用机理。在理论分析的基础上，通过保山小粒咖啡、东莞荔枝等区域公用品牌现实案例，验证数字消费通过新市场赋能区域公用品牌高质量发展的作用机理，总结数字消费通过新市场赋能区域公用品牌高质量发展的模式。

4.1 数字消费、新市场与区域公用品牌高质量发展

数字消费是指消费者在移动互联网、云计算、大数据、人工智能、物联网

---

① 关于积极发挥新消费引领作用加快培育形成新供给新动力的指导意见［EB/OL］. 中华人民共和国中央人民政府网，https：//www.gov.cn/zhengce/content/2015－11/23/content_10340.htm.

等数字技术所支撑的数字环境下的消费方式及其对应的消费管理模式（谢宝剑和肖慧珍，2023），不仅包括产品和服务的数字化，也包括内容和渠道的数字化，也就是商品、服务等消费内容以及消费模式被赋予数字性能，消费者通过单一网络渠道或"网络+实体"双渠道进行消费，实现其自身需要的满足过程（刘娜，2023）。鉴于此，数字消费可以通过需求维度和供给维度，改变消费者的消费理念和消费习惯，进而推动消费层次从发展型向共享型和服务型转变、消费结构从物质需求向精神给养转变、消费方式从传统线下向新式线上转变（熊颖和郭守亭，2023；孙琳琳，2023），由此催生了信息消费、绿色消费、时尚消费、文旅消费、康养消费等消费新市场。既然数字消费潜在地推动了新市场的形成，那么它也必然为农产品区域公用品牌建设提供土壤，为农产品区域公用品牌高质量发展提供支撑。

4.1.1 新市场的概念与分类

近年来，我国大数据、区块链、物联网、人工智能等数字技术迅猛发展，在推动消费增长、激发消费潜力、释放消费需求方面的作用越来越明显，引致新市场的出现和发展。尽管目前学术界对消费领域新市场的关注度持续上升，但对新市场概念仍无统一的定义，我们依然可以依托现有文献更深层次地剖析和探讨新市场。

1. 新市场的概念

消费变迁与技术革新之间存在密切的关联（林晓珊，2022），数字技术推动消费者需求日趋丰富，消费者的消费形式和消费内容产生了巨大变革，进而推动消费者的消费需求得以提升（杜丹青，2017；任保平等，2022）。尽管学术界并没有给出关于新市场的明确定义，但可以确定的是，消费领域新市场的出现源于数字技术或数字化赋予消费升级，涉及消费对象升级、消费方式换代、消费制度和消费观念改变（黄隽和李冀恺，2018；石明明等，2019；叶泽樱等，2024）。[①] 正如第3章所提及的，数字技术或数字化可以通过需求侧和供给侧创造新市场：从需求侧维度出发，新市场不仅是传统消费市场范围的扩大，也是新型消费市场的产生；从供给侧维度出发，能够满足消费者差异化需求的新产品和新工艺开辟了新市场。结合毛中根等（2020）的研究，消费领域的新

---

① 消费对象升级包含消费结构升级和消费内容升级，消费方式换代包含个性化消费、智能化消费等，消费制度和观念改变表明消费者地位得到尊重、消费者权益得以维护。

市场可以界定为由数字技术驱动，通过满足人们信息化、智能化、多维融合等产品和服务需要过程而形成的市场范围扩大或新型消费市场出现，此时，诸如信息消费、绿色消费、时尚消费、文旅消费等构成了新市场的重要组成部分。

2. 新市场的分类

正如前文所提及的，数字技术或数字化在消费领域的深入应用，推动了诸如信息消费、绿色消费、时尚消费、文旅消费等新市场的出现。因此，本部分重点阐述上述不同类别的消费领域新市场。

（1）信息消费。对信息消费的定义随其内涵变化而不断发展和延伸。郑英隆（1994）将信息消费视为消费者对信息内容的吸收和使用。随着信息技术向制造业、服务业等产业领域的渗透，赵付春（2014）、邓少军等（2017）将信息消费的主体进行了扩大，认为信息消费是居民、企业或政府等多元信息消费主体对信息产品或服务的消费。基于此，信息消费是指直接或间接购买信息产品和信息服务的消费活动（徐梦周等，2022；陈凯旋和张树山，2024）。

（2）绿色消费。相比于传统产品，绿色产品在生产、使用及处置方面具有优越的环境性能，有利于实现资源节约、环境保护、生态发展的可持续（聂元昆等，2024）。基于此，绿色消费就是指人们在选择产品和服务时，从环境保护和生态利益出发，选择生态友好产品的消费过程（张洁梅和秦维佳，2024），是推动经济高质量发展的内在要求。

（3）时尚消费。时尚是指在一定时期和特定的社会文化背景下比较流行的生活习惯、行为模式及文化理念，主要体现在衣着、服饰、消费习惯或生活方式等个人或社会生活的相关领域（陈文晖等，2018；葛王蓉等，2022）。时尚消费不仅是基于第二产业的服饰配饰、珠宝首饰、消费类时尚电子产品，也是基于第三产业的外出旅行、流行音乐、动画漫画、餐馆酒吧等时尚服务类消费。

（4）文旅消费。文化是旅游的灵魂，旅游是文化的载体，文化和旅游相生共兴、相辅相成（马波和张越，2020）。文旅消费是指随着消费需求转变、科技创新发展和政策管制放松等，文化和旅游相互交叉、交融并逐渐在消费领域形成新市场的过程（麻学锋等，2010）。在此基础上，文化和旅游的资源融合、人才融合和市场融合是实现文旅消费高质量发展的关键手段（谢佳亮和王兆峰，2024）。

4.1.2 新市场赋能下区域公用品牌高质量发展的作用机理

正如第3章所阐述的，农产品区域品牌的发展是一个复杂而系统的过程，

第4章　新市场赋能：数字消费驱动农产品区域公用品牌高质量发展

凝聚了当地独特的地理环境与自然资源精华，更承载着深厚的历史文化底蕴与农耕智慧传承，不仅提升了农产品附加值，促进了农民增收与乡村振兴，还向世界展示了中国农耕文明的魅力与多样性。然而，在农产品区域公用品牌的发展过程中，仍广泛存在着诸如非标准化、低质量、管理粗放等痛点，若上述痛点不能解决，农产品区域公用品牌高质量建设势必难以维持，将反过来阻碍乡村振兴。既然一方面数字化可以基于新市场的形成推动消费升级，另一方面消费升级可以助力农产品区域公用品牌建设，那么新市场必将能够通过赋能数字消费来驱动农产品区域公用品牌的发展。

1. 数字消费驱动区域公用品牌高质量发展的逻辑解析

2024年4月9日，商务部发布了《关于实施数字消费提升行动的通知》，[①] 要求通过培育数字消费品牌企业、夯实数字消费产业基础丰富数字消费供给，通过内外贸联动满足多元化消费需求、缩小城乡数字消费鸿沟激发数字消费潜力，通过创新数字服务消费场景、构建主题网络促销矩阵等优化数字消费载体，通过提升直播电商质效、深化即时电商应用等创新数字消费业态。基于此，若将数字消费置于农产品区域公用品牌高质量发展的框架之中，数字消费可以促进消费提质增容，为区域公用品牌高质量发展点燃"新引擎"，促进区域公用品牌收益提升，提高产品质量，保证品牌权益，为经济增长拓展"新空间"。

图4-1展示了数字消费驱动区域公用品牌高质量发展的逻辑框架。从需求维度出发，数字消费激活了消费者的个性化、多元化、品质化需求，而消费者的个性化、多元化和品质化需求对促进区域公用品牌的收益提升、产品质优和权益保障起到了正向的促进作用；从供给维度出发，由于数字消费突破了时间和空间的局限和束缚，网络购物、移动支付、线上线下融合的便捷性和灵活性优化了传统消费在农产品领域的流程和体验，消费者可以随时随地通过网络平台进行产品或服务消费。同时，为满足消费者的个性化、多元化和品质化需求，企业（农户、品牌管理方、经营方）可以通过大数据驱动的用户分析，更好地了解消费者需求和市场趋势，提供能够满足消费者需求的消费方式、消费渠道、消费观念和消费场景，释放消费潜能。需求维度和供给维度的相互促进，相互影响，进一步实现了消费升级，有助于实现区域公用品牌高质量发展。

[①] 关于实施数字消费提升行动的通知［EB/OL］. 中华人民共和国商务部，https：//m.mofcom.gov.cn/article/gztz/202404/20240403502883.shtml.

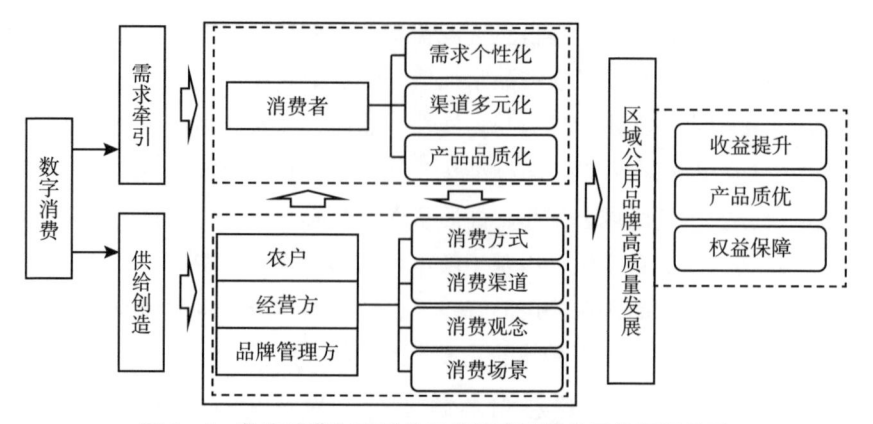

图4-1 数字消费与区域公用品牌高质量发展的逻辑关系

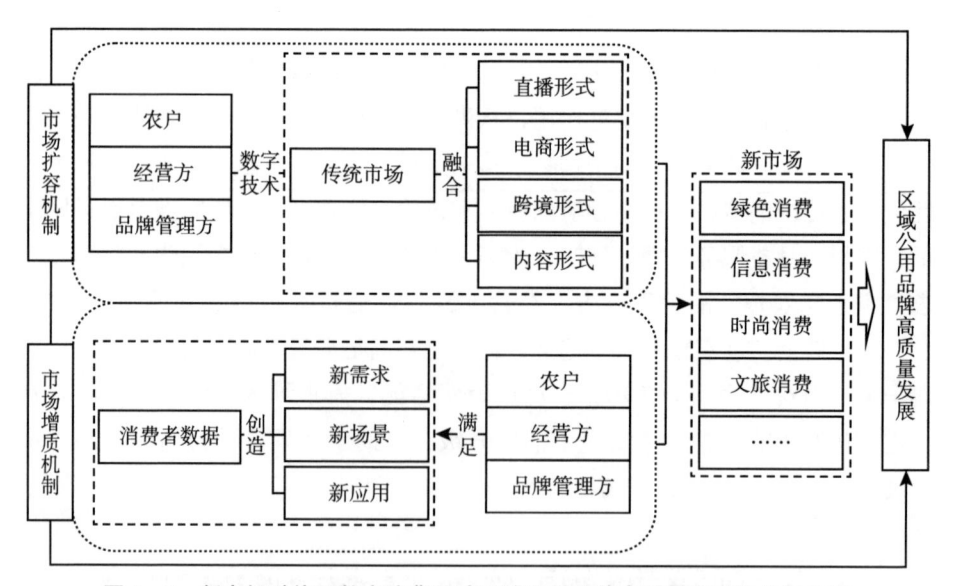

2. 新市场赋能下数字消费驱动区域公用品牌高质量发展的作用机制

数字消费同时推动了诸如信息消费、文旅消费、绿色消费、时尚消费等不同类别新市场的形成,新市场的参与对赋能数字消费驱动区域公用品牌高质量发展起到重要的作用。如图4-2所示,数字消费可以通过需求维度和供给维度创造新市场,也可以通过市场扩容机制和市场增质机制推动在绿色消费、信息消费、时尚消费、文旅消费等不同新市场的消费升级,从而实现农产品区域公用品牌高质量发展。

图4-2 新市场赋能下数字消费驱动区域公用品牌高质量发展的作用机制

第4章　新市场赋能：数字消费驱动农产品区域公用品牌高质量发展

市场扩容机制中，农产品区域公用品牌高质量发展的过程是：农户、经营方和品牌管理方将数字技术应用于传统市场，通过直播形式、电商形式、跨境形式和内容形式，实现区域公用品牌农产品由线下销售向线上销售、由本土销售向国际化销售、由实体产品销售向多种销售形式的跨越，以此实现农产品区域公用品牌传统市场的扩大，从规模层面实现农产品区域公用品牌的建设和发展。

市场增质机制中，消费者线上渠道和线下渠道的购买行为将依托数字技术被农户、经营方和品牌管理方所收集、挖掘和分析。此时，消费者的新需求、新场景、新应用将被农产品区域公用品牌的相关方（农户、经营方、品牌管理方）所掌握；对应地，农户、经营方和品牌管理方将通过满足消费者新需求、新场景和新应用层面上的需求，实现农产品区域公用品牌高质量发展。

4.2 新市场赋能下数字消费驱动区域公用品牌高质量发展的案例研究

4.1部分对新市场、数字消费和区域公用品牌间的逻辑关系进行了深入分析。从理论上说，数字技术可以赋予产品和服务新的数字内涵，推动消费者的消费模式发生诸多变化，在给既有市场注入新活力的同时，产生新的消费市场，进而赋能区域公用品牌高质量发展。本部分将重点通过保山小粒咖啡、东莞荔枝的案例，验证数字消费、新市场和区域公用品牌高质量发展的关系。

4.2.1　保山小粒咖啡高质量发展的案例研究

云南省保山市地处北纬25°至南纬30°咖啡种植黄金带最北端，[①] 西靠世界物种基因库高黎贡山，东临国际河流怒江，种植区域海拔600~1800米，年均气温21.3℃，降水量700~1000毫米，全年无霜，昼夜温差达16℃。特殊的地理气候环境、肥沃的高黎贡山火山灰土壤，造就了保山小粒咖啡"浓而不苦，香而不烈，略带果酸"的独特风味。[②] 近年来，保山市政府出台了一系列

[①] 北纬25°至南纬30°是著名的咖啡种植黄金带。在这条黄金带上，有世界咖啡起源地埃塞俄比亚，有咖啡产量最大的国家巴西，有以中粒咖啡闻名的国家越南，还有闻名遐迩的小粒咖啡品牌——翡翠庄园夏夏、牙买加蓝山、埃塞俄比亚耶加雪啡、也门摩卡等。

[②] 保山小粒咖啡：誉满全国，香飘世界［EB/OL］. 保山新闻网, http：//www. baoshan. cn/2023/1129/75631. shtml.

政策措施支持保山小粒咖啡发展，持续推动保山小粒咖啡成为实现乡村振兴和高质量农业发展的重要产业。

1. 保山小粒咖啡发展现状

咖啡种植在保山已经有70多年的历史。1952年，云南省农业科学院热带亚热带经济作物研究所将首批咖啡种子带到保山潞江坝，开始规模化种植；1977年，杨善洲任保山市委书记期间，倡导大力发展咖啡种植，以改善农业产业结构；1980年，在全国咖啡会议上，保山小粒咖啡被评为"全国咖啡之冠"。① 近年来，保山市持续聚焦咖啡全链条发展，坚持走"高端、精品"之路，擦亮"保山小粒咖啡"这一区域公用品牌的金字招牌，推动保山小粒咖啡成为实现乡村振兴的大产业。

（1）保山小粒咖啡生产现状。

图4-3显示了2011~2022年保山市咖啡种植发展情况。尽管咖啡种植面积在2017年后由于市场原因存在较大幅度的下降，② 但是经过精准培育和技术培训，咖啡亩产呈现一定程度的上升趋势。与此同时，保山市绿色、有机认证基地1.7万亩，产品47个，咖啡精品率达15.75%，咖啡产业综合产值达41.49亿元。③

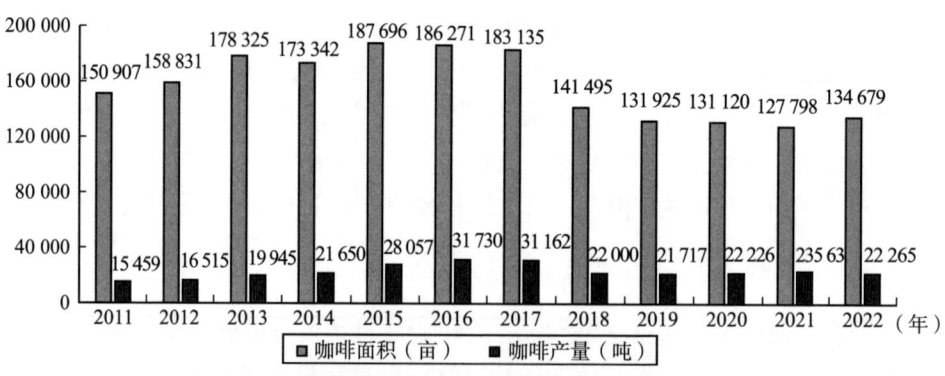

图4-3 保山市咖啡产业种植面积和产量情况

资料来源：2023年保山市统计年鉴［EB/OL］. 保山市人民政府网，https：//www.baoshan.gov.cn/info/7106/10048044.htm.

---

① 保山小粒咖啡：誉满全国，香飘世界［EB/OL］. 保山新闻网，http：//www.baoshan.cn/2023/1129/75631.shtml.

② 2012~2019年，咖啡种植户面临咖啡豆价格下滑和种植成本上升的双重压力，导致咖啡种植面积下降。例如，2015~2018年，云南咖啡豆平均价格为14.78~17.93元/千克，2019年上半年，云南咖啡生豆平均价格为13元/千克，成本价为15元/千克，而保山咖啡种植户的收购价格仅为10.6元/千克。

③ 保山小粒咖啡产业发展驶入快车道——打造精品，全产业链提质增效［EB/OL］. 云南省农业农村厅，https：//nync.yn.gov.cn/html/2022/zhoushilianbo-new_1121/392632.html.

第4章 新市场赋能：数字消费驱动农产品区域公用品牌高质量发展

（2）保山小粒咖啡销售现状。

从价格维度出发，笔者以"保山小粒咖啡"为关键词，利用影刀软件爬取了2024年7月6日京东平台上保山小粒咖啡的5 271条价格信息，以此为样本，进行了统计分析。如图4-4所示，一方面，越来越多的消费者购买保山小粒咖啡，预计可以实现保山小粒咖啡的市场规模增长；另一方面，保山小粒咖啡的价格分布较为分散，不同店铺所销售的保山小粒咖啡的质量不同、重量不同、服务不同等造成了不同店铺和不同产品间的价格差异，但仍然集中在较低的0~99元区间（见图4-5）。[①] 鉴于此，保山小粒咖啡需要在提升产品品质的基础上，进一步通过改变营销方式来实现保山小粒咖啡的价值增值。

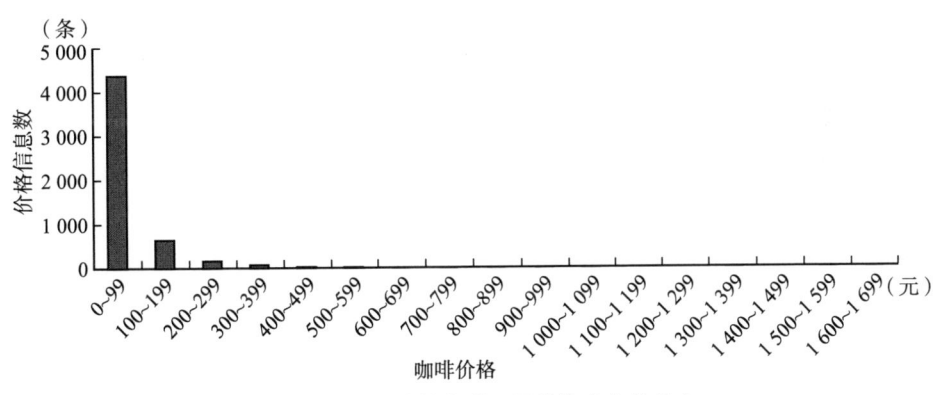

图4-4 保山小粒咖啡不同价格分布的信息

资料来源：笔者在京东网站以"保山小粒咖啡"为关键词检索得到的5 271条价格信息。

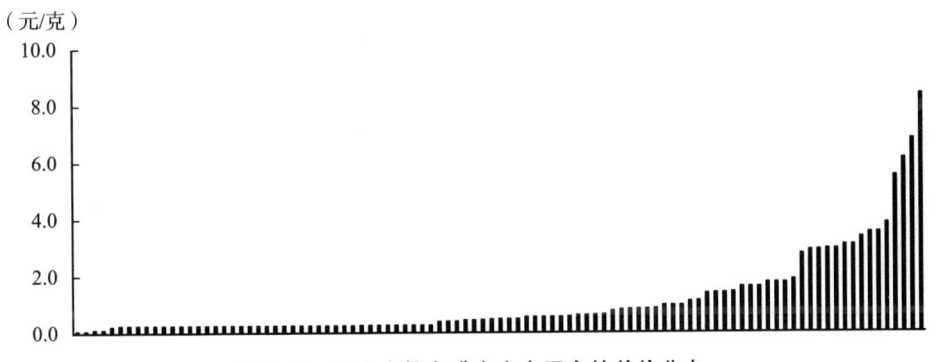

图4-5 保山小粒咖啡在京东平台的单价分布

资料来源：笔者在京东网站以"保山小粒咖啡"为关键词检索得到的5 271条价格信息。

---

① 本书所收集到的保山小粒咖啡价格信息与产品重量相关，但也计算了保山小粒咖啡的单价，最低为0.07元/克，最高为8.38元/克，如图4-5所示。

75

（3）保山小粒咖啡区域公用品牌建设现状。

为促进保山小粒咖啡产业健康发展，推动保山小粒咖啡区域公用品牌的高质量建设，云南省农业科学院热带亚热带经济作物研究所依托保山小粒咖啡的发展现状，申请制定保山小粒咖啡地方标准。2023 年，保山市市场监督管理局立项了保山小粒咖啡保山市地方标准项目 8 项，如表 4-1 所示。选种标准、技术标准、种植标准等标准的成立，推动了保山小粒咖啡区域公用品牌标准化生产的实现，从而更有利于市场扩展。

表 4-1　　　　　　　　　　保山小粒咖啡标准

序号	标准名称
1	良种选育与推广技术规程
2	复合栽培技术规程
3	水肥一体化技术规程
4	整形修剪技术规程
5	鲜果分级
6	低产园嫁接品种改良技术规程
7	咖啡果皮、果壳堆肥及应用技术规程
8	精品咖啡庄园建设与服务规范

资料来源：保山市市场监督管理局关于 2023 年度保山小粒咖啡保山市地方标准立项公示 [EB/OL]. 保山市人民政府网，https：//www.baoshan.gov.cn/info/5027/9438864.htm.

在生产标准制定的基础上，保山市以农业供给侧结构性改革为主线，持续推动保山小粒咖啡的品牌建设。例如，2022 年 8 月，云南省农业农村厅、云南省财政厅、云南省工业和信息化厅联合印发《关于推动咖啡精品率和精深加工率提升若干政策措施》;[①] 2022 年 11 月，保山市人民政府制定了《保山小粒咖啡国家地理标志产品保护示范区建设实施方案》（见图 4-6），旨在推动"建设一批基地、一个加工园、一个交易市场，打造一个文化园、一个人才基地、一个品牌，建立一个标准体系、一个研究院，举办一系列论坛赛事，讲好一个咖啡故事"重点工作的实施，目标是实现由咖啡原料大市向咖啡加工、旅

---

① 关于推动咖啡精品率和精深加工率提升若干政策措施的通知 [EB/OL]. 云南省农业农村厅，https：//nync.yn.gov.cn/html/2022/zuixinwenjian_0803/389011.html.

第4章 新市场赋能：数字消费驱动农产品区域公用品牌高质量发展

游、贸易和咖啡文化强市的转变。①

在一系列政策的支持下，保山市小粒咖啡也获得了众多荣誉，进一步推动了保山小粒咖啡的高质量发展。例如，2010年，国家质检总局批准对"保山小粒咖啡"实施地理标志产品保护；2018年，保山小粒种咖啡品牌入选"地理标志农产品电商品牌榜"；2019年，保山小粒咖啡入选"国家地理标志运用促进工程"知名产品；2020年，保山小粒咖啡进入首批欧盟认定的100个中国地理标志产品保护名录；2021年，"保山小粒咖啡"区域公用品牌获批；2022年，"保山小粒咖啡"产区被国家列为国家唯一地理标志产品保护示范区，并获得ICT国际咖啡品鉴大赛金奖。②

时间节点	工作重点
2022年10月至2022年12月	筹建启动阶段：成立领导机构和工作机构、召开各种会议安排、研制示范区建设工作保障政策、制订实施方案和年度工作计划、明确目标任务、构建产品质量监管体系
2023年1月至2023年12月	创建阶段：开展实地调研、人才队伍建设、三大体系建设及重要标准研制
2024年1月至2024年12月	巩固提升阶段：完善三大体系建设、完成人才队伍建设、开展文化建设，建设地理标志文化走廊、建设保山小粒咖啡地理标志产品文化元素的专卖店、完成地理标志产品保护示范区建设宣传片、加强国际合作
2025年1月至2025年9月	验收准备阶段：按照《国家地理标志产品保护示范区建设管理办法（试行）》和相关要求进行自查，实现验收

目标：保山小粒咖啡国家地理标志产品保护示范区

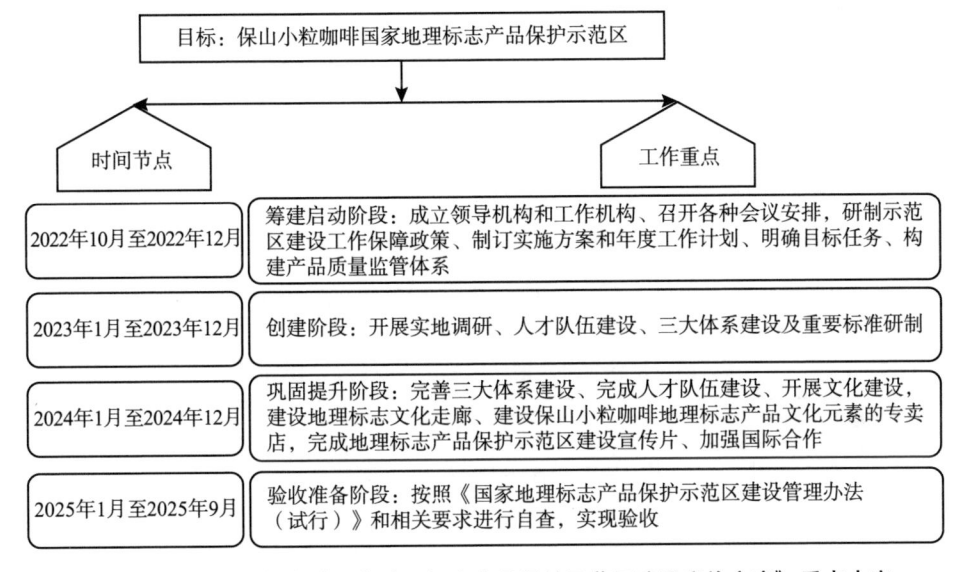

图4-6 《保山小粒咖啡国家地理标志产品保护示范区建设实施方案》重点内容

2. 数字消费驱动保山小粒咖啡区域公用品牌高质量发展的措施

近年来，保山市借助数字技术，一方面打造集咖啡加工体验、咖啡文化展示、咖啡旅游观光、咖啡销售于一体的咖啡庄园，另一方面，创新性地推广

---

① 关于印发保山小粒咖啡国家地理标志产品保护示范区建设实施方案的通知［EB/OL］. 保山市人民政府网, https://www.baoshan.gov.cn/info/14246/9423734.htm.

② 保山小粒咖啡：誉满全国，香飘世界［EB/OL］. 保山新闻网, http://www.baoshan.cn/2023/1129/75631.shtml.

77

"咖啡有偿认养"模式，提供全程可追溯的咖啡定制服务。数字技术通过咖啡庄园和"咖啡有偿认养"创造了新市场，极大地丰富了数字消费在保山小粒咖啡生产和经营中的内涵，为保山小粒咖啡区域公用品牌建设和发展提供了助力。

（1）咖啡庄园。咖啡庄园是云南省紧抓全球咖啡产业转型发展机遇，发挥产区优势，借助数字消费的东风，主动适应新市场、新消费场景需求，通过引领消费者从看得到咖啡园、摸得到咖啡加工、品得到精品咖啡、听得到咖啡故事、感知得到咖啡文化的角度，实现云南省咖啡生产经营主体逐步发展为一二三产业融合和咖文旅融合的咖啡综合体，加快推进云南省咖啡产业提质增效和转型升级。2022年9月，云南省农业农村厅印发了《云南省精品咖啡庄园认定管理办法（试行）》，提出要支持建设并认定一批有基地、有加工、有品牌、有市场的精品咖啡庄园，并以精品咖啡庄园为依托，加快咖啡保健、咖啡文创、咖啡体验等项目开发，大力推进以咖啡为主题的农文旅融合发展。①2024年5月，根据精品庄园实际运行情况，云南省农业农村厅对《云南省精品咖啡庄园认定管理办法（试行）》中的7条相关内容进行了修订，以更加适应云南省精品咖啡庄园建设和云南省咖啡产业发展。表4-2为修订版《云南省精品咖啡庄园认定管理办法（试行）》的内容归纳，对咖啡庄园的申报主体、经营场所、生产规模、精品咖啡生产规模等都给出了认定条件。

表4-2 《云南省精品咖啡庄园认定办法（试行）》修订版

标准名称	认定条件
主体条件	在云南从事咖啡种植、加工、销售和咖文旅等，并依法登记注册的经营主体，从事咖啡生产经营活动两年（含）以上
经营场所	有适度经营规模和休闲观光场所，能实现看园、品咖、体验、休闲、观光一体化发展
生产规模	有适度规模的种植基地和加工场所，实现采摘、加工、销售和品牌培育全链发展，基地规模不小于500亩
精品咖啡	精品咖啡豆年生产占比不低于30%
其他条件	近两年产品质量抽检合格；财务制度健全，用地手续合法合规，有稳定销售渠道，连续两年以上无不良诚信记录；两年内无偷税漏税、虚假广告等违反法律法规行为；凡是基地土地属性不符合生态保护红线管制要求的，一律不允许申请

资料来源：精品咖啡庄园如何认定管理？省农业农村厅公开征求意见［EB/OL］.云南省农业农村厅，https://mp.weixin.qq.com/s/45f5mLymNgzn85tUHqKS9g.

---

① 关于印发云南省精品咖啡庄园认定管理办法（试行）的通知［EB/OL］.云南省人民政府网，https://www.yn.gov.cn/zwgk/zfgb/2023/2023d4q/sjbmwj/202303/t20230301_255522.html.

第4章 新市场赋能：数字消费驱动农产品区域公用品牌高质量发展

在《云南省精品咖啡庄园认定管理办法（试行）》的政策指引下，云南省开展了2批次共认定"云南省精品咖啡庄园"14家，其中，保山市共获认证6家，具体名单如表4-3所示。与此同时，经过不断探索和运营，保山市咖啡庄园逐步形成了私人定制（山顶一号庄园、新寨咖啡庄园）、"庄园+基地"（比顿咖啡庄园）、"庄园+集体经济"（新寨村一号庄园、新寨村二号庄园）等不同模式，通过不同模式创造不同消费需求新市场，从而推动保山小粒咖啡区域公用品牌的高质量建设。

表4-3　　　　　　　　　　保山市精品咖啡庄园

序号	主体名称	庄园名称	认定批次	认定时间
1	保山清咖农业有限公司	乎壳咖啡庄园	第二批	2024年
2	保山比顿咖啡有限公司	比顿咖啡庄园	第一批	2022年
3	保山新寨咖啡有限公司	新寨咖啡庄园	第一批	2022年
4	保山佐园咖啡有限公司	佐园咖啡庄园	第一批	2022年
5	保山高老庄农副产品开发有限公司	高晟咖啡庄园	第一批	2022年
6	保山益嘉园农业开发有限公司	益嘉园咖啡庄园	第一批	2022年

以新寨咖啡庄园为例，其坐落于潞江坝，是保山市打造"庄园+"新模式，通过多元发展的"咖啡+研学""咖啡+文创""咖啡+运动""咖啡+休闲度假"创造新需求和新市场，带动保山小粒咖啡区域公用品牌建设。新寨咖啡庄园拥有铁皮卡有机咖啡园760亩，融合了咖啡文化体验、旅游、休闲、餐饮等功能的咖啡博物馆1个，精加工咖啡生产线1条，实现了科技化、数字化、智能化与文化体验消费在新寨咖啡庄园完美融合。[1] 依托小型咖啡博物馆，庄园展出了咖啡品种、加工器具等数百件实物，借助数字化技术，推动消费者从观看学习到亲自上手，回溯潞江坝种植咖啡几十年来的民间咖啡史，赋予消费者不同的咖啡文化体验；依托精加工咖啡生产线，庄园通过数智化技术，建成了生豆、烘焙豆、速溶粉、冷萃冻干粉等全链条生产加工体系，实现了烘焙、萃取全流程自动化，提升了保山小粒咖啡的标准化生产水平，为保障保山小粒咖啡的全国推广提供了支撑；依托新寨咖啡庄园的咖啡文化建设，消

---

[1] 隆阳区走咖啡精品路线打造庄园经济[EB/OL]. 保山市人民政府网，https：//www.baoshan.gov.cn/info/1037/8977834.htm.

费者可以实现在庄园内享受到集旅游、休闲、餐饮服务于一体的新消费模式，许多网红博主、咖啡爱好者、摄影爱好者、康养休闲者、徒步探险者等纷纷到新寨咖啡庄园打卡，并通过小红书、携程、去哪儿等平台的传播，进一步推动保山小粒咖啡区域公用品牌的建设；除此之外，新寨咖啡庄园还举办了咖啡旅游文化节、咖啡冲煮大赛、国际专家论坛等活动，为消费者提供"前店后厂""从种子到杯子"的"一站式"咖啡文化体验服务。新寨咖啡庄园的一系列创新举措，使得保山市隆阳区人民政府特别将新寨咖啡庄园作为"国庆游隆阳"的必打卡路线。①

（2）咖啡有偿认养。根据《2023 中国城市咖啡发展报告》，上海是全球咖啡馆最多的城市，全市拥有 8 530 家咖啡馆，占全国比重为 6.4%，每万人拥有咖啡馆 3.45 家，平均每平方公里拥有咖啡馆 1.35 家，而闵行区有咖啡馆 1 000 多家，占全市总量的 1/7。②"咖啡有偿认养"正是云南省保山市借助上海市闵行区对口帮扶契机，完成从产地到消费群体直接对接，为消费者提供精准化、定制化的咖啡豆生产服务，实现保山小粒咖啡区域公用品牌高质量发展的重要举措。以新寨咖啡庄园为例，该庄园在其 760 亩有机铁皮卡树生长地块安装了电子稻草人，通过电子稻草人，消费者可以探寻咖啡树的生长过程，同时也可以借助电子稻草人欣赏来自新寨咖啡庄园的景色；在咖啡的收获季节，新寨咖啡庄园将采摘认养地块的成熟咖啡鲜果进行加工，并送至消费者手中；消费者可以登录相应的 app 记录咖啡树的成长过程，庄园也可以用植物拓印的工艺记录下植物的纹理，并将其印刻于认养证书上；此外，新寨咖啡庄园还计划参与上海市闵行区、淘宝网等举办的公益项目。通过推广，新寨咖啡庄园约 2 056 棵咖啡树被消费者认养。"咖啡有偿认养"模式借助数字技术实现了新消费市场的创造，并通过新消费市场实现了数字消费对保山小粒咖啡区域公用品牌高质量发展的推动作用。

3. 新市场赋能、数字消费驱动保山小粒咖啡区域公用品牌高质量发展

咖啡庄园和"咖啡有偿认养"模式如图 4-7 所示。保山小粒咖啡区域公

---

① 国庆游隆阳，潞江坝两日游，开启小粒咖啡新玩法［EB/OL］. 云南省保山市隆阳区人民政府网，https：//www. longyang. gov. cn/info/14605/7044829. htm。

② 2023 中国城市咖啡发展报告［R］. 第一财经商业数据中心，https：//www. cbndata. com/report/3132/detail？ isReading = report&page = 1&readway = stand.

用品牌的建设过程，实际上是消费者对文旅消费的需求创造了新市场，消费者新的偏好需求创造了新市场，对此种新市场需求的供给可以通过数字消费下的咖啡庄园和"咖啡有偿认养"模式得以实现，使得更多消费者从保山小粒咖啡区域公用品牌的建设过程中获得满足感，实现了保山小粒咖啡这一区域公用品牌的建设和发展。

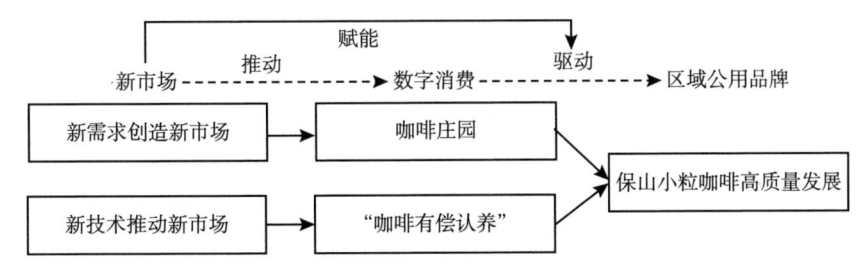

图4-7 新市场赋能、数字消费驱动与区域公用品牌高质量发展——保山小粒咖啡模式

咖啡庄园和"咖啡有偿认养"是保山小粒咖啡区域公用品牌建设和高质量发展的重要举措，但并不是唯二举措。近年来，保山市与咪咕文化科技有限公司建立合作关系，不仅成立了咪咕咖啡数字咖啡馆，还开展了全民阅读大会，使得数字消费的内涵愈加丰富；此外，还依托Z世代对咖啡产品低糖低卡低脂的需求，推出了国潮轻咖啡，以满足消费者多样性体验；同时，为了更好地实现保山小粒咖啡区域公用品牌的建设和发展，保山市从"种"下手，提出"多种不如管好"，从"摘"抓起，牢牢把住质量关，从"销"着眼，补链强链延链。种种举措，实现了新市场赋能，推动数字消费驱动保山小粒咖啡区域公用品牌建设。

4.2.2 东莞荔枝高质量发展案例研究

东莞位于北纬19°至24°，是我国荔枝栽培最适宜的纬度区间，素有"荔枝之乡"的美誉。东莞荔枝以色、香、味俱全而闻名中外，"食之令人畅然意满"，被誉为"岭南第一品"。东莞荔枝栽培历史悠久，早在唐朝就已经有成片的"荔园""荔枝山"，宋朝时东莞荔枝生产渐盛。荔枝主要分布在东莞的山区、丘陵、埔田地区，主要产区有大朗、大岭山、常平等20多个镇区。[①]

---

① 东莞荔枝[EB/OL]. 东莞市人民政府网，https：//www.dg.gov.cn/zjdz/whdz/dztc/content/post_299300.html.

近年来，东莞市出台了一系列政策促进东莞荔枝种植。荔枝是东莞市本土面积最大、品种特色最鲜明、区域优势最明显的水果。

1. 东莞荔枝产业发展现状

东莞荔枝产区地处南亚热带，北回归线以南，面临海洋，日照充足，雨量充沛，温差较小，夏季高温，年平均温度22.8℃。东莞荔枝品种繁多，包括三月红、妃子笑、糯米糍、桂味、怀枝、青甜、红绣球、无核荔枝等。2015年，东莞荔枝被评为广东省名特优新农产品区域公用品牌；2017年，农业部正式批准登记保护东莞荔枝并实施农产品地理标志；2020年，东莞荔枝种植系统入选中国重要农业文化遗产名录；2021年，东莞荔枝被纳入第二批全国名优特新农产品名录；① 2022年，东莞荔枝全面开启"天团"模式，多维度地创造出了消费新场景和新市场，不断推动东莞荔枝区域公用品牌建设和发展。

（1）东莞荔枝生产现状。

图4-8显示了1978~2022年东莞市荔枝种植面积和产量情况。显然，从长时期看，荔枝在东莞市的种植面积呈现了波峰波谷相互交替的情况。改革开放以来，随着我国市场开放程度的逐步提升，东莞市嗅到了荔枝产业的市场增长点，不断增加荔枝的种植面积，1987年东莞市荔枝种植面积达到175 366亩，总产量达17 439吨。但随着市场供给规模的提升，荔枝价格在一定时期内出现了断崖式下降现象，导致东莞市荔枝种植户积极性受挫，荔枝种植面积有所下降。

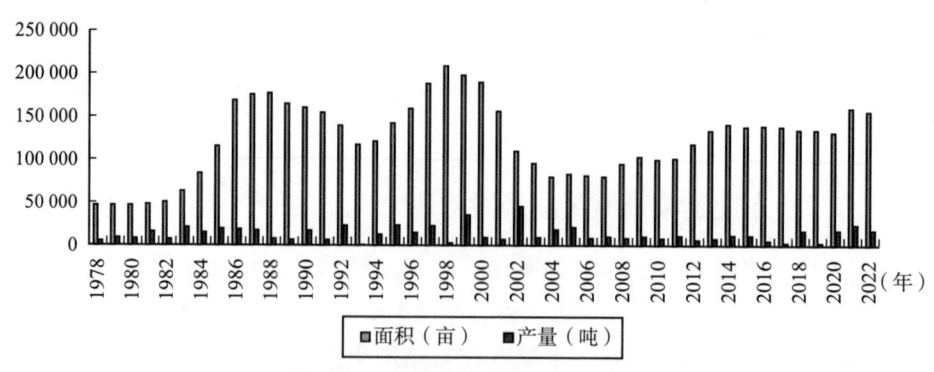

图4-8 东莞荔枝种植面积和产量

资料来源：2023年东莞市统计年鉴［EB/OL］. 东莞市统计局，https：//tjj. dg. gov. cn/tjnj/index. html#page/54.

---

① 莞荔以质取胜，2020年实现产销两旺［EB/OL］. 东莞市农业农村局，https：//nyncj. dg. gov. cn/zixun/snkd/content/post_3215648. html.

第 4 章 新市场赋能：数字消费驱动农产品区域公用品牌高质量发展

2006 年以来，随着广东省以及东莞市对荔枝市场的把控，东莞荔枝的种植面积呈现稳步回升的态势，越来越多的东莞市荔枝种植户已经重新意识到荔枝所创造的经济价值。从产量维度出发，荔枝的产量变动幅度非常大。实际上，荔枝种植对环境的要求较高，荔枝生长需要温暖、潮湿的气候，适宜生长的气温为 20~32℃，湿度要求在 60% 以上，降水量在 1 200~1 800 毫米，且雨量分布应较为均匀。近年来多变的气候环境导致荔枝产量不稳定。

（2）东莞荔枝销售现状。

从价格维度出发，本报告以"东莞荔枝"为关键词，利用影刀软件爬取了 2024 年 7 月 14 日京东平台上妃子笑、三月红、白糖粟、糯米糍、黑叶共 5 个品种的价格信息，以此为样本，计算了 5 个品种的价格信息最大值、价格信息最小值和价格信息平均值，如图 4-9 所示。在 7 月，荔枝已经趋近于下架，导致东莞荔枝的整体价格偏高；从最高价格维度、最低价格维度和平均价格维度出发，糯米糍品种的价格都偏向较高水平，不同品种的糯米糍缓解了市场上荔枝产品间的价格竞争。糯米糍品种是东莞荔枝非常著名的品种，糯米糍品种较高的价格，也将赋能东莞荔枝区域公用品牌高质量建设。

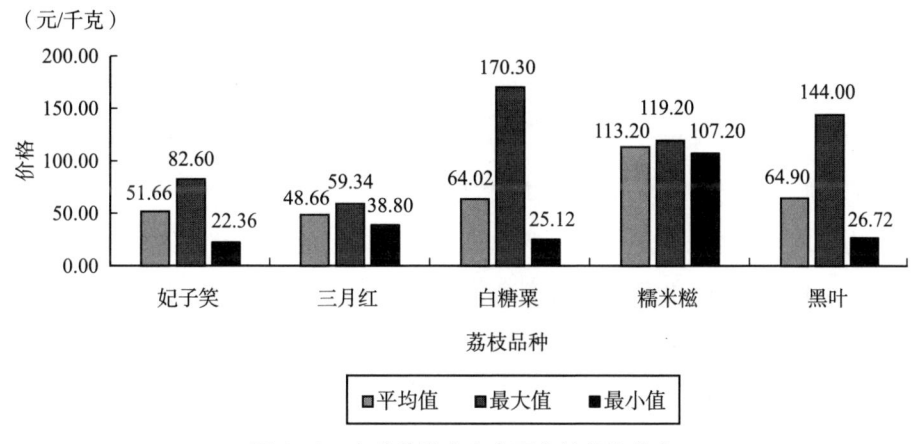

图 4-9 东莞荔枝在京东平台的单价分布

资料来源：在京东网站以"东莞荔枝"为关键词检索得到的数据信息。

（3）东莞荔枝区域公用品牌建设现状。

近年来，东莞市为推动荔枝实现从"小特产"升级为"大产业"，助力东莞荔枝产业高质量发展，助力东莞荔枝区域公用品牌高质量建设。第一，东市积极落实荔枝"12221"市场体系，鼓励和支持东莞荔枝区域公用品牌的建设和发展。"12221"市场体系，即通过1个大数据，拓展销区市场、完善产区市场"2个市场"，组织销区采购商队伍、培育产区经纪人队伍"2支队伍"，组织采购商走进产地、产品走进大市场"2场活动"，实现"1揽子目标"。基于"12221"市场体系，东莞荔枝销售取得了显著成效。第二，东莞市依托荔枝产业联合体、荔枝专业合作社，以"一体一社"为载体，围绕联农带农助农工作目标，以推动荔枝品牌推广发展、开拓荔枝深加工衍生品等为抓手，积极提升供销系统农业社会化服务能力，在提升荔枝产业附加值、推动产业融合延伸等方面发挥积极作用。

广东省及东莞市出台了一系列政策文件持续支持东莞荔枝区域公用品牌建设。2021年，广东省制定了《广东荔枝产业高质量发展三年行动计划（2021－2023年）》，[①] 要求各市各地以供给侧结构性改革为主线，扬优势、补短板、强弱项，打好荔枝产业牌、市场牌、科技牌和文化牌，擦亮广东荔枝"金字招牌"，让广东荔枝从"小特产"升级为"大产业"，以荔枝产业"小切口"推动农业产业"大变化"，实现联农惠农增收，为广东省推进乡村产业振兴奠定了坚实基础，推动广东省实施乡村振兴战略走在全国前列。2022年，东莞市农业农村局印发了《东莞市荔枝产业高质量发展专项资金管理办法（暂行）》，旨在持续推动东莞荔枝区域公用品牌建设和高质量发展。[②]

2. 数字消费驱动东莞荔枝发展的措施

为推动东莞荔枝区域公用品牌出圈，东莞市以数字技术为依托，将科技、美学、文化、时尚、生活融入国潮文化，在消费者对国潮文化的追寻过程中实现了新市场的创建，助力数字消费拉动东莞荔枝区域公用品牌高质量建设。一方面，在动漫文化的引领下，东莞市将8个莞荔优质品种结合动漫的创新表现形式，以"莞荔天团"打造独一无二的农产品区域品牌IP，展现东莞悠久的荔枝文化与丰富的高端荔枝种类，助推莞荔走出一条高质量发展的品牌之路。另一方面，东莞市积极挖掘与荔枝相关的创新创意菜品，从创新菜的角度创造

[①] 关于印发广东荔枝产业高质量发展三年行动计划（2021－2023年）的通知［EB/OL］. 广东省农业农村厅, https://dara.gd.gov.cn/tzgg2272/content/post_3164871.html.

[②] 关于印发东莞市荔枝产业高质量发展专项资金管理办法（暂行）的通知［EB/OL］. 东莞市农业农村局, https://nyncj.dg.gov.cn/zfxxgkml/zcwj/zcwj/content/post_3808408.html.

新市场，实现东莞荔枝产业发展的多样化和精深加工化，助推东莞荔枝区域公用品牌建设和发展。

（1）莞荔天团。莞荔天团是东莞市基于荔枝产业的发展历史，为8个莞荔代表品种赋予独特的身份和形象，运用拟人手法，结合国潮动漫，对糯米糍、桂味、观音绿、冰荔、岭丰糯、唐夏红、妃子笑、莞香荔8种优质荔枝的特点和地域特色进行提炼创作，多维度创意打造全国独一无二的区域农产品IP。

糯米糍：果实呈心形，果味浓甜带微香，其形象是可爱的小萝莉，身穿红衣，小圆脸蛋粉粉嫩嫩的，眉间有心形标志，手持扁圆心形红灯笼，是大众非常喜欢的人气顶流。

桂味：果皮带刺，肉脆清甜，带有微微桂花香气，其形象是一位活泼开朗的少女，头戴桂花头饰，手持圆锥形带刺红灯笼。

观音绿：果皮黄绿略带微红，果肉爽脆清甜，带有特别的清香，因其从小生活在观音山原始次生林中而得名，所以其形象身穿黄绿色衣裳，如观音一般手持白玉净瓶，人如其名，拥有仁心与善心。

冰荔：出自厚街大迳，因果肉晶莹剔透而得名，其形象是头发呈冰蓝色，头戴冰块元素小头饰，冰肌玉骨、高贵冷艳的冰公主。

岭丰糯：果实较大，肉滑味甜，高产稳产，是东莞大岭山独有品种，其形象是个子高高、行事沉稳的大姐姐，身上的红衣裳有着山岭的图样，平时最爱放风筝。

唐夏红：果皮鲜红色，果肉厚，香气浓郁，是东莞塘厦独有品种，其形象是性格沉稳、英气十足的男孩子，它的宝贝是一支荔枝状的毛笔，仗笔走天涯是它的梦想。

妃子笑：果皮半红半绿，早熟品种，甜中带微酸，其形象是身穿红绿衣裳，妆面精致，虽然身型微胖，但笑容憨厚可掬的唐朝妃子造型。

莞香荔：因出自东莞大朗水平村，且果肉带有玫瑰香味，又被称为水平红玫瑰，其形象头戴玫瑰头饰，手持圆扇，甜美又可爱。①

借助"莞荔天团"IP的生动形象，东莞市自2022年起推出了一系列以"莞荔天团给荔中国"为主题的活动。例如，2022年5月31日，在湖南长沙

---

① 莞荔天团，给荔中国［EB/OL］. 东莞市农业农村局，https：//nyncj. dg. gov. cn/zixun/snkd/content/post_3817443. html.

红星全球农批中心举行了"莞荔入湘"产销对接和合作签约仪式；2022年6月1日，在东莞地铁R2号线和东莞农业农村微信平台正式推出全新的IP形象；2022年6月6日，"莞荔天团"八大品种集中上线京东，举办东莞品质荔枝云品鉴、云推荐活动，现场连线北京新发地、上海辉展等地的荔枝采购批发商，进行云上采购签约；2022年6月中旬，启动名为"一带一路·甜蜜出发"的广东荔枝丝路行系列活动，启动"乐购莞荔"活动，发布2022年荔枝休闲采摘点及荔枝主题精品线路，"莞荔天团"线上答题有奖互动活动等；2024年，在"莞荔天团"形象持续深入人心的基础上，在荔枝主产镇大岭山举行了大湾区给"荔"超跑活动。

（2）寻味莞荔。寻味莞荔是从消费者"食"的层次，借助东莞荔枝区域公用品牌实现新市场开拓的新举措。一方面，东莞市不断开发既有的传统荔枝美食，通过再营销、再包装、再创新的方式推动传统美食出圈；另一方面，东莞市不断开发基于荔枝的创意菜。两个方面的举措形成了现阶段寻味东莞的重要方式，也赋予了荔枝产品新的市场价值。

传统美食再出圈。荔枝柴烧鹅是大岭山镇流传下来的传统特色美食，荔枝柴木质结实，干燥耐燃，几乎不含树胶，并散发淡淡的荔枝香味，在互联网媒介，如小红书、大众点评网等的传播下，荔枝柴烧鹅已经成为东莞市的特色美食。荔枝蜜是由荔枝花酿的蜜，有蜂蜜之清润，却无荔枝之燥热，具有特殊的生津、益血、理气之功效，"东莞荔枝蜜酿造技艺"于2018年被认定为广东省第七批省级非物质文化遗产项目。[①] 荔枝菌是荔枝树下所生，素有"岭南菌王"的称号，味道极清鲜、爽口，另外由于荔枝菌的生长周期非常短且保鲜非常讲究，市场上的荔枝菌非常稀少。

创意美食成亮点。荔枝的价值并不局限于水果，在创意大师的加持下，荔枝同时可以融入新的美食，受到消费者追捧。荔枝红豆沙雪糕是将新鲜荔枝肉加入红豆沙，通过速冻后实现了口感的绵绵沙沙和清凉兼具。火山荔枝肉丸是一道以新鲜墨鱼、荔枝肉、马蹄、红腰豆为原材料制成的肉丸状菜品，红脆米包裹着丸子打造出酷似荔枝的形态，栩栩如生，这道菜不仅在外观上引人注目，而且在口感上也鲜美可口。荔枝烧烤是近年来在年轻人中悄然流行的创意吃法，将荔枝去壳，保留完整的果肉，用竹签串起，表面轻轻刷上一层蜂蜜或

---

① 广东省人民政府.广东省人民政府关于批准并公布广东省第七批省级非物质文化遗产代表性项目名录的通知［EB/OL］. https：//www.gd.gov.cn/zwgk/gongbao/2018/16/content_post_3365927.html.

橄榄油，再撒上一点点海盐或黑胡椒提味，放在烤架上，用小火慢烤至表面微焦，内里依然保持着荔枝的鲜嫩多汁，独特的烹饪方式让荔枝的甜味中带有一丝焦香，口感层次丰富。

3. 新市场赋能、数字消费驱动、东莞荔枝区域公用品牌高质量建设模式

"莞荔天团"和"寻味莞荔"的数字消费模式如图4-10所示，该模式借助国潮创造新市场，进而通过新市场赋能数字消费，拉动区域公用品牌高质量建设。国潮实现了我国优秀传统文化与前沿科学技术、审美需求的碰撞，进而融合创新出新国货、新品牌，此种新国货和新品牌正是现阶段消费者需求的重要表现，使得越来越多的消费者从东莞荔枝区域公用品牌的建设过程中获得满足感，实现了东莞荔枝区域公用品牌的建设和发展。

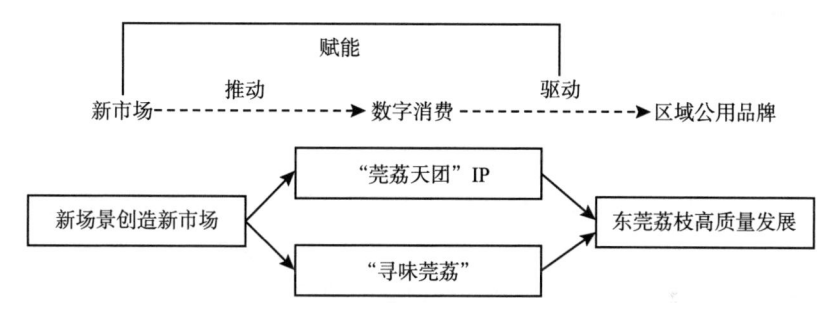

图4-10 新市场赋能、数字消费驱动与区域公用品牌高质量发展——东莞荔枝模式

"莞荔天团"和"寻味莞荔"是东莞荔枝区域公用品牌建设和高质量发展的重要举措，但并不是唯一举措。此外，东莞市同时利用数字信息不断科技化莞荔栽培技术、莞荔文化建设，基于消费者乡村休闲旅游需求，开发出东莞荔枝采摘农场片区。另外，东莞报业融媒体结合盲盒文化，开发了"给荔"电子盲盒，并推动数万人参与拆盲盒活动，一是以拆盲盒的方式，向大家推介东莞的特色荔枝品牌，二是拆完盲盒后，推动消费者了解更多的"莞荔文化历史知识"。总体来说，为实现东莞荔枝区域公用品牌高质量建设，东莞市不断利用和融合"科技、市场、文化"资源，强化科技支撑，挖掘文化内涵，提升市场竞争力。

4.3 新市场赋能下数字消费驱动区域公用品牌高质量发展的模式及政策

无论是保山小粒咖啡，还是东莞荔枝，其区域公用品牌的高质量建设都取得了非常显著的成果。本部分将结合4.1节的理论分析和4.2节的案例研究，进一步总结新市场赋能下数字消费驱动农产品区域公用品牌高质量发展的模式，以总结更为普适的农产品区域公用品牌高质量发展模式。在此基础上，从新市场赋能维度提供相应的政策建议，以进一步推动农产品区域公用品牌高质量发展。

4.3.1 新市场赋能下数字消费驱动区域公用品牌高质量发展的模式总结

正如4.2节所描述的，保山小粒咖啡区域公用品牌的高质量发展重点是从咖啡庄园建设和咖啡有偿认养展开。依托咖啡庄园，消费者实现了看得到咖啡园、触得到咖啡加工、喝得到精品咖啡、听得到咖啡故事、体验得到咖啡文化；依托"咖啡有偿认养"，完成从产地到消费群体直接对接，实现了为消费者提供精准化、定制化的咖啡豆生产服务。因此，总结来说，保山小粒咖啡区域公用品牌高质量发展的新市场建立主要是基于文旅消费形式和信息消费形式，分别依托市场扩容机制和市场增质机制实现保山小粒咖啡的收益提升、产品质量提升。

东莞荔枝区域公用品牌的高质量发展重点是打造"莞荔天团"和"寻味莞荔"。依托"莞荔天团"，消费者在体验国潮文化的同时了解东莞荔枝的品种，与此同时，借助"莞荔天团"可以开展一系列的营销活动，推动东莞荔枝市场规模的快速增长；依托"寻味莞荔"，以消费者的饮食需求为抓手，为东莞荔枝的销售赋予了新场景。因此，总结来说，东莞荔枝区域公用品牌高质量发展的新市场建立主要是基于时尚消费形式，依托市场扩容机制和市场增质机制实现东莞荔枝的收益提升、产品质量提升。

本章依托保山小粒咖啡和东莞荔枝区域公用品牌高质量发展的案例，总结出新市场赋能下数字消费驱动区域公用品牌高质量发展的模式。如图4-11所

第4章 新市场赋能：数字消费驱动农产品区域公用品牌高质量发展

示，数字消费通过市场扩容机制和市场增质机制实现从需求层面和供给层面的消费升级，此种消费升级必然推动文旅消费、时尚消费、信息消费等不同类别新市场的出现，并依托于庄园模式、美食模式、国潮模式、认养模式等促进农产品区域公用品牌高质量发展。但推动农产品区域公用品牌高质量发展的模式并不唯一，不同赋能模式的使用条件也需要与农产品区域公用品牌的发展现状相匹配。

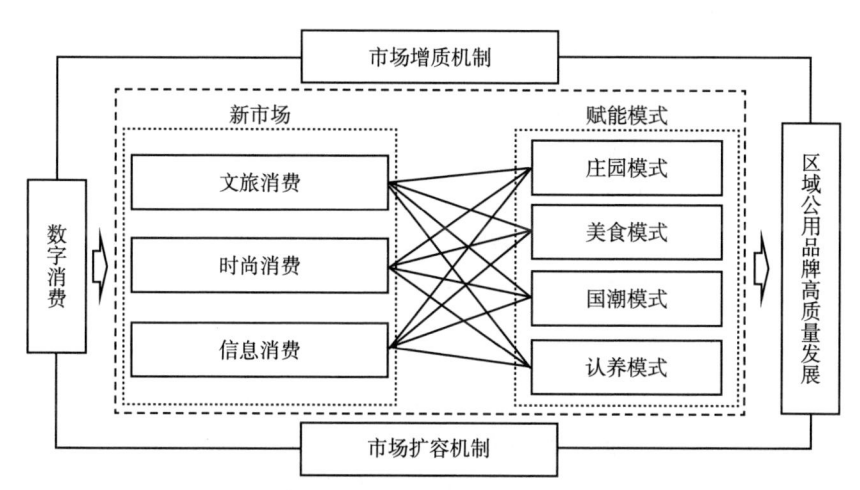

图4-11 基于保山小粒咖啡和东莞荔枝的区域公用品牌高质量发展模式总结

4.3.2 新市场赋能下数字消费驱动区域公用品牌高质量发展的政策

农产品区域公用品牌高质量发展是乡村振兴的必然要求，农产品区域公用品牌高质量发展不仅需要市场机制，也需要政府通过一定的政策扶持农产品区域公用品牌高质量建设。基于对保山小粒咖啡和东莞荔枝的案例分析，本部分凝练出政府在推动庄园模式、美食模式、国潮模式和认养模式等的具体措施，以助力形成新市场赋能下数字消费驱动区域公用品牌高质量发展的政策。

1. 区域公用品牌的标准制定政策

正如第2章所描述的，目前大多数农产品区域公用品牌面临着非标准化的困境，非标准化很容易引致区域公用品牌遭遇"搭便车"所引致的逆向选择，以及个别经营主体产品质量管理不善导致的"危机株连效应"（高芸等，2023），这是农产品区域公用品牌高质量发展的痛点和难点。农产品区域公用品牌高质量发展需要以标准化为第一原则。因此，政府必须通过制定生产标准、产品标准和质量分级标准等手段，加强消费者对目标区域公用品牌的同品类农产品地域差异性特征的认知。例如，在保山小粒咖啡区域公用品牌高质量发展过程中，保山市政府对咖啡的种植、咖啡果皮、果壳堆肥及应用技术等都提出了标准，并且为咖啡庄园的遴选和建设等制定了相应的标准。

2. 区域公用品牌的品牌维护政策

数字经济环境下，消费者对农产品的产地、品质有着极高的要求，也就要求农户、经营方和品牌管理方等维护区域公用品牌。在农产品区域公用品牌维护过程中，政府需充分发挥自身优势，积极搭建包括农户、经营方、品牌管理方、技术服务部门等利益相关者的合作桥梁，在政策制定、资金扶持、技术引进等方面不断发力，助力区域公用品牌的声誉提升。农户、经营方和品牌管理方也要积极运用包括云计算、物联网、大数据等现代信息与网络技术，有效实现区域公用品牌维护的多方联动与共治共享。

3. 区域公用品牌的数字技术运用政策

在当前数字技术快速发展的背景下，数字技术的运用能力已经成为推动农产品区域公用品牌价值不断提升的关键因素。基于此，在生产和物流环节中，政府应当持续投入数字化技术，实现区域公用品牌的标准化生产；在宣传和营销环节中，政府应当增加直播、电商、联名IP等制作投入；此外，政府需要建立相应的大数据分析平台，通过获取消费者购买数据、产品销售数据等，快速感知市场需求和供给变动，以实现更为精准的农产品区域公用品牌生产。

4.4　本章小结

本章从新市场赋能的维度出发，深入探讨数字消费与农产品区域公用品牌高质量发展的内在联系。通过阐述新市场的概念和分类，构建新市场赋能区域公用品牌高质量发展的逻辑框架和作用机制。在理论分析的基础上，进一步依托保山小粒咖啡和东莞荔枝区域公用品牌的实际案例，详细解析在实现区域公用品牌高质量发展过程中，新市场、数字消费与区域公用品牌之间的内在联

第4章 新市场赋能：数字消费驱动农产品区域公用品牌高质量发展

系。据此，凝炼出相应的区域公用品牌发展模式，并据此提出相应的政策建议。

实际上，数字消费通过市场扩容机制和市场增质机制，成功推动了信息消费、时尚消费、文旅消费、绿色消费等不同类别新市场的形成与发展。区域公用品牌管理者则通过优化消费渠道、丰富消费场景、创新消费方式、引导消费观念等手段，有效满足了消费者个性化、多元化、品质化的消费升级需求，最终赋能农产品区域公用品牌实现收益增长、品质提升和权益保障。为实现农产品区域公用品牌的高质量发展，政府应当在标准化生产、品牌维护以及数字化技术应用等方面给予相应的政策支持。

第 5 章

新技术赋能：数字技术推动区域公用品牌高质量发展

5.1 新技术及其应用现状

5.1.1 新技术的类别

随着时代的发展与科技的进步，越来越多的新技术被应用于各行各业，这为区域公用品牌的高质量发展注入了新的活力。其中，区块链、数字媒体和大数据技术尤为突出。

1. 区块链技术

区块链技术（Blockchain）是一种块链式存储、不可篡改、安全可信的去中心化分布式账本，[①] 其技术特点为解决传统农业中的信任、效率和可持续发展问题提供了创新方案。其具体作用体现在：（1）区块链通过分布式账本技术，确保农业全产业链数据（如种植、加工、物流、销售）的真实性和不可篡改；（2）区块链技术通过共识算法实现去中心化信任，减少对第三方中介的依赖，在农业供应链中的农户、合作社、加工企业、物流商等各方之间可直接通过区块链平台进行交易以此降低信任成本；（3）基于区块链的智能合约可自动执行预设规则，当上一环节的操作完成后自动触发下一步骤从而提升交易效率；（4）区块链的加密技术可保护农业数据隐私，防止数据泄露或被篡

[①] Nakamoto S. Bitcoin: A peer-to-peer electronic cash system [Z]. 2008.

改；(5) 区块链支持农业产业链上下游主体间的协同合作，农户可通过区块链平台将农产品转化为数字资产进行交易。

2. 数字媒体技术

数字媒体（digital media）是借助数字化技术（如计算机、网络和传感器等）对信息（文字、图像、音频、视频等）进行采集、存储、处理、传播与交互的媒介形式。在中国，数字媒体技术正深刻改变着农业领域的生产、管理与服务模式，推动农业向智能化、精准化和高效化转型。数字媒体技术在农业领域具有以下特征：（1）数字媒体技术通过物联网、人工智能等技术手段，实现农业生产全流程的智能化管理，提高资源利用效率；（2）借助卫星遥感、无人机航拍等技术，数字媒体技术可生成高精度的农田数字地图，实现作物长势、土壤肥力等信息的精准监测、辅助农业决策；（3）数字媒体技术打破了农业信息孤岛，通过云计算实现农业数据的实时共享与协同；（4）社交媒体、直播电商等数字媒体平台为农业生产者与消费者搭建了直接沟通的桥梁、拓展销售渠道。

3. 大数据技术

大数据（big data）指在体量（volume）、速率（velocity）、多样性（variety）及真实性（veracity）等维度均超出传统数据处理工具承载能力的特殊数据集。其所涉及的资料量规模巨大到无法通过主流软件工具在合理时间内达到撷取、管理、处理，并整理成为对企业经营决策有积极助力的资讯。大数据技术则是针对此类数据的关键处理技术，在农业领域运用广泛。一方面，中国农业大数据涵盖农业环境与资源、农业生产、农业市场和农业管理等多个领域，丰富的数据资源为农业品牌的高质量发展提供了基础；另一方面，基于物联网等技术的广泛应用，可采集的数据类型和数据量呈现指数级增长趋势，这些多样化的数据类型和海量的数据为全面深入分析农业问题提供了丰富的素材。

5.1.2 新技术在农业领域的应用

各类新技术在农业领域的推广和应用，对提升区域公用品牌的高质量发展起到了至关重要的作用。这些技术在农业领域的应用场景相当丰富，新技术的融合运用不仅拓宽了农业生产的可能性，还为农业的现代化进程注入了新的活力，为中国各区域公用品牌的高质量发展提供了坚实的技术支撑。

1. 区块链技术的具体应用

区块链技术在农产品溯源与质量监管、农业供应链金融与农业保险、农业物联网与智能设备管理等方面都提供了有力支撑。首先，通过区块链不可篡改的数据记录和智能合约功能，消费者可以通过手中的一部手机轻松扫码就能直接溯源产品的原产地与真伪性。简单便捷的操作对假冒伪劣产品予以了直接打击，充分保障了产品溯源与质量监管，增强了消费者对产品品牌的信任度。不仅如此，区块链技术在涉及金融内容上，更是有效解决了传统农业金融中的抵押物估值难、贷款风险高等问题，降低了金融机构的风险，同时提高了农业金融服务的效率，例如农业银行"农银e管家"平台通过区块链技术整合农户交易数据，形成农户个人可信信用记录，解决农户融资难问题。

2. 数字媒体技术的具体应用

数字媒体通过智能化、精准化和信息化的手段，为区域品牌打造与传播提供了全新的可能。首先，数字媒体技术通过精准化农产品数字地图与可视化数据分析，借助短视频、微信公众号等社交媒体以及直播电商等平台开展线上互动活动。通过数字媒体平台打造农产品品牌，讲述农产品故事，提升产品附加值，直接将产品故事、品牌理念和产品优势传达给消费者，增强品牌的认知度和美誉度。其次，相较于传统媒体，数字媒体打破了时空限制，传播速度更为直观和迅速，有效提高了信息的可达性与时效性，利用精准营销确保品牌信息能够有效覆盖目标消费者，从而提升区域公用品牌的品牌影响力和市场竞争力。再次，数字媒体技术还具有互动性和参与性的特点，通过数字媒体平台增强消费者与品牌之间的连接，提升消费者的品牌忠诚度和参与度，例如通过直播的方式实时介绍产品，开启与消费者之间的零距离对话的桥梁；通过社交媒体平台，品牌可以发起线上互动活动，邀请消费者参与品牌故事的创作和分享，数字媒体技术赋能到产品，从而加深消费者对品牌的认知和情感连接。最后，数字媒体技术还能够促进农产品区域公用品牌的国际化传播，借助全球化的数字媒体平台，品牌可以跨越地域限制，将优质的农产品推广到国际市场，通过多语言版本的官方网站、社交媒体账号和电商平台，品牌可以与海外消费者建立直接联系，提升国际知名度和竞争力。在当下信息高度发达的数字化时代，品牌传播的方式已经发生了翻天覆地的变化，数字媒体技术的兴起，为农产品的品牌推广提供了全新的途径和平台，为农产品区域公用品牌实现更高质量的发展注入强大推力。

3. 大数据技术的具体应用

通过海量数据的收集和分析，大数据技术为农业品牌的精准营销和个性化服务提供了有力支持。首先，大数据技术可以通过对农业生产数据的分析，优化农业生产流程，提高农产品的质量和产量。其次，大数据技术的运用有助于提升品牌的竞争力和市场占有率。例如，一些农产品区域公用品牌利用大数据技术开展消费者画像和精准营销。通过消费者行为分析，品牌可以了解消费者的购买偏好和需求变化，从而调整产品策略和营销策略。最后，大数据技术提供了强大的数据存储和管理能力，能够处理 PB 级甚至 EB 级的数据量。

综上所述，各类新技术在农业领域的运用为区域公用品牌的高质量发展提供了有力支持。未来，随着技术的不断进步和应用场景的不断拓展，新技术将在农业领域发挥更加重要的作用，推动农业品牌的持续升级和发展。

5.2 数字技术赋能区域公用品牌高质量发展的作用机制

5.2.1 数字技术赋能区域公用品牌高质量发展的整体逻辑

如图 5-1 所示，区域公用品牌高质量发展的物理系统要素（如种植者、种植环境、种植系统、种植设备、运输系统、销售系统和运维系统等）可以借助数据采集设施（如温度/湿度传感器、计量仪表、摄像头、光感器和太阳能传感设备等），数据经由网络传输设施（如 TCP/IP 协议、加密传输机制、共识机制、智能合约和去中心化机制等）映射至网络空间中。在网络空间中，通过调用网络空间中的数据存储设施（例如数据库和数据中心），经过诸如超算中心的计算，实现对区域公用品牌高质量发展的全过程管理。

在这个过程中，诸如物联网、人工智能模型与算法、大数据处理及分析以及区块链技术是数字经济发挥赋能效应的主要技术形态。它们主要作用于需求预测（例如，根据季节、供给量和消费者心理等常规因素预测某产品在某时间区间的需求量）、科学种植（如智慧喷灌、自动化大棚、智能驱虫和精准气象预测等）、运营优化以及物流运输（如最优运输路线规划、产品最优化定价等）等环节，通过价值攀升和智慧治理等机制，创新地推出诸如定制化或个性化种植、全生命周期种植管理、信息溯源服务、标准化生产及质量管理、精准需求预测和供给管理以及智能运维管理等新商业模式或管理模式。接下来两节分别阐述大数据技术和区块链技术赋能区域公用品牌高质量发展的具体机制路径。

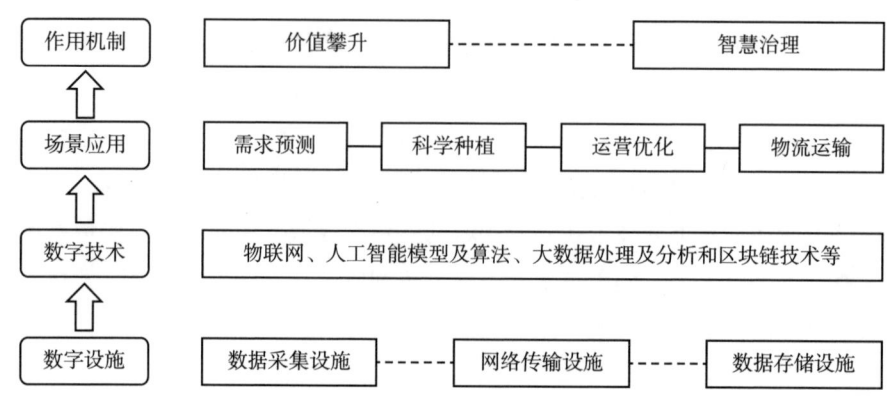

图5-1 数字技术赋能区域公用品牌高质量发展的作用机制

5.2.2 大数据赋能区域公用品牌高质量发展的作用机制

大数据技术通过管理多源的数据信息（例如生长环境信息、销售数据、消费数据），形成全生命周期质量感知体系、实时需求监测网络以及数字化种植空间三重维度体系以助力区域农产品品牌高质量发展（见图5-2）。

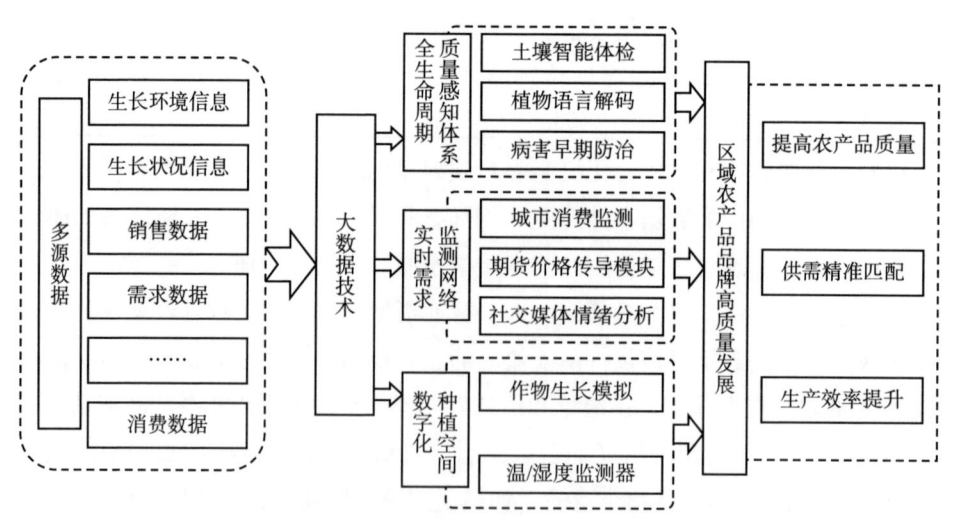

图5-2 大数据技术赋能区域公用品牌高质量发展的作用机制

1. 全生命周期质量感知体系

全生命周期质量感知体系以土壤智能体检、植物语言解码、病害早期防治为三大核心模块，通过数据驱动实现农产品质量管理的转型升级。

（1）土壤智能体检。土壤智能体检指的是利用现代科技手段对土壤进行全面、高效的检测和评估，以了解其健康状况和养分含量，构建土壤健康状态的动态监测网络。基于大数据技术，利用物联网传感器与地理信息系统，能够实时采集土壤环境参数，从而建立土壤健康指数（soil health index，SHI）评估模型，量化土壤质量等级。通过机器学习算法来挖掘土壤质量演变规律，预测土壤退化风险，为精准施肥、轮作休耕等决策提供科学依据，从源头保障农产品生长环境的稳定性与可持续性。

（2）植物语言解码。植物语言解码主要是聚焦于植物生理信号的高通量监测与解析。通过光谱成像、声学传感等技术，捕获植物生长过程中的光合效率、水分胁迫、营养状态等生理信号。借助大数据深度学习算法，构建植物生长的数字化模型，模拟不同环境条件下的生长轨迹与产量及品质形成机制，通过实时对比实际生长数据与模拟预测结果，识别潜在的生长障碍，以此来优化品种栽培策略，实现生长过程的动态调控与精准管理。

（3）病害早期防治。病害早期防治是基于多模态数据融合的病虫害监测预警系统。通过田间物联网设备、无人机巡检与图像识别技术，搭建起病虫害实时监测网络。然后，利用时间序列分析与机器学习算法，建立病虫害发生发展的预测模型，例如：结合作物生长阶段数据和环境因子（如温度、湿度、降水量等），以评估病虫害风险。通过预警信息与防治方案的智能推送，实现病虫害的提前干预与精准防控。

2. 实时需求监测网络

实时需求监测网络以城市消费监测、期货价格传导模块、社交媒体情绪分析为三大支柱，通过动态数据反馈以优化区域农产品品牌高质量管理方案。

（1）城市消费监测。城市消费监测指的是通过综合分析多源消费数据的时空耦合关系，构建动态感知产品需求的网络系统。例如，收集零售终端的POS系统数据、电商平台的交易数据以及物流方供应链等信息，运用大数据分析技术来深入揭示消费需求的波动（包括不同季节的变化规律、不同活动的响应效果、不同地域之间的差异性、不同品类之间的替代效应等）。上述功能能够更加系统地了解消费群体的需求内容，从而为农产品质量的发展提供了决策支持工具。

（2）期货价格传导。期货价格传导模块是基于期货市场与现货市场的联动效应分析，构建价格信号的传导机制模型。这个模型一方面可以帮助农业生产者根据市场动态调整生产计划从而避免市场供需失衡，另一方面能够通过数据模型提供的价格信号来指导农业生产者更好地进行产品质量升级。由此可见，期货价格传导能够充分引导资源优化配置，促进整个农业产业链健康发展。

（3）社交媒体情绪分析。社交媒体情绪分析模块利用自然语言处理与机器学习算法，构建消费者情感的实时监测网络。通过爬取社交媒体平台如微博、抖音等相关产品评论，提取文本内容中的情感倾向、话题热度等，进而分析消费者对于产品质量的感知评价维度，构建情绪驱动的需求预测模型，为农产品质量危机预警、品牌声誉管理及市场响应策略提供情感智能支持。

3. 数字化种植空间

数字化种植空间以作物生长模拟与温湿度监测为技术主轴，通过数据孪生驱动实现种植环境的智能调控与质量提升。与全生命周期质量感知体系不同，数字化种植空间旨在通过改善农产品生长环境和提高农产品产出效率以提高产品的质量。

（1）作物生长模拟：构建数字孪生生长引擎。作物生长模拟模块通过机理模型与数据驱动的混合建模，构建作物生长的数字孪生系统。例如，结合农产品的生态学理论与历史田间实验数据来建立种植生长模型。然后，动态模拟光合作用、作物生长等过程，利用机器学习算法对模型参数进行实时校准，引入气象预报、土壤水分、养分供应等多源数据作为边界条件，实现生长轨迹的精准预测。在数字化模拟中量化关键环境因子对产量与品质形成的影响，为种植决策优化提供机理支持。

（2）温度/湿度监测：打造环境感知的神经末梢。温度/湿度监测模块基于物联网传感器网络与大数据分析，构建微气候环境的实时感知系统。具体地，在种植空间内高密度部署温度/湿度传感器，再结合无线传输技术实现数据采集的时空连续性，进而运用时序模式识别算法，提取环境参数的动态特征，建立起温度/湿度环境变化与作物生长的关联模型。通过阈值预警与调控机制，实现温度/湿度条件的精准控制，为作物生长模拟提供实时环境保障。

5.2.3 区块链赋能区域公用品牌高质量发展的作用机制

区块链技术在农产品品牌发展中的运用主要是指通过多元主体之间搭建区块链系统,通过广播机制、智能合约与共识机制、分布式存储等来优化区域品牌的高质量发展(见图5-3)。

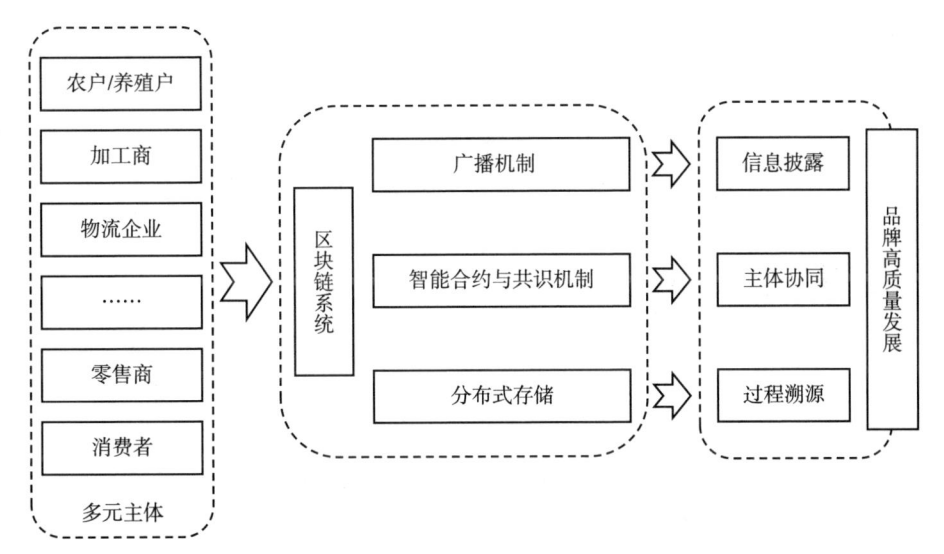

图5-3 区块链技术赋能区域公用品牌高质量发展的作用机制

1. 广播机制

区块链的广播机制通过去中心化网络实现信息的实时同步与全域覆盖,为农产品质量监管提供信息透明性基础设施。首先,全链条数据即时共享可以将全程生产、加工、物流各环节数据进行实时广播至所有授权节点,从而打破传统供应链中的信息孤岛;其次,消费者与监管者只需通过扫描二维码即可获取包含地理戳、时间戳的完整溯源信息链,形成从生产到消费的透明化监管体系;最后,区块链技术公开了买卖双方的交易记录,建立违约者信誉惩戒机制,将传统基于人际关系的信任转化为算法信任,显著降低交易成本。

2. 智能合约与共识机制

智能合约与共识机制的结合,创造了代码化质量规则执行系统。在以往的产品生产中,对于产品的生产质量标准和认证是基于人工把控的。然而,在区块链技术加持下，产品生产合约得以自动化实施。企业可以将具体参数预设直接写入区块链智能合约，当物联网传感器监测到异常数据时，自动触发预警或交易冻结，形成"预防性质量控制"。而多方共识的质量认证指的是来自生产商、检测机构、物流方等多方对质量数据达成分布式共识，这样的合作机制充分提升了商品质量认证效率。每个质量事件经数字签名后形成不可篡改的哈希链，一旦出现产品质量问题时，可通过共识算法快速定位责任主体，实现"精准质量追责"。

3. 分布式存储

分布式账本技术通过数据冗余与密码学保护，建立质量数据的时空保全机制。具体地，区块链系统可以永久地存储所有产品的质量相关数据。除此之外，上述数据被多个节点进行冗余备份，这意味着，即使部分节点失效，仍可通过剩余节点恢复完整数据，确保质量记录的持久可用性。区块链技术将各环节部门加入高度信任的协作模式中，农户、企业、监管机构作为对等节点共同维护账本，消除中心化数据库的单点故障风险，建立起了"产品自组织质量治理网络"。

综上所述，区块链技术的三重机制（广播机制确保数据实时流动，智能合约实现质量规则自动执行，分布式存储保障数据的持久可用性）形成对产品质量监管的闭环结构。如图5-3所示，区块链技术将品牌产品的质量监管从"事后追责"转向"过程监测"，从"中心化认证"过渡到"分布式共识"，为生产端到制造端、物流端再到消费端提供了一体化的信任监管体系，为实现区域公用品牌高质量发展提供了强大的技术支撑。

5.3 大数据赋能区域公用品牌价值攀升
——以攀枝花芒果为例

5.3.1 攀枝花芒果的品牌特性及发展困境

四川省攀枝花市的芒果是全国农产品地理标志产品之一。攀枝花芒果能够在全国芒果品类中脱颖而出，离不开攀枝花特有的地理优势。攀枝花市地处北纬26°，地理位置为高海拔、低纬度、高原型内陆山地"岛状"南亚热带干热河谷立体气候类型，足够高的海拔与山地为主的地势有利于芒果吸收光热，同时这样的环境下通风透光的条件便于芒果传粉坐果。这里光照强、热量足且相对干旱的环境条件，使生长出来的芒果果型饱满、果肉香甜。

但随着全球化进程中各地芒果产业的快速发展，攀枝花市也逐渐面临着新的问题。首先，本土的芒果企业规模较小，仍存在大量散户果农进行种植和加工芒果，这就导致当地的生产力无法跟上，进而导致产供销一体化程度的落后。其次，考虑到生产能力的欠缺，生产出来的芒果品质难以得到标准化保障，产品质量参差不齐。再次，由于缺乏统一的生产标准和水平认证，品牌影响力无法打响。最后，其生产过程存在着一定的资源浪费问题。种植技术的相对落后，影响了芒果产业的可持续性发展。在市场销售方面，攀枝花芒果也出现了信息不对称、流程烦琐、数据更新不及时的困境。

5.3.2 大数据赋能攀枝花芒果品牌高质量发展的具体路径

农业大数据的广泛应用有助于提高农业生产效率，还能够减少资源浪费、优化农产品供应链，并推动可持续农业发展。下文详细阐述了攀枝花芒果如何利用大数据技术以应对上述困境。

1. 大数据实现精准培育，水肥药一体化

芒果在生长过程中对于水分需求较高，且生长发育期对水分的要求各不相同。芒果在整个生长过程中，对水分的需求分为几个阶段：在前期生长阶段，土地应保持70%的湿润度；进入开花结果期，土地的湿润度应达到80%~90%；到了果实结果的尾期，土地的湿润度则应调整到50%左右。因此，合理管理水源是确保攀枝花芒果树健康生长的关键。① 智慧滴灌，其原理是基于压力传感器将水通过滴灌管道系统输送到毛管，然后，再通过安装在毛管上的滴头、孔口或滴灌带等灌水器，以水滴的方式均匀且缓慢地滴入土壤。这样做既能够保证土壤的普遍湿润度，也能做到合理用水。另外，水肥药一体化也是重要的手段，滴灌系统在灌水的过程中也能够做到同步施肥，将肥料均匀地带到作物根部，实现水肥一体化管理，使得水分和养分分布高度均匀，提高了根系的吸收效率。相比较于传统施肥和灌溉分开进行，水肥一体化的管理大大提高了攀枝花芒果的生产效率。

---

① 芒果产业联盟. 芒果对水的需求是多少？芒果控水原因[EB/OL]. 搜狐网, https://www.sohu.com/a/384954159_279693.

2. 大数据助推品种研发，培育优质果种

攀枝花芒果是全国芒果成熟最晚的主产区之一，相比于国内其他芒果主产区，攀枝花芒果上市时间集中在每年 8~11 月，这也成为攀枝花芒果在全国竞品中的独特优势。因此，攀枝花的芒果品种成为农业的核心"芯片"。在大数据的支撑下，攀枝花芒果开始精心培育优良品种，与省内外的科研单位以及当地农业公司积极开展新品种研发，这是实现攀枝花芒果品牌发展的一次巨大跨越。

攀枝花芒果主动向科研院所、高校、龙头企业、种植大户、专业合作社等共享种质资源，努力开展合作交流，开始加强热带、亚热带特色水果新品种引进和选育。同时成立芒果良种繁育中心与芒果种质资源圃，通过大数据与全国农业市场进行沟通，收集各类芒果种质资源，开展芒果的杂交育种研究，获得杂交株系 2200 份，目前芒果杂交后代群体保存量居全国第一，储备芒果新品种 25 个。[①] 芒果种子的培育已成为攀枝花市农林科学研究院和市县乡三级农技服务机构的重点技术，对全国的芒果培育具有重要的指导作用，推动并构建了芒果科研、推广、生产"三位一体"的科技服务格局。目前，攀枝花芒果有红贵妃、椰香、金白花、攀育、金煌、热农、台农、香玉、锐华、吉禄、凯特、爱文等早、中、晚熟各类品种，其中"凯特芒"作为攀枝花芒果中的知名优势品种，也因单果个头大而被称为"芒果界的巨无霸"。

攀枝花芒果的芒果品种培育逐步成为成熟的品牌，具有强大的市场竞争力。为了给全区芒果的稳增稳产来保驾护航，攀枝花市重点打造凯特、贵妃、椰香等芒果品牌，这些琳琅满目又果香四溢的芒果品种迅速成为攀枝花的特色名片，大数据的实时快速互通能力推动着攀枝花地标品牌产业的发展。

3. 大数据搭建线上渠道，优化销售策略

随着互联网时代的发展，攀枝花芒果突破了传统的线下物流销售渠道，"线下+线上"的芒果订单源源不断，诸多网友通过大数据慕名购买攀枝花芒果，以期品尝到阳光加持的新鲜国产香甜芒果。电商直播的加入让攀枝花芒果

---

① 阳光下的甜蜜，攀枝花小芒果大产 [EB/OL]. 人民网－四川频道，http://sc.people.com.cn/BIG5/n2/2023/1218/c379469-40682117.html.

市场焕发了新的生机，在攀枝花仁和区的芒果电商仓库里，可以看到带货主播正在通过直播与网友交流互动，展示个大味甜的优质芒果，只要网络另一端的用户下单生产订单，仓库直接出库将芒果包装并安排发往全国各地。手机成了"新农具"，直播带货成为了"新农活"。为了帮助当地村民对直播技能与操作技术的进步，攀枝花仁和区会轮流进行电商培训，通过培训老师的讲解、大量开展短视频拍摄与农村电商发展等课程，让果农能够更快掌握销售技巧、掌握互联网时代的电商技能。有了销售市场，许多直播带货公司开始与农户及经销商进行一体化合作，依托攀枝花芒果品牌的知名度，扎根果园，形成采摘、筛选分装、直播销售、订单发货一体化的产销体系，直播电商的发展让线上销售占比不断攀升。例如，2023年7月开始，为做大攀枝花芒果的品牌影响力，服务好乡村振兴战略，中国邮政集团有限公司四川省分公司的省级电商直播项目组（"中国邮政四川严选"）走进攀枝花，开展"芒芒人海 邮我助力"直播活动，实地走访大龙潭邮政集团级芒果基地，在大龙潭新街村以及金沙智慧物流园区架设直播场地，进行攀枝花芒果的助农惠农电商销售[1]。

4. 大数据升级云端平台，"陌农帮"成立

来自攀枝花的"陌农帮"芒果全产业链大数据平台，已经成为攀西农业"最强大脑"。"陌农帮"是由攀枝花市国投集团下属易链农业公司，携手全国智慧农业的领军企业广西慧云科技公司，搭建的芒果全产业链大数据平台。在"陌农帮"内，可以查看到滚动的农产品交易大数据、特色农产品集中展销等线上线下元素。"陌农帮"芒果全产业链大数据平台是以攀枝花芒果产业为切入点，综合运用物联网、区块链、人工智能、大数据、云计算等信息技术，探索农业数字化转型升级的优质平台。"陌农帮"以实现"种好果，卖好价"为目标，按照"一中心、三平台、四体系"进行架构设计："一中心"即大数据中心，"三平台"即生产服务平台、金融服务平台、交易服务平台，"四体系"即行政管理体系、流通服务体系、供销服务体系、交易服务体系。有了如此强大云平台的科技支撑，攀枝花芒果产业愈发完善，打通了从芒果种植、产品包装、果品仓储、物流发货、销售出库的一系列全流程，实现供应销售链条数字化。

---

[1] 四川邮政开展"芒芒人海 邮我助力"直播活动 助力攀枝花乡村振兴 [EB/OL]. 攀枝花市农业农村局, http://nyncj.panzhihua.gov.cn/ztzl/hnzc/4500468.shtml.

"陌农帮"平台还通过签约农户以及合作的农资商，进行更为系统化、全面化的服务，实现芒果果园生产流程数据化、可视化与精细化管理。例如：由芒果行业专家组成的技术团队还可以为签约者提供全周期、标准化生产种植指导，全程跟踪解决生产问题。随后，平台发布了一系列的"陌农帮农业技术课"，以供果农们自主学习。通过线上、线下方式，"陌农帮"已进行农技服务培训上万余人次。同时，"陌农帮"平台也是贯彻落实乡村振兴战略、建设现代乡村产业体系的绿色农业平台。将攀枝花的各类芒果种植生产信息进行集合汇聚，编制成芒果产地信息一张图，这大大减缓了传统果品收购过程中的信息不对称问题，不仅能引导服务需求端准确掌握产地产品信息，还为各供应商、批发商、小微商家等提供便捷的交易服务。

5. 大数据延展加工产业，果品经济提升

在过去，由于对芒果的开发程度不够，芒果的深加工产业发展缓慢。而随着大数据的加入，芒果的加工市场不断被拓展，消费者对芒果系列产品的选择促使攀枝花芒果加工业迅速发展。如今，在收购了果农的新鲜芒果后，加工厂会统一拉到果场进行分选、打包、入库，有了大数据冷链技术的加持，芒果装箱结束后能直接入库冷冻以此保证芒果的香甜口感。攀枝花部分外贸果品公司已签订多个芒果品种的出口订单，一些优质品种的芒果正凭借独特的香甜口感，赢得全球消费者的青睐。

攀枝花芒果产业除原始果实销售外，还依托当地农产品开发公司推进初加工模式，将芒果深加工为果干、果酱、果汁等系列产品，借助冷链物流与跨境贸易渠道推向全球市场，显著提升产业附加值与经济效益。攀枝花市坚持招大引强、招强引优，全链条协作发展，开发新产品，开启了芒果产业多业态发展之路。果品加工公司将收购来的新鲜芒果进行清洗、切装，通过低温干燥等一系列工艺，将攀枝花芒果加工成广受欢迎的松软可口芒果干。同时攀枝花市还支持企业引进先进农产品生产加工设备，将芒果加工成口感独特的冻干芒果、芒果速冻果丁和果脯等产品。大数据的精准性帮助攀枝花芒果加工业的拓展，提供了芒果农业市场的有效数据，包括针对芒果的加工食品市场供求信息、价格行情及利润、国际流通市场信息等。

有了大数据的配套服务，攀枝花芒果才能实现一站式保鲜仓储与个性化深加工，推动了本土农产品由初加工向精深加工转变，提升了农产品附加值。从果农的一棵芒果树，发展到成为攀枝花经济支撑的产业，从种植到加工、从冷

链物流再到全球销售，大数据助推着攀枝花芒果立体产业链不断延展。

5.3.3　大数据赋能攀枝花芒果品牌高质量发展的具体成效

大数据赋能攀枝花芒果的现代化种植与产业科学发展，攀枝花芒果的品牌知名度在海内外不断提升，充分发挥出攀枝花芒果的品牌竞争力。在大数据技术环境下，攀枝花芒果产业已成为当地果农增收的主要手段与农业支柱产业，从果品培育、栽种生长、施肥除虫，到生产销售、产品加工、农业培训的产业链良性循环逐步形成，实现了从"一棵树"到"全产业链"的升级，未来还将不断延链、补链、强链。攀枝花芒果树结满"金芒果"，成功将一枚枚果实转化成本土优质区域品牌。

按照攀枝花市《"攀果"品牌打造"九个一"行动方案》规划，预计到2025年，攀枝花的本土"攀果"品牌化将进一步取得明显成效，包括重点培育数家全产业链核心龙头企业、冷链物流龙头企业、精深加工龙头企业，建成高水平芒果良种繁育中心，将"攀果"特色农产品品牌打造成为中国100个最具影响力的农业品牌前50名，品牌价值达到200亿元。[1] 攀枝花芒果在大数据技术的赋能下，获得了诸多荣誉和品牌成果，自身产业链也逐渐成形，为攀枝花芒果的发展插上了腾飞的翅膀。2023年，攀枝花建立芒果出口示范基地19个，培育芒果出口备案企业20家。芒果顺利出口到新加坡、加拿大、韩国、俄罗斯等10余个国家，出口总量破万吨。攀枝花市通过"一只'领头雁'+一支研发队伍+一套标准体系+一个大型园区"模式，在芒果产地仁和区，以科技为依托，为芒果产业注入源源不断的活力，为每一棵芒果树"赋能"，让芒果种植更加信息化、智能化，让芒果销售更为透明化、高效化。全市目前已建成万吨冷链物流中心、10万吨芒果分选系统和20万吨芒果交易中心，形成了个体零售与批发市场、线下商超与电子商务共同发展的多元化市场。2023年攀枝花市芒果销售总收入约为37亿元，相关产销从业人员达13万人，果农人均的直接收入达到约2.8万元，极大地促进了就业，保障农村居民稳定增收。[2]

---

[1] 秦耕，周建军. 阳光下的甜蜜，攀枝花小芒果大产业［EB/OL］. 搜狐网，https：//www.sohu.com/a/744961523_120578424.

[2] 黄中，冷丁."金芒果"开出"共富花"——攀枝花发展芒果产业助力共同富裕侧记［N］. 中国信息报，2024－02－29.

5.4　区块链赋能区域公用品牌治理完善
——以盐池滩羊为例

5.4.1　盐池滩羊的品牌特性及发展困境

盐池滩羊是我国宁夏回族自治区盐池县的特产，同时也是中国地理标志产品之一。盐池县以其独特的天然地理环境，培养了滩羊独特的优良品质，被誉为"中国滩羊之乡"。盐池地处宁夏回族自治区东部，域内不仅草场资源、畜牧业资源富集，而且气候干燥、日照充足、饲草丰富。盐池滩羊具有很明显的窄生态适应性，其最适宜区域恰好是以盐池为代表的具有特殊光、热、水条件的干旱半干旱及荒漠化草原区。因此盐池天然的地理环境不仅为滩羊产业发展提供了良好的资源条件，也造就了滩羊肉质细嫩、膻腥近乎于零、脂肪分布均匀、胆固醇含量低、矿物质元素丰富、鲜味物质含量较高的独特品质。尽管盐池滩羊品质高、味道好、受欢迎，传统供应链下滩羊产业的发展仍面临着重重挑战。

盐池滩羊的品牌乱象问题严重，品牌价值优势未得到充分利用。2005年，盐池县申请了"盐池滩羊"的农产品地理标志与地理标志保护产品，盐池滩羊的品牌地位得到了进一步的认可和肯定，但随之而来的是价格的一路飙升和食用量的激增。然而，部分不良商贩趁此机会"搭便车"，销售假冒伪劣的"盐池滩羊"，将其他地区的普通羊肉以次充好进行售卖。盐池县的当地生产商也急功近利，盲目追求贩卖数量获取利润，不按盐池滩羊的生产标准进行生产，导致盐池滩羊品牌失去了自身品牌优势。

传统的盐池滩羊养殖存在生产分散、饲养低效的弊端。滩羊作为盐池的传统牧业产品，一直以来当地农户以类似于"自产自销"的小农经济生产模式进行生产。小规模的生产方式、小利润的价值空间让滩羊一度难以突破产业化发展的瓶颈，使其成为参与市场竞争的薄弱环节和难以跨越品牌效益的基本障碍。养殖户们为了更大的利益化，开始选择喂养人工精饲料以缩短饲养周期，以降低生产成本、提高生产产量，最终导致盐池滩羊陷入肉质口感下降、品牌口碑下滑、市场价格走低的恶性循环。

5.4.2　区块链赋能盐池滩羊品牌高质量发展的具体路径

伴随着数字化的发展，区块链（Blockchain）技术日益成熟，成为现代经济发展中不可或缺的一环。区块链是一种块链式存储、不可篡改、安全可信的去中心化分布式账本，通过不断增长的数据块链（Blocks）记录交易和信息，确保数据的安全和透明性。智能合约技术的提升，使得区块链逐步在金融、供应链、医疗等各项领域开始广泛应用。全球化进程的不断发展，盐池滩羊也走向国际市场，其供应链也日益复杂，传统的供应链监管方式难以实现盐池滩羊品牌最大化，弊端逐渐凸显。

一是数据不透明带来的巨大弊端。在传统的生产过程中，数据的记录和处理完全依靠中心化的人员机构，而整条供应链的参与者较多，从生产到养殖再到销售乃至出口，缺乏系统的管理和清晰流畅的数据流程。尤其是当国际贸易中涉及跨境规定、海关监管等问题时，传统的供应链数据记录方式显得落后。二是记录方式差异导致的信息不完整。传统供应链上每一环的参与者都有着自己的标准，导致记录的信息出现缺失或不精准的情况，难以对滩羊进行有效溯源。三是对产品质量的风险问题难以评估。缺乏有效且通用的数据管理和信息共享机制，导致如何牢牢把控优质滩羊产品质量、确保滩羊出品安全可靠成了关键难题，面对产品品质保障和销售渠道畅通的风险也无法及时防范。四是各个环节高效协同难度大。供应链的每个环节都必须协同完成才能使得滩羊的品牌效益最大化，但这涉及不同的参与方，各个环节的利益关系也有差异，因此急需一个有效的合作机制与协同平台。

区块链技术的加入恰好弥合了盐池滩羊品牌发展与市场需求之间的距离空位，基于区块链技术的品牌溯源体系与传统方式的最大区别在于数据的不可篡改性和去中心化，利用区块链技术建立起盐池滩羊的品牌溯源管理体系，从生产、加工、到销售的一系列全流程溯源体系，整个过程透明化、快捷化、简易化。实现溯源体系的步骤见表5-1。

表5-1　　　　　　　　　盐池滩羊品牌溯源体系

步骤		具体内容
1	数据收集记录	将每只盐池滩羊的生长环境、喂养饲料、疫苗接种等信息进行记录，维护相关的证明资料文件

续表

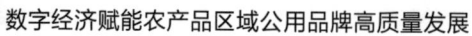

步骤		具体内容
2	建立相关节点	建立一个基于区块链技术的网络与节点，以确保数据的可靠性和完整性
3	创建智能合约	使用区块链的智能合约来规定盐池滩羊品牌溯源信息的具体内容
4	添加相关数据	将所收集的相关数据添加到区块链网络上，以保证数据的真实性和可追溯性
5	验证数据机制	基于区块链公开透明的网络信息，需要通过验证机制来确保数据的完整性和真实性
6	产品溯源查询	消费者可以通过扫描二维码或其他方式，查询购买产品的真实信息，进而溯源品牌质量
7	反馈产品质量	消费者可以对滩羊质量进行评价和反馈，从而让生产方能够复盘并改进产品
8	数据维护管理	在整个过程中持续对数据进行及时维护，以确保产品数据的更新和安全

现在，关于盐池滩羊的数据记录和处理是通过区块链去中心化的网络完成的，不会受到人为的干扰和篡改，任何数据要进行修改，则必须经过各个环节多方的验证才能被确认，这保证了盐池滩羊的数据真实性。从滩羊的出生起，"盐池滩羊"的生产溯源就开始了产品的品质保障。区块链技术构建起正宗盐池滩羊的溯源体系和 DNA 数据库，每只滩羊都拥有科学可信的 DNA "身份证"。滩羊精确的出生时间与地点、血缘的脉络关系、接种疫苗明细等都能被溯源，通过一系列精心的养殖管理措施，确保了滩羊品种的优良品质。整个饲养过程中保证"绿色育肥"、科学养殖，不投喂化工催肥添加剂，而是投喂搭配有甘草、黄芪等中草药的绿色饲草。此外，滩羊每日需要在生态牧场跑道区边听音乐边"健身"，每只滩羊的日均运动量都达到 5 公里以上，以确保滩羊的体型健康、肉质紧实。建立滩羊不同成长时期的管理标准，将滩羊按成长周期进行分阶段合理饲养，保证每只滩羊能够在科学的管理方式中健康且足月地养殖。在生产加工环节中，厂商采用先进的智能自动化吊宰线，集屠宰、加工、库存等功能于一体，做到当日屠宰、即时加工、低温排酸、全程监控，保持滩羊肉的出品稳定与鲜美口感。同时与溯源数据库实现数据实时传输，从源头到生产加工再到销售出库整个生产链能够依次追溯，确保生产各环节的持续性绿色安全。

盐池滩羊在过去几十年中存在着市场鱼龙混杂、产品假冒伪劣的问题，导致盐池滩羊品牌信誉受损，为在流通环节中确保消费者手中的滩羊品质，滩羊出品配备了二维码供扫码溯源查询，正宗的盐池滩羊产品三标齐全，让消费者能够溯源滩羊的产品来源、所属生产商与供货商。不仅如此，结合滩羊数据库（如"滩羊智慧云平台"）经销商也可以查询到羊只所属的农户来源，这样各级商家都可以充分了解到各级销售环节的信息，实现数据的透明化。

作为宁夏特色优质产品，盐池滩羊只有优质优价地销售，才能够更好地带动盐池县的经济提升。因此，解决滩羊养殖过程中的质量溯源问题乃重中之重，这也是促进盐池食品行业健康有序发展的重要举措。区块链技术的出现，对滩羊的地方品牌起到了重要的保护作用，推进了盐池县自身优势特色产业的发展。区块链技术搭建起的多级共享互联互通可溯源网络，保证了滩羊全程信息无法被篡改，能够做到去伪存真、信息透明、科学饲养，实现盐池滩羊品牌的口碑保障与可信溯源。通过改变传统的滩羊产业链、加工链、供应链、价值链，成功地解决了以往规范化不够导致产品口碑受损等问题，同时也避免了因作业流程无标准量化、养殖过程不透明化等造成的终端产品品质认证混乱缺失现象。不仅如此，在面临产品出现质量问题时，基于区块链与物联网的可追溯体系，能够实现盐池滩羊从养殖到销售一系列环节的数字化分布式存储、智能化的管控与技术革新，提高了滩羊产品的防伪追溯能力和品质把控能力。一旦产品质量出现安全问题，通过溯源便可迅速锁定并找出问题环节，及时停止交易，同时召回问题产品并及时排查问题，快速处理后给予消费者合理的处理结果，增强消费者的信心与信任。

在区块链赋能下，"盐池滩羊"在市场竞争激烈且行情复杂的滩羊市场中取得了稳健优势。利用区块链技术进行智慧管理，确保了盐池滩羊产品的品牌安全，维护了"盐池滩羊"自身品牌的信誉度和竞争力。

5.4.3 区块链赋能盐池滩羊品牌高质量发展的具体成效

盐池滩羊品牌是基于区块链数字化管理与市场化运作的优质协同成果。一方面重塑了溯源管理的影响机制，能够打击假冒伪劣产品，维护"盐池滩羊"品质口碑。供应链管理是一种综合性的管理方式，它可以从全局角度进行滩羊养殖过程的管理，获取从滩羊原产地、合格养殖者、生产日期要素、产品包装加工期限等一系列的信息，形成专属的养殖环节数据，实现对产品信息的追踪和查询。通过种羊鉴定、新生羊羔登记等方式，直接筛选掉了不合格的羊源，大大减少了市面上的假冒伪劣产品，维护了盐池滩羊的品牌口碑。同时这些筛选机制也赋予了协议用户的能动性与选择权，让滩羊的选择趋向同质性。养殖户与经销商可以对协议的参与者进行自主甄别和选择，直接拒绝与自私类型的参与者签订协议，从而更好地把控优质的滩羊羊源，促进滩羊市场的健康发展，提高自身效益。

通过向社会公众提供查询入口与公布生产相关信息，确保了消费者了解滩羊的生产过程，提高消费者的满意度与市场占有率。2022年开始，盐池县检察院开展公益诉讼专项活动，加强保护"盐池滩羊"品牌。重点针对假冒、伪造、盗用"盐池滩羊"特色农产品地理标志、注册商标、原产地二维码，针对非法印制假商标、使用过期商标、转卖统一印制的地方特色农产品标识等损害国家利益、社会公共利益的行为，开展公益诉讼调查。形成保护"盐池滩羊"品牌保护的合力，推动滩羊产业生产、加工、物流、研发、示范、服务等全产业链融合发展。① 例如2023年7月21日，宁夏市场监管厅公布了一起盐池滩羊打假案即宁夏伊芈福肉食品有限公司侵犯注册商标专用权案。2月2日，吴忠市市场监管局对伊芈福肉食品有限公司现场检查发现，库房内存放有"滩羊肉片"外包装卡纸盒数量13 500个，图形商标右下角印有"宁夏盐池滩羊肉"字样。经查，2022年9月27日至12月9日，该公司分3次向银川新百连超销售标识为"盐池滩羊"的羊肉卷。但是，动物检疫合格证明却记录生产用的羊肉产地为甘肃河西走廊，并非宁夏盐池。也就是说，该公司的产品无法通过扫码溯源的检验，是贴牌冒充的"盐池滩羊"。4月21日，吴忠市市场监管局做出没收侵犯"盐池滩羊"注册商标专用权的剩余滩羊肉片产品，并处以罚款4.2万元的行政处罚。②

另一方面，区块链市场化运作的影响机制，显著提高了当地的经济效益，激活了滩羊养殖热情。由滩羊的专营公司基于区块链技术为当地农户提供贷款等服务，即通过与金融机构、保险公司、当地银行等合作，为滩羊养殖户提供专业的低息贷款服务，鼓励农户开展滩羊养殖。当养殖户按照标准化绿色饲养流程要求，将养殖的滩羊卖给溯源公司时，溯源公司则承担该部分的借款利息。这样的形式为农户改变传统养殖理念提供了必要的资金成

---

① 杨超. 盐池检察公益诉讼保护"盐池滩羊"品牌 [N]. 宁夏日报, 2022 - 07 - 15.
② 宁夏曝光一批典型案例 盐池滩羊、昆仑之星、剑南春均遭假冒 [EB/OL]. 宁夏新闻网, https：//view.inews.qq.com/k/20230722A041OU00？no - redirect = 1&web_channel = wap&openApp = false.

本，解决了农户绿色生产转型中资金短缺的问题。在这个过程中，农户实际的养殖能力得到了实在的提升，使农户能够拥有绿色养殖收益带来的成就感。

盐池滩羊品牌实现高质量发展离不开当地政府的大力支持。当地政府通过实践来摸清滩羊的生长优化方式，建立并实施"盐池滩羊"品牌战略，扩展延伸滩羊产业链条，不断夯实滩羊产业发展基础，让滩羊产业成盐池县通过标准化生态养殖，提升了滩羊出栏率及产品品质，也提振了养殖户发展养殖的信心。2015年，盐池县正式挂牌运行盐池滩羊产业发展协会，以此强化滩羊产品的市场竞争力。为保护好本土特色品牌，盐池县自发成立宁夏盐池滩羊产业发展集团，逐步实现盐池滩羊在销售价格、饲养规范、品牌推广、市场开拓、营销战略的统一经营模式。有了区块链技术，在盐池滩羊产业发展集团的屠宰加工厂，滩羊肉被精细分割，每块羊肉都可全程溯源，还可对滩羊进行基因检测。同时，运用物联网技术，冷链物流体系日益完善。目前，盐池滩羊肉已成功进入盒马鲜生、京东等线上线下销售平台，在全国开设销售点226家，进入各大城市153家连锁超市、262家餐饮企业，畅销全国28个省份50多个大中城市（黄荣兴等，2023）。

随着生活水平的提高，中高端羊肉的消费人群在不断扩大。滩羊肉的产业链条也在不断做精做细。滩羊品牌在全球知名度逐步强化，盐池滩羊肉坐着飞机和高铁走向祖国各地，不仅有羊肉精细分割的零售，同时囊括餐饮行业的发力，"从羊圈到餐桌"，盐池县正加速把滩羊产品做成一条产业链，让每一只羊创造更多价值。滩羊的深加工产品受到了市场追捧，滩羊产业链越做越长，出现了"互联网+"的私人定制羊肉销售，按季节和羊肉部位精准配送。此外，盐池滩羊还衍生了一系列滩羊食品，如加热即食滩羊肉手抓饭、滩羊肉礼盒等。盐池县连续14年印发《盐池县滩羊产业发展实施方案》，累计投入资金10亿元，持续推进滩羊良种化、规模化、标准化、产业化、品牌化发展。盐池滩羊（肉）先后入选国家地理标志保护产品、中国农业品牌目录2019年农产品区域公用品牌等。与此同时，盐池滩羊肉先后入选2016年G20杭州峰会、2017年厦门金砖国家领导人会晤、2018年上合组织青岛峰会、2019年夏季达沃斯论坛等重大会议国宴专供食材。2022年盐池滩羊成为北京冬奥会指定食材，2023年再次与杭州亚运会牵手，开始了和国际大型体育活动合作之旅。仅2023年，盐池县的滩羊肉产量达到2.9万吨，生产加工的盐池滩羊肉畅销28个省（自治区、直辖市）、50多个大中城市。[①] 截至2024年，盐池县羊只饲养量324.8万只、存栏130.7万只、出栏194.1万只，羊肉产量2.9万吨，滩羊全产业产值达80.1亿元。[②]

区块链技术的加入显著提高了盐池滩羊的品牌效能，对盐池滩羊的品牌发展起到了很大的助力，通过区块链技术的加持，保证了盐池滩羊品牌的溯源体系，提升了品牌的知名度与信任度。随着盐池滩羊产业的蓬勃发展，滩羊已然成为全县脱贫攻坚的"领头羊"和乡村振兴的"致富羊"。

5.5 本章小结

本章详细探讨了数字技术在推动区域公用农产品品牌高质量发展方面的作用。通过大数据技术分析农产品的生长环境、状态、销售数据及市场需求，实现了产品的精准培育、品种研发及多维度开发。区块链技术则通过分布式存储、智能合约、验证机制及不可篡改性来确保数据传输的高效、可靠与稳定，实现了农产品的全程溯源，政策建议如下。

第一，加强技术整合与协同发展。一方面，搭建综合性数字农业平台，将物联网、大数据和区块链等技术集成到统一的管理系统中，形成高度协同的生态系统。例如，可以通过区块链技术记录物联网设备采集的数据，确保数据的安全性和不可篡改性，同时分析优化农业生产的各个环节。另一方面，需要注意数据标准化与互操作性，即制定统一的数据标准和接口协议，确保不同设备和平台之间的数据能够无缝共享和使用。这将提升跨平台协作的效率，并促进技术的广泛应用。

第二，推动智能化种植。一方面，加快精准农业模型研发，进一步研究和开发基于人工智能的精准农业模型，通过实时分析气象、土壤、作物生长等数据，为农户提供智能化的种植方案建议。这些模型可以不断学习和优化，以应对不同的自然条件和市场需求。另一方面，推广无人机、自动化农机等设备的

---

① 宁夏回族自治区农业农村厅. 宁夏好物：盐池滩羊 请君一尝［EB/OL］. 新华网宁夏频道，http://www.nx.news.cn/20240518/7efc691b371b4d4aace3a83754e71994/c.html.

② 吴舒睿. 宁夏盐池 产业夯实振兴路‖推进乡村全面振兴·产业［N］. 中国县域经济报，2024-07-04.

应用，结合物联网技术，实现播种、施肥、灌溉和病虫害防治等环节的无人化操作，从而提高生产效率，减少人工成本。

第三，优化供应链管理。一方面，利用大数据技术对销售数据进行深度分析，构建智能库存管理系统和需求预测模型。通过这些模型，农产品企业可以更好地控制库存，避免供需失衡，减少损耗，并及时调整生产计划。另一方面，通过物联网设备实时监控物流车辆和农产品的状态，并结合大数据进行路径优化分析，选择最佳运输路线，以减少运输时间和成本，同时保证农产品的新鲜度。

第四，提升用户参与感与信任度。一方面，全面推广区块链溯源系统，进一步推广区块链技术在农产品溯源中的应用，使消费者可以通过扫码等简单方式，查看农产品从生产到销售的全部过程信息，从而增强消费者的信任感。另一方面，建立社交平台互动与反馈机制，建设农产品品牌的社交媒体平台或app，鼓励消费者分享购买和使用体验，参与评价和建议。企业可以通过大数据分析这些反馈，进行产品改进和个性化定制，从而提升品牌的市场响应能力。

第五，政策支持与行业标准化。一方面，建议政府制定补贴和激励政策，鼓励农户和企业采用数字技术。例如，提供物联网设备购置补贴、数据分析服务资助等，降低技术应用的初期投入。另一方面，推动行业标准的制定，包括数据采集标准、区块链应用规范等，确保各技术应用的一致性和可靠性。同时，建立数字农业应用的认证体系，对符合标准的产品和企业进行认证，为消费者提供信任标识。

第 6 章

新业态赋能：离岸孵化中心服务区域公用品牌高质量发展

6.1 数字经济下的新业态

6.1.1 新业态的定义

20世纪60年代，日本学者引入了"业态"这一概念，用以描绘零售业的经营模式。在狭义上，业态主要指为消费者提供各类零售服务的店铺，或是销售层面上商品、价格、店铺布局、销售策略等营销要素的组合形式。而在广义上，业态还涵盖了消费者难以直接观察到的运营组织、所有制形式、经营形态及企业形态等支撑狭义业态运营的要素（戴天放，2014）。

随着时间的推移，"业态"一词逐渐超越了零售行业的范畴，被广泛应用于各行各业，同时，技术的创新与发展也促使原有行业形态发生了"新"的变革。2018年，国家统计局制定了《新产业新业态新商业模式统计分类（2018）》，其中将"新业态"定义为：顺应多元化、多样化、个性化的产品或服务需求，依托技术创新与应用，从现有产业和领域中衍生并叠加出的新环节、新链条、新活动形态，具体表现形式包括以互联网为依托开展的经营活动等。

6.1.2 数字经济背景下新业态产生的原因

数字化已成为鲜明的时代特征。为顺应这一时代潮流，传统产业不断进行调整，使得原有产品或服务的生产方式趋向专业化，产业结构日益复杂化，经营形态也越发多样化。在此背景下，新业态应运而生，其产生的主要原因涵盖以下几个方面。

1. 数字技术驱动

数字技术的飞速发展为新业态的产生提供了技术支撑。从过往历史来看，技术爆炸促使人类的生产方式实现了从手工作坊制、机器工厂制到大规模定制的跳跃式发展。当今时代，随着互联网、大数据、云计算、人工智能等数字技术的不断成熟和广泛应用，我们正逐步迈入以"知识经济"为标志的第四次工业革命，数字技术的持续渗透使得信息的获取、处理、传输和应用变得更加高效和便捷，推动了新业态的不断涌现和快速演变。

2. 产业链的分解、融合和创新

产业链的分解是指将一个完整的产业链按照其内在的逻辑关系和功能特性，划分为若干个相对独立但又相互关联的环节或阶段，这些环节或阶段通常包括原材料供应、生产制造、加工组装、销售服务等。产业链的融合是指不同产业链之间或产业链内部各环节之间相互渗透和交叉，形成新的产业链或产业形态的过程。产业链的创新是通过技术创新、管理创新、模式创新等手段，推动产业链各环节不断优化升级，形成新的竞争优势和价值创造的过程。综上所述，产业链的分解、融合和创新相辅相成，共同塑造着新的行业形态。

3. 消费者需求变化

消费者需求的变化是新业态诞生的现实要求。随着人民消费水平的提高，现代产业的发展逻辑已经转变为需求倒逼供给升级。在以服务为核心特征的社会环境中，新消费者的知识素养为他们提供了理性消费的基础，也使其更加注重参与感、体验感和互动感（江凌，2023）。消费者多样化、个性化的需求特点，迫使原有业态更加紧密地贴合市场以满足用户的深层需求。

6.1.3 数字经济背景下新业态的特点

1. 创新性

作为原有产业发展更新的产物，创新是新业态的核心特征。首先，新业态的诞生往往伴随着新技术、新需求的助力，意味着打破了传统行业的限制。其次，新业态的发展是一个持续迭代与优化的过程。随着科学技术的突破和生产力水平的提升，新业态需要不断调整和优化自身的业务模式和服务方式，以保持竞争优势和生命力。

2. 融合性

就产业或商业形态而言，新业态主要表现为"跨行业、跨领域"的融合（卢结华，2023），其具体表现为产业融合、技术融合等。在产业融合中，新业态不再局限于某一特定的行业或领域，而是注重不同行业、不同领域之间的交叉发展，形成新的产业链和价值链，如旅游业与农业、文化产业融合，形成了乡村旅游、文化旅游等新型业态；在技术融合中，数字技术与传统产业深度结合，推动传统产业转型升级，如通过数字技术整合设备制造商、软件开发商、服务提供商等多方资源，提高了制造业的智能化水平，形成智能制造新业态。

3. 共享性

通过业态创新，可以深化农业、工业和服务业之间的相互依赖关系，让三大产业共享彼此的发展成果；可以将农村与城市有机地连接起来，让城市居民共享农村的生态价值和社会价值、农村居民共享城市的先进技术和优质服务，实现全社会范围内的资源共享、技能共享、人才共享、空间共享。如众包模式将任务分配给空闲时间充裕的人，实现时间的共享和高效利用；共享办公空间通过灵活的租赁方式和完善的配套设施，实现了降低企业的运营成本、促进企业间的交流与合作的效果。

4. 动态性

随着新技术的开发与新模式的应用，新业态的内容和形态都将不断变化。由于新业态随着新市场的开拓而发展，具有较强的市场适应性，这种适应性使新业态能够根据市场环境和消费者需求的变化进行灵活调整与优化。如随着5G、物联网等技术的创新发展，智慧农业、智慧城市等新业态正不断涌现并持续演进。

5. 协调性

新业态的协调性体现在跨行业、跨区域、跨要素、跨产业链以及产城融合等多个方面。跨行业协调，即新业态打破了传统行业的界限，实现不同行业从孤立的个体向互生互利的生态系统的转变，促进行业间的深度融合；区域协调，即新业态在发展过程中通过优化资源配置、助力产业转型升级，有利于缩小区域经济发展差距、加速城乡一体化进程；要素协调，即资本、人才、技术、信息等关键要素在新业态的驱动下，实现高效整合与流动；产业链协调，即新业态促使产业链各环节之间紧密联合、利益共享,实现上下游企业的协同发展;产城融合协调,即新业态通过推动产业向城市集聚、城市为产业提供支撑和服务等方式,促进产业与城市间的协调互利以及城市的可持续发展等。

6.1.4 农业领域数字经济新业态类型

数字经济背景下,新的行业形态层出不穷,结合本书所探讨的农产品区域公用品牌主体,本节聚焦农业领域,对数字化催生的农业领域新业态进行分类和介绍。

数字技术在农业领域的广泛应用和国家政策的大力支持为农业新业态的发展提供了有利环境。农业产品和服务的多样性与不同的经营方式、组织方式有机耦合,催生了类型多样的农业业态(陈慈等,2018)。现有研究集中于农业发展过程中衍生出的融合性产业和拓展性功能(刘斐等,2019)及其拓展衍生出的服务型农业等(尧珏等,2019)。现实中数字技术与农产品供应链结合,使得农业生产、流通、营销等领域业态多样化,从传统的"农业-加工-销售"的单一产业到形成"农业+"的系列新型复合产业,产业结构不断升级。故本节从新型生产业态、新型流通业态、新型服务业态、产业融合业态四个类别介绍农业新业态的具体内容(见图6-1)。

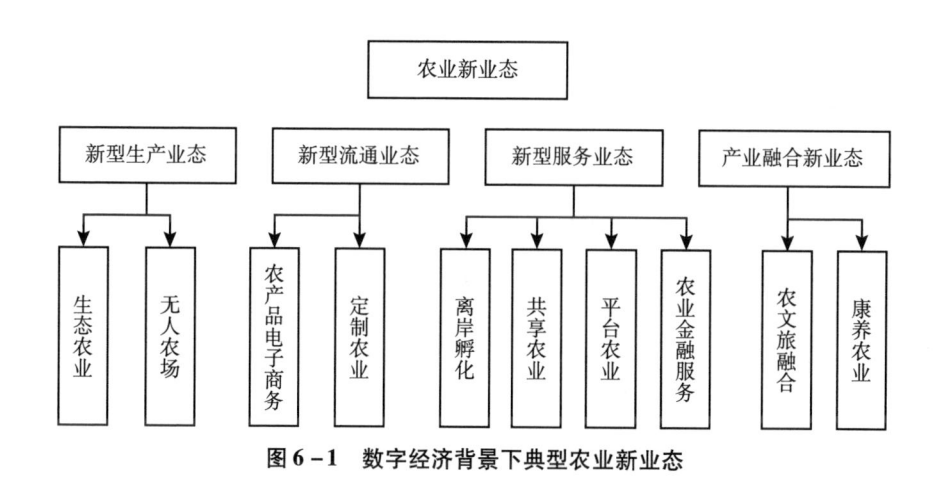

图6-1 数字经济背景下典型农业新业态

1. 新型生产业态

(1)生态农业。生态农业即按照生态学原理和经济学原理,运用现代科学技术成果和现代管理以及传统农业的有效经验建立起来的,能获得较高的经济效益、生态效益和社会效益的现代化高效农业。旨在将传统农业种植养殖技术与现代科技有机结合，实现经济、社会、生态效益的有机统一。

（2）无人农场。无人农场深度融合物联网、大数据、人工智能、5G及自动化等尖端科技，实现了在无人工干预下，全天候、全方位、全过程的智能化、自动化生产管理。这一模式通过远程操控与智能装备、机器人的自主作业，彻底革新了农业生产方式，推动农业向高效、智慧、无人化方向的跨越式发展。

2. 新型流通业态

（1）农产品电商。农产品电商是指利用互联网及现代信息技术手段，将农产品从生产地直接销售给消费者的商业模式。其销售渠道包括传统的B2C平台、社交电商平台、农村电商平台等，具有多样化特点。2023年，我国"数商兴农"成效显著，全年农村电商和农产品网络零售额分别达2.49万亿元和0.59万亿元，增速均快于网络零售总体，[①] 农产品电子商务新业态也随之不断拓展更新，出现跨境电商、视频电商、生鲜电商等细分类别。

（2）定制农业。定制农业是一种按照消费者需求进行农业生产和服务全过程个性化的农业经营方式。在数字化时代背景下，该业态强调消费者在农产品供给端的主导地位，通过信息技术等手段，实现农业生产和服务的定制，具有个性化、精细化、科技化等特点，可细分为农产品认养模式、农产品个性化定制、全程定制模式等。

3. 新型服务业态

（1）离岸孵化。离岸孵化通过在本地区以外的城市或区域设置孵化器，以综合运用两个地区的资源、市场等因素，实现本地区特色产业或高新技术等的培育孵化，如青岛天安数码城在韩国首尔创业枢纽设置青岛天安（韩国）科技企业孵化器。[②] 近年来，得益于数字技术的普及尤其是直播电商的兴起，离岸孵化不再局限于"离岸孵化+国际资本+海外人才"的国内外资源整合模式，孵化内容上出现品牌孵化、高新技术孵化、人才孵化等细分类别；在孵化地域的选择上，传统农业种植养殖所需的地理区位因素限制被逐渐弱化，"离岸"被更广泛运用到国内不同规模的城市之中，县域离岸孵化的兴起使得

---

① 商务部电子商务司负责人介绍2023年我国电子商务发展情况［EB/OL］.中华人民共和国商务部，https://m.mofcom.gov.cn/article/xwfb/xwsjfzr/202401/20240103467547.shtml.

② 青岛首个"双城双园"模式离岸孵化器揭牌［N/OL］.青岛日报，https://epaper.qingdaonews.com/html/qdrb/20201030/qdrb1366685.html.

离岸孵化的运用场景更加广泛。

（2）共享农业。共享农业将共享经济理念和农业实践相结合，利用移动互联网、物联网等信息技术，对农业资源进行整合、优化、共享，以实现农村的闲置资源与城市需求的有效对接。按照共享主体的不同，可细分为共享设备、共享人力、共享农技、共享土地、共享物流、共享仓储、共享农场等。

（3）平台农业。平台农业利用先进的信息技术、物联网、大数据分析等手段，通过构建农业服务平台，将农业生产、供应、销售等各个环节连接起来，实现农业资源的优化配置和农业产业链的深度融合。可主要细分为智慧农业平台、农产品供销一体化平台、农业B2B电商平台等。

（4）农业金融服务。农业金融服务即通过大数据分析农民的信用状况、还款能力等信息，为金融机构提供风险评估和贷款审批依据。同时，利用大数据技术开发适合农业特点的金融产品和服务，如农业保险、小额信贷等，满足农民多样化的金融需求。

4. 产业融合新业态

（1）农文旅融合。农业、旅游业和文化产业融合发展，以乡村旅游发展为导向，最终形成地方农业、乡土文化、乡村旅游协调发展的乡村可持续发展模式。[①] 通过挖掘乡村的深层价值，在乡村原有的基础上创新，这种新业态能够激活乡村经济活力，促进乡村产业、文化、生态、人才等各方面的振兴。

（2）康养农业。康养农业即利用农村的自然环境、田园风光和农业资源，结合健康养生理念，为城市居民提供康养服务。康养农业的发展不仅满足了人们对健康生活的追求，还促进了农村经济的多元化发展。

6.2 品牌离岸孵化新业态赋能农产品区域公用品牌的理论框架

品牌离岸孵化作为数字技术发展的背景下诞生的新业态，在打破产品地域限制、孵化新兴企业等方面发挥着重要作用。尽管发展时间较短，品牌离岸孵

---

① 参见第3章对农文旅融合的定义。

化在促进农产品区域公用品牌高质量发展上已有了一定的成功案例，因此本节选取品牌离岸孵化作为新业态的深入探讨对象。

6.2.1 品牌离岸孵化新业态的产生背景

1. 农产品的地域绑定性

农产品生产受产地气候、土壤、水质等特殊地理因素影响，具有很强的地域性特征，因此不同地区的产品类型和产品质量存在显著差异（董银果，2022）。一方面，这些差异化的自然地理条件和文化传统作为当地的生产基础，赋予了区域农产品独特的品质和风味，故地域性特产普遍具有品质好、品牌效应强、扩散能力较强的特点，因此其市场范围和物流半径更大（王树祥等，2009），如西湖龙井茶、阳澄湖大闸蟹等。另一方面，农产品的地域绑定性也往往意味着较高的市场依赖度与风险。地域性差异形成了规律性的物流流向和时间流动（王树祥等，2009），当市场需求发生变化或市场竞争加剧时，可能导致农产品销售困难，影响当地农民收入和产业发展。此外，农产品的开发还受制于产地资源的有限性、物流建设和技术发展的落后性等。

2. 数字经济的支撑性

数字经济背景下，农产品的"产""销"时空分离成为现实。新兴数字技术的运用实现了农产品生产流通过程的高效衔接，延长了农产品的时间维度。如生产企业通过物联网技术实时监测调控冷链物流的各个环节，维持农产品在运输过程中的新鲜度，有利于保障食品安全、降低运输损耗。数字技术还为农产品搭建了线上销售平台，缩短了生产到销售终端的空间距离，使得农产品可以在一定程度上突破地域的限制，直接面向更广泛的消费者。如农民通过电商平台发布产品信息进行网络营销、销售端企业利用大数据技术分析目标人群的消费习惯和市场趋势等，有助于优化生产结构、降低市场风险。因此，通过数字化手段可以实现农产品从生产到加工、销售等各个环节的紧密衔接，有助于提升农产品的附加值和市场竞争力。这些数字技术在农业产业链各环节的广泛运用都为品牌离岸孵化这一新业态创造了发展条件。

6.2.2 品牌离岸孵化新业态的概念及特点

1. 概念

品牌离岸孵化目前并没有明确的定义，但结合其品牌孵化的特点以及上文

第6章　新业态赋能：离岸孵化中心服务区域公用品牌高质量发展

所阐述的离岸孵化的含义，本章将其定义为：通过在本地以外的城市、区域设置孵化器，对源地品牌进行孵化培育，或者将本地品牌带入具有区位优势的地区进行品牌孵化发展的过程。其主要功能是利用异地的资源促进源地品牌的发展。例如中国一乡一品产业促进计划（OTOP），面向全国 2 800 多个县市、4 万多个乡镇，通过在长沙、重庆等城市设立产业促进中心等形式整合社会各方优势力量，建立科学产业体系，对地区产业进行深度帮扶和提升，打造一批有影响力的知名特色品牌，进而推动经济发展和民生改善。[①]

2. 特点

（1）创新驱动。通过整合本地和孵化中心所在地域的两种资源、两个市场，注重技术创新和模式创新，旨在实现创新成果的"跨境提供"与创新创业人才及团队的"自然人流动"。

（2）跨界融合。品牌离岸孵化打破了传统行业的界限，将孵化发展环节和产业化环节进行空间上的分离，将孵化环节放在具有区位优势的地区，而产业化环节则可能被带回本地或其他地区，有助于本地实现资源的优化配置和高效利用，促进一二三产业的融合。

（3）高效便捷。品牌离岸孵化通过整合、利用发达区域的优势资源，帮助本地企业实现跨越式发展，不仅能够降低当地企业独立运营的成本，还能够提高孵化的效率和成功率。

（4）跨地域性。异地孵化的形式打破了第一产业的地域限制，使得欠发达地区的品牌可以在发达地区进行孵化。跨地域性为当地企业及区域公用品牌提供了更多元化的市场、资源和文化环境，有助于品牌更好地适应市场需求。

（5）数字驱动。品牌离岸孵化利用现代信息技术手段实现远程孵化和跨区域合作，为本地的中小企业提供了更加便捷和高效的销售平台。

6.2.3　数字经济背景下品牌离岸孵化的功能与作用

1. 数字营销

区域品牌的溢价能力受到标准化产品特征、品牌推介能力和营销创新的深

---

① 中心介绍［EB/OL］. 中国一乡一品产业促进中心，https：//www.otopchina.org/a/guanyuwomen/zhongxinjieshao/.

刻影响，飞速发展的数字技术使得局限于线下企业和消费者的二维市场观念向企业、消费者、线上网络的三维市场观念转变（王奇等，2021；郭峰等，2023）。数字营销凭借更具深度和广度的数字技术打破了传统营销所遭遇的资源瓶颈，引导资金、人才与技术等要素涌入农村产业，新媒体平台为农村产业经营主体与客户搭建了"虚拟市场空间"，从而实现生产者与消费者的无缝对接（陈卫洪和耿芳艳，2023）。此外，多样化的线上营销手段可以诱发中小企业进行策略性创新（乔明华，2024），进而增强企业活力。

2. 人才培训

数字经济的发展对人才的专业素养提出了新的要求。就农业而言，"农业＋文化＋数字"复合型人才成为实现数字技术同农业领域现代化融合的中流砥柱（李楠和李昀励，2024）。品牌离岸孵化具有吸引专业人才形成自身基础、利用区位优势招徕专业团队进行培训指导、为企业可持续发展提供专业人才的功能，便于针对不同岗位和职责提供针对性的专业技能和知识培训，同时依托企业资源提供丰富的实践机会，促使人才迅速孵化。

3. 标准制定

品牌离岸孵化的标准制定一般涉及孵化流程与标准的规范，包括孵化项目的筛选、评估、入驻、培育、退出等各个环节的标准化操作。通过制定详细的孵化流程与标准，可以降低孵化过程中的不确定性，提升孵化质量，增强孵化品牌的吸引力与竞争力。品牌离岸孵化的标准制定还涉及评价与反馈机制，包括对孵化项目进行评估与考核，了解孵化效果与存在的问题，以不断优化孵化流程与标准，确保品牌离岸孵化流程的顺利进行。

4. 产品溯源

品牌离岸孵化器通过运用区块链等数字技术，对产品的生产、加工、运输、销售等各个环节进行全程监控和记录，以确保产品的质量和安全，并提供给消费者详细的产品信息。这一功能有助于实现产品质量全程追踪、防伪打假、数据共享，能有效解决供应链信息及产品质量信息不对称问题（Christidis K and Devetsikiotis M，2016），是提升品牌口碑、打造行业规范的有力保障。

6.2.4 品牌离岸孵化新业态赋能农产品区域公用品牌高质量发展机制

品牌离岸孵化的各项功能对农产品区域公用品牌高质量发展有着重要推动

作用，能够为区域公用品牌的持续发展注入强劲动力。总体而言，品牌离岸孵化主要通过要素汇聚、资源中介、品牌辐射、行业规范四个方面赋能农产品区域公用品牌生态体系。

1. 要素汇聚

通过政府、企业、协会等多方的共同努力和协作，可以有效促进人才、技术、资金等要素在品牌离岸孵化器中汇聚和成长，有效服务于区域品牌。在发达地区设置孵化器，可以实现区域公用品牌的孵化发展环节和产业化环节的空间分离，依托品牌发源地的农业资源和孵化器所在地的政策优惠、交通便利、科技发达等优势，吸引企业入驻、资方投入，实现经济活动在区域范围内的聚集。将政府的政策制定、资源配置等权力与企业的高市场敏感度、技术创新等能力结合，可以将双方资源有效整合，实现优势互补，吸引技术、人才、资金等要素向孵化器汇聚，实现多方要素的有效集中、融合和创新利用，提升孵化器的资源获取、产品创新和市场开拓能力，为源地品牌的生产管理、流通营销等领域提供专业化人才、先进数字技术等支持（见图6-2）。

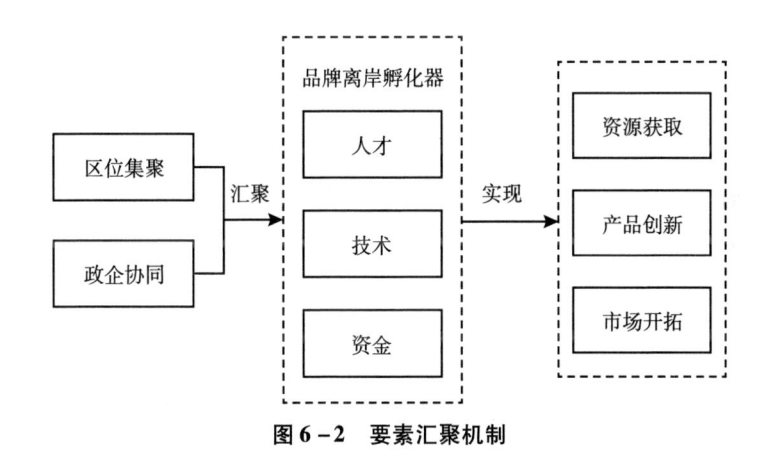

图6-2 要素汇聚机制

2. 资源中介

品牌离岸孵化以品牌离岸孵化器为传导中介，对信息资源、知识资源、传统资源进行有机整合，为公用品牌的发展创造了资源条件。其中信息资源是指以信息为核心的各类信息活动要素，如信息技术、设备、设施、信息生产者等。知识资源是指可以用于创造、生产、分配和应用知识的各种资源，如知识产权、网络资源等。传统资源是指历史文化价值、经济价值或社会价值，如文化遗产、传统工艺、传统技艺等。

一方面，品牌离岸孵化对多种来源、多种类型的知识进行系统化、条理化的处理，借助数字技术的强渗透性、扩散性和替代性特征，优化生产流程，带动产业内部升级（史丹等，2023）。另一方面，品牌离岸孵化通过搭建技术、资本、人才等全要素导入的孵化服务平台，实现信息的高效流通，为入驻企业提供一站式服务，激发企业的内部创新活力，促进企业、整体行业与区域经济的协同发展（见图6-3）。

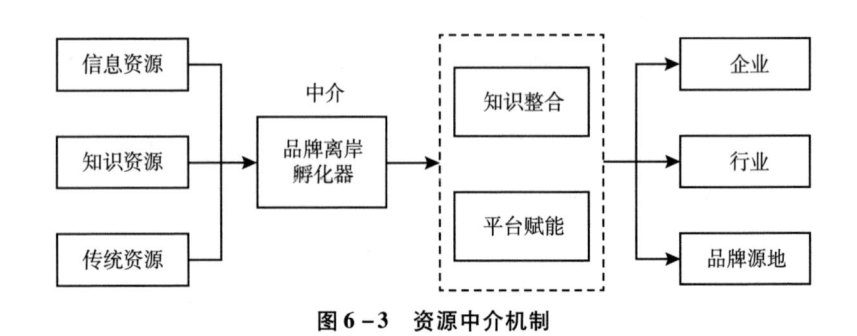

图6-3 资源中介机制

3. 品牌辐射

区域公用品牌依托区域当地的自然资源条件和历史文化底蕴，形成了自身的品牌优势与特点。品牌离岸孵化器基于数据分析结果，通过产品创新满足顾客快节奏的生活需求，提高用户满意度；通过参与公益事业、支持教育发展等方式履行社会责任，塑造积极正面的企业形象，以增强品牌与消费者之间的情感连接；将区域文化与产品相结合，赋予品牌文化内核；将线上线下的多种渠道有机结合，形成强大的营销合力。综上，品牌离岸孵化器通过产品创新、形象塑造、文化挖掘、整合营销等多种方式促进公用品牌价值的挖掘与延伸，增强品牌影响力。

此外，品牌离岸孵化依托数字经济背景，借助新媒体平台、电商平台等数字传播工具助力品牌传播推广。在传统线下渠道的基础上，品牌离岸孵化器充分挖掘线上渠道的潜力，大力发展社交媒体营销、短视频平台营销，打破传统农业种植端在地理位置上的限制，拓宽品牌营销渠道与品牌传播度；通过精准分配预算与资源，实现跨平台、跨渠道的无缝对接，扩大品牌覆盖面，提升用户触达率，进而扩大品牌影响范围（见图6-4）。

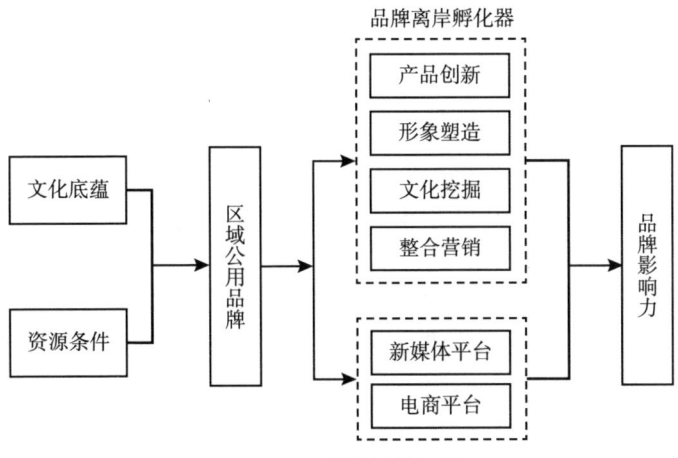

第 6 章　新业态赋能：离岸孵化中心服务区域公用品牌高质量发展

图 6-4　品牌辐射机制

4. 行业规范

品牌离岸孵化作为一种新业态，其具体落地形态的孵化器往往具有平台的性质，涉及政府、企业、协会等多方主体。品牌离岸孵化器通过多方共同协作，积极参与或主导相关行业标准的制定，不仅能确保自身服务的规范性和专业性，而且为政府政策提供依据和参考，促进整个行业的健康发展；通过利用质量考核、抽样检测等手段对企业产品进行质量监测，提高企业提供优质服务和产品的自主性；运用区块链等数字技术实现供应链从生产到销售的数字化、可视化，保障消费者的合法权益；通过建设高效的反馈渠道，实现消费者需求、建议的及时交互。以上形式使得行业规范的效用能够作用到生产企业、销售企业和消费者三个方面，有利于打破欠发达地区依靠政府单一维度维系的区域公用品牌发展状态，提升资源整合的便捷性、行业准入的权威性（见图6-5）。

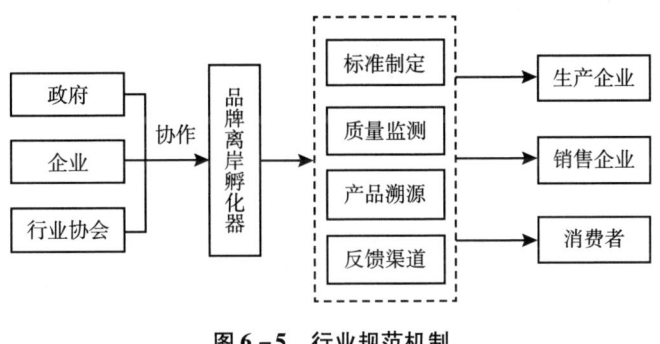

图 6-5　行业规范机制

综上所述，品牌离岸孵化通过数字营销、人才培训、标准制定、产品溯源等功能，形成要素汇聚、资源中介、品牌辐射、行业规范的赋能机制，对区域公用品牌生态体系中的生产管理、流通营销、监测治理、公共服务的单个或多个方面产生积极影响。如依托政策导向、区位优势实现人才、资金、技术等要素在孵化器的集中与配置，进而提升生产效率、降低生产成本；通过资源的有效利用和服务性项目的建设，促进孵化企业与品牌源地的整体经济发展，有利于实现区域公用品牌与私有品牌之间的相互促进，增强品牌传播的深度与广度，优化品牌源地的基础设施建设等；运用数字技术和线上营销平台实现整合营销、精准营销，扩大品牌影响力，实现资源的有效利用等；通过质量监测和产品溯源等功能的运用，形成行业规范，实现品牌生产、流通、营销中的有效管理，防止"搭便车"等不良现象（见图6-6）。

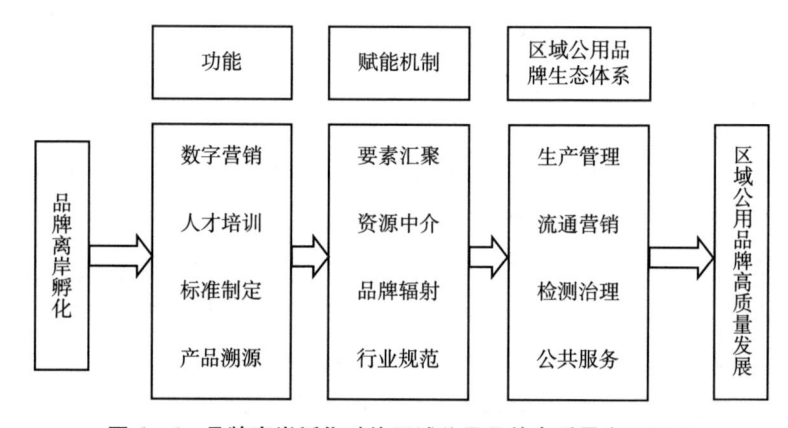

图6-6 品牌离岸孵化赋能区域公用品牌高质量发展机制

6.3 案例解读：安化黑茶离岸孵化中心赋能安化黑茶区域公用品牌高质量发展

品牌离岸孵化作为一种新兴的行业形态，依托数字技术手段进行人才孵化、项目孵化、企业孵化等，在促进品牌创新、品牌价值提升方面效用显著。安化黑茶离岸孵化中心作为我国首个县域经济异地孵化器，致力于服务"安化黑茶"这一区域公用品牌，开创了县域级创新创业新范式，具有创新性、典型性。本节以安化黑茶离岸孵化中心为例,探讨品牌离岸孵化新业态如何赋能区域公用品牌高质量发展。

6.3.1 安化黑茶区域公用品牌发展历程

1. 安化黑茶起源

安化黑茶为湖南省益阳市安化县特产。安化出茶自古闻名,历来有"先有茶,后有县"的说法。最早记载安化黑茶的历史可追溯到公元856年,唐代杨烨《膳夫经手录》所述"渠江薄片,益阳团茶"即安化黑茶。[①] 自宋代起,安化黑茶成为朝廷贡品。清朝时,安化黑茶除上供外,还经特殊工艺制压成砖,特称"砖茶",沿着万里茶道内销西北地区、外销苏俄。然而到了20世纪二三十年代,动荡不安的政治时局使得安化黑茶产量急剧下滑,加之运输通道梗阻重重,商贾们纷纷望而却步,不再涉足安化茶叶的经营。到了20世纪50年代,安化黑茶的生产几近停滞,以至于后来较长一段时期在茶叶市场上默默无闻。

2. 品牌发展初始时期(2006~2009年)

2006年起,为实现县域经济的快速增长,安化县委、县政府将经济发展的重心转移到"安化黑茶"品牌上。2007年,安化县委、县政府出台"一号文",提出了全县茶树种植面积达到30万亩、综合产值达到100亿元的长期发展目标。2008年安化黑茶占据了全国黑茶市场50%的份额,安化千两茶和茯砖茶的制作技艺被列入国家第二批非物质文化遗产保护名录。[②] 这一时期,安化县茶叶协会成立,采取茶叶企业、茶农及相关单位和个人自愿入会的方式,以"团结产业,服务企业"为宗旨,致力于推动安化茶产业的发展。

此时的安化黑茶主要由茶农进行栽种、培育、采摘,经手工初加工后销售给企业,再由企业进行精加工和商品包装,最终借助传统的线下交易渠道将黑茶销售给消费者。较低的生产自动化程度使茶叶产量受季节性影响较大,手工作坊式的加工过程使得茶叶品质参差不齐,碎片式的交通网络使得黑茶销售面狭窄,安化黑茶在产业复苏的道路上面临着种种挑战。

---

① 安化黑茶历史第一章——追溯历史年轮[EB/OL]. 安化县人民政府,http://www.anhua.gov.cn/1/12/2267/content_659014.html.
② 安化黑茶的主要特点及其发展历程[EB/OL]. 安化县人民政府,http://www.anhua.gov.cn/1/12/2268/content_659105.html.

3. 品牌发展过渡时期（2010~2017年）

经过前期的品牌沉淀，自2010年起，安化黑茶产业在政府的积极主导下得到阶段性发展。2010年4月6日，国家质检总局正式批准对安化黑茶实施地理标志产品保护，[①] 同年安化黑茶入选"中国世博十大名茶"，[②] 以亮眼的姿态重新回到大众视野。2017年安化黑茶位居"中国十大茶叶区域公用品牌"第三位，荣获湖南十大农业品牌并位列榜首，成为湖南省农业品牌建设的典范。[③]

该时期行业协会组织和管理茶农的作用愈发显著，经过各级政府与协会的协同合作，在设定行业规范、开拓外地市场、茶园基地建设、黑茶历史文化挖掘等方面取得了不菲成效。公司化、现代化的管理模式逐渐取代家庭作坊制，企业为减少茶叶生产过程中的损耗，积极引进机械化设备、为茶农提供技术培训，增强了对整个供应链条的掌控度。此时电子商务逐渐兴起，部分茶企顺势而发，带动了品牌的迅速传播，也为后来安化黑茶大力发展电商事业奠定了基础。

4. 品牌发展电商时期（2018年至今）

经济社会的发展，催生了淘宝、京东、抖音、快手等平台，使线上电商和直播带货成为新的热门销售渠道。2017年6月，西南民族大学的陈灿平教授挂职安化县委常委、副县长，主抓扶贫工作。[④] 2018年秋，陈灿平注册了名为"陈县长说安化"[⑤] 的抖音账号，以短视频引流的形式向社会大众推广安化当地的风土人情和黑茶文化。2020年初，安化黑茶的销售量在疫情的冲击下持续走低，同年3月1日，陈灿平开始以直播的形式吸引消费者，助力安化黑茶走出销售低谷。陈县长正气的形象和专业的黑茶知识十分吸睛，粉丝们亲切地称呼他为"网红县长"，为安化黑茶的电商之路开拓了新样本。也正是从这一时期开始，安化集中投身于电商行业，带动了当地黑茶产业的快速发展。

---

① 国家质量监督检验检疫总局《关于批准对陈化店矿泉水、黄梅青虾、麻城茶油、安化黑茶、八渡笋实施地理标志产品保护的公告》[EB/OL]. 中国质量新闻网，https://www.cqn.com.cn/zj/content/2010-04/21/content_1035540.htm#:~:text=.

② 安化黑茶：中国世博会十大名茶之一 [EB/OL]. 新湖南，https://m.voc.com.cn/xhn/news/201510/15134881.html.

③ 用黑茶打造一个不可复制的奇迹——安化黑茶产业发展巡礼之一 [EB/OL]. 湖南省农业农村厅，https://agri.hunan.gov.cn/agri/xxgk/gzdt/sxdt_1/201810/t20181026_5149032.html.

④ "网红县长"陈灿平的信息化扶贫助农之路 [EB/OL]. 经济网，https://www.ceweekly.cn/cewsel/2020/1020/317072.html.

⑤ "陈县长说安化"后改名为"网红县长陈灿平博士说茶"，现改为"陈灿平博士说茶"。

6.3.2　安化黑茶区域公用品牌发展现状与痛点

在 2018 年以前，安化政府主导下的黑茶产业取得了日新月异的成就，移动互联网的普及和电商直播的兴起为安化黑茶品牌开辟了新的营销渠道。然而，限于落后的区域经济和闭塞的交通条件，试图走出安化、走向世界的安化黑茶在"互联网+"时代依然面临着种种难题。

1. 假冒伪劣打击难，品牌口碑高开低走

安化县地处山区，海拔在 600 米以上，全年温和湿润、云雾缭绕，境内有占全球 85% 冰碛岩地貌。冰碛岩又被称作"长寿石"，在这样的土地上种茶，能使茶叶平均含硒量为 0.22ppm，是全国茶叶含硒平均值的 2 倍、世界茶叶含硒平均值的 7 倍，为"适度富硒茶"。[①] 因此，除了香醇的口感，"健康""养生"亦是当地黑茶的卖点。凭借着健康、易储存，且越陈越香等特点，安化黑茶成为海内外收藏家的新宠，移动终端传播的爆炸性使其极高的收藏价值被世人熟知，安化黑茶一度成为热销商品。为搭借安化黑茶品牌的便车，不法商户以假乱真、以次充好的现象屡禁不鲜，严重扰乱了正常的交易市场，使得"安化黑茶"品牌信誉度下降。

2. 品牌准入把控难，黑茶品质参差不齐

在线上贸易拓宽安化黑茶销售渠道的同时，网店较低的准入门槛也为伪劣产品提供了可乘之机。安化当地依然存在部分茶农小规模地种植茶叶、在小作坊中加工茶叶，甚至私自注册网络店铺、滥用"安化黑茶"品牌名号的情况，其茶叶品质、制作工艺远远没有达到区域品牌合格的鉴定标准。更有不良商家和黑心媒体为了博人眼球，给安化黑茶贴上"包治百病"的标签误导消费者，造成价格虚高。种种乱象使得曾经对安化黑茶公共品牌赞不绝口的良心茶企也逐渐敬而远之。仅仅依靠政府的力量难以对线上的黑茶产品进行一一甄别，如何扭转消费者心中的形象，形成良好的品牌效应，成为安化黑茶亟待解决的问题之一。

3. 专业人才引进难，品牌营销意识薄弱

安化多山地、丘陵，致使其交通闭塞、信息传播不畅；网络基础设施亟待

[①] 黑茶 | 湖南安化黑茶——黑茶始祖 世界之最冰碛岩地貌之富硒黑茶［EB/OL］. 搜狐网, https://www.sohu.com/a/620284292_120818171.

完善，县域的工作生活品质相对低下，人才下沉意愿不强；农民文化水平相对较低，培训成本高，培训周期长，人才自生力弱……种种原因造成了安化电商、技术人才青黄不接的窘境。为缓解这一问题，2017年1月安化县政府出台《安化县"5133"人才引进工程实施意见》以吸引外来人才。[①] 但在电商迅速发展的背景下，一些小型企业和个人经营者一味追求产品的即时利润，忽视品牌形象与长期利益的关联性及科学营销策略的重要性，使得安化黑茶在占领市场的竞争中屡屡碰壁。而此时，不少其他茶叶品牌乘着电商平台的东风迎来了销售量的"井喷式"增长，安化县对电商、直播、运营等方面的人才需求越发迫切。

4. 招商引资实现难，基础设施配套落后

长期被评为国家级贫困县的安化，当地财政资金匮乏、投资吸引力不足。由传统家庭式小作坊与现代企业管理理念结合发展而来的小微企业，普遍具有资产薄弱、财务不规范、盈利起伏不定等特点，资金投入与技术设备的不足容易使企业陷入高成本低收入的恶性循环，因此资金难题普遍存在。

对于私企品牌而言，借助区域公用品牌的力量是提升市场份额的有效途径，企业品牌的成长也能反哺区域公用品牌的规模和地位。对具有资金技术短板的小规模生产经营主体而言，只有积极融入区域品牌的发展大局，借助公共资源的支持，才能加速其数字化转型步伐，激活茶产业的潜力，缩小发展差距。安化黑茶区域公用品牌的建设成为安化县实现经济发展、乡村振兴和产业脱贫的要点。

6.3.3 安化黑茶离岸孵化中心介绍

1. 安化黑茶离岸孵化中心的产生

为摆脱安化当地人才、资金、技术等因素的限制，安化县政府将发展的目光转向了交通便利、人才广阔的省会城市——长沙。2018年，身为资深电商专家的安化人向懿，在县政府的邀请下回到家乡，接下了安化黑茶离岸孵化中心理事长的重任。[②] 同年，国内首个县域经济离岸孵化中心即"安化黑茶离岸

---

① 安化县"5133"人才引进工程实施意见 [EB/OL]. 安化新闻网，https：//anhua.rednet.cn/content/2017/02/15/8783859.html.

② 向懿："十三五"安化黑茶产业发展新锐茶人 [EB/OL]. 腾讯网，https：//news.qq.com/rain/a/20210318A0CCL900.

孵化中心"在长沙拉开帷幕，旨在依托长沙当地的经济、技术和地理位置优势，吸引人才、发展电商，助力安化黑茶区域公用品牌的发展。

孵化中心的负责人向懿对数字化助力茶产业打造了一个"三步走"的进阶计划，即"销售是基础，平台是关键，生态是未来"，其核心在于运用前沿数字技术，为安化黑茶的全链条供应体系注入活力、培育可持续的产业生态。为此，孵化中心在向懿的带领下进行了一系列部署，助力安化黑茶区域公用品牌高质量发展。

2. 安化黑茶离岸孵化中心的运营模式

孵化中心实行"政府部门监管＋企业联盟共同议事＋专业公司运营"的形式（见图6-7）。在该运营模式下，孵化中心与政府、行业协会、黑茶企业之间保持了良好的互利协作关系。政府作为坚实的后盾，不仅投资孵化中心，还为中心提供场地租赁及政策扶持，同时强化行业监管，确保行业规范有序发展。行业协会则深度参与，携手政府与黑茶专家等共同制定和推广行业标准，营造公平竞争的市场环境。对企业而言，则需自觉遵循规章制度，在享受公共服务的同时积极提升自我营运能力，依托中心强大的供应链体系与营销网络，实现效益的有效转化。孵化中心作为协作核心，起到统筹、协调各方势力与资源的关键作用，旨在吸引并助力企业快速成长。该运营模式不仅有利于企业提升自身盈利水平，还能通过统筹销售、利润分成的形式反哺孵化中心，进一步吸引大型企业加盟，共同创造更为显著的经济效益与社会价值，构建一个生生不息、互利共生的良好生态体系。

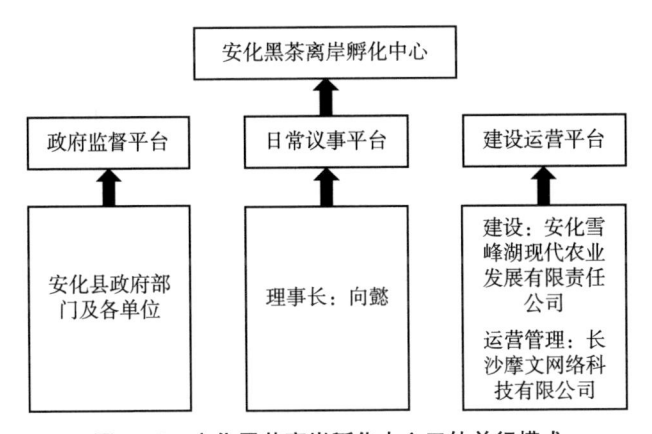

图6-7 安化黑茶离岸孵化中心三轨并行模式

3. 安化黑茶离岸孵化中心的内部结构

孵化中心内部由供应链中心、企业管理中心和营销中心三大中心构成，分别确定不同的分管经理，同时明确了孵化中心的前端和后端，即项目部和学院部分开，二者并行实行"学院主建，项目主战"的双轨制（见图6-8）。学院端由产品设计、生产加工、仓储物流等学院组成，不同学院分管不同的业务，且只对各自业务负责。项目端由湘博文创、谦益吉、直播基地等项目部组成，走在创新实践前沿，为学院的发展提供新能量。学院部的优秀人员可以直接进入项目部的人才库，二者互通互补、协同并进，共同促进孵化中心的可持续化发展。

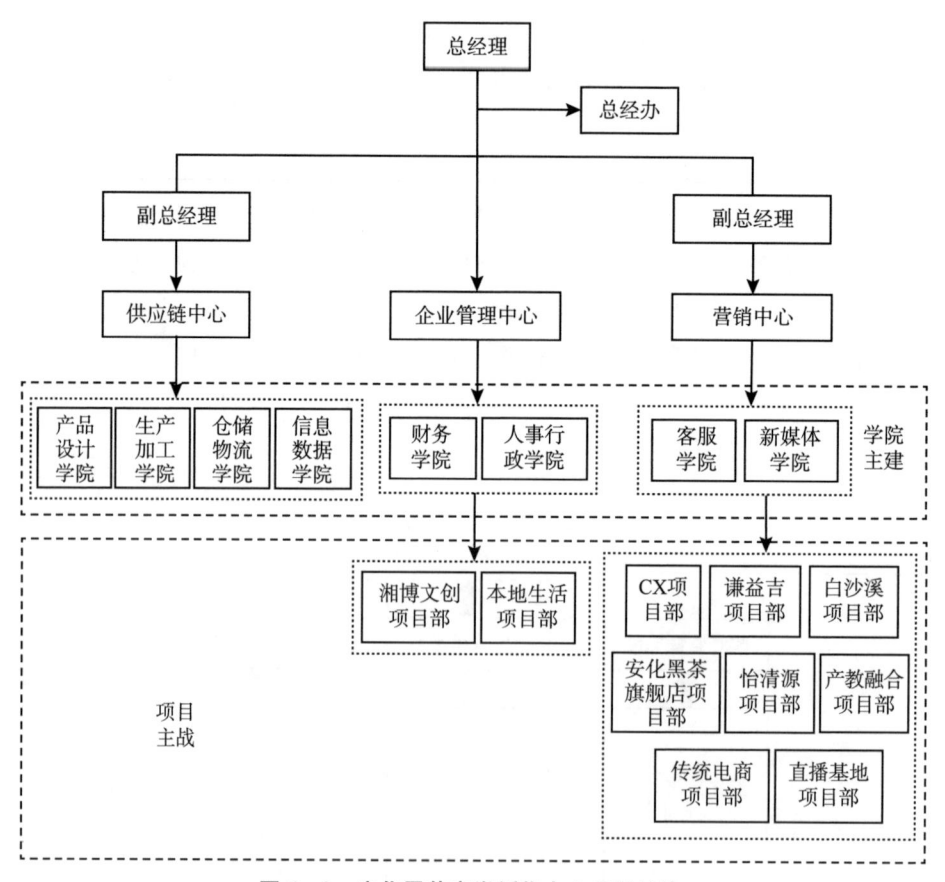

图6-8 安化黑茶离岸孵化中心组织结构

6.3.4 安化黑茶离岸孵化中心助力安化黑茶区域公用品牌高质量发展的机制

1. 要素汇聚

（1）人才技术汇集。在创办之初，孵化中心依托长沙的区位优势和政府的有力扶持，以优厚的政策待遇和良好的工作环境吸引了大量电商、直播、短视频、供应链等领域的优秀人才，这些人才带来了先进技术和管理经验，为孵化中心提供了自身发展的人才基础。此外，孵化中心在招聘人才的基础上，全面推进"百千计划"，即用最短的时间，孵化 100 名电商运营人才、1 000 名带货主播，①旨在迅速壮大电商精英队伍，加速人才集聚效应。除内部人才孵化外，中心还积极拓宽合作边界，与院校携手共建安化黑茶创意与创业实践基地。2021 年 11 月末，位于湖南水利水电职业技术学院的安化黑茶直播电商创新实训基地盛大揭幕，标志着校、地、企三方在共建直播电商生态、驱动产业升级、孵化电商与短视频人才等领域的深度合作正式启航。②首次产教融合的成功实践，激发了后续一系列深度合作。孵化中心积极搭建校地企三方合作平台，不断探索长效合作新机制，以实现资源的高效整合与优化配置，为黑茶企业乃至整个黑茶行业持续输送了大量专业人才。

（2）资金政策支持。政府通过投入资金、租借场地等方式支持孵化中心的发展，为安化黑茶的电商之路提供了原始资本。各阶段投资与中心回流的收入，有很大比例被持续性用于黑茶传播推广，以吸引流量和知名商家形成营销闭环，为后续提供公共服务创造了资金、政策方面的有利条件。在中心形成一定规模后，也能够将更多企业、资源汇聚在一起，集中力量发展黑茶产业。

总体而言，位于长沙的安化黑茶离岸孵化中心实现了人才、资金、技术等要素的汇聚，使安化黑茶得以满足客户的多元化需求。中心以政策优惠、交通便利等优势吸引企业、资本向孵化中心集中；综合利用待遇优化、政策激励等手段，引进高层次领军人才；通过多层次、多维度的人才思维碰撞，形成竞争优势。在此基础上，孵化中心对汇聚的要素进行整合和配置优化，使其在资源

---

① 向懿：做数字化"首席茶农"[EB/OL]. 安化黑茶频道，https://tea.rednet.cn/content/2022/03/04/10971869.html.

② 湖南水利水电职业技术学院校政企合作："安化黑茶直播电商产教融合实训基地"来了[EB/OL]. 中国教育在线，https://www.eol.cn/hunan/hunzy/202111/t20211130_2181092.shtml.

获取、产品创新和市场开拓等方面具有更强的竞争力。此后,安化黑茶的诸多品牌推广、线上营销、线下活动都在离岸孵化中心举行,安化黑茶更以长沙为跳板走出了安化,提升了区域影响力。

2. 资源中介

(1) 企业动态入驻。考虑到规模大小不同的企业需求不同,孵化中心提供"动态进驻"方案以吸引茶企入驻,即企业根据自身实际情况选择入驻方式,并可随时调整。一是产品入驻,对于难以自行开展电商业务或缺乏电商人才的企业,可以选择仅将产品交付给孵化中心,由孵化中心派专人负责产品的推广和销售,中心与茶企依据销售利润进行分成。二是共同孵化,企业可以派遣代表入驻孵化中心,孵化中心会在尊重个人意愿的基础上安排他们到对应的学院或岗位学习,待学有所成之后,他们返回原企业。这种方式有利于帮助企业节省精力和资源,同时借助孵化中心的专业知识和经验,提升企业在电商领域的竞争力,成为众多中小企业的首选。三是团队入驻,拥有电商经验和电商人才的企业,可以自行组建团队入驻孵化中心,中心将提供设备、场地、平台以及专业的电商培训支持,帮助企业在电商领域更好地发展。在该方案的加持下,白沙溪、怡清源等知名企业相继入驻,有效促进了孵化中心自身造血能力的提升。

(2) 产销共享服务。依托数字技术的支持,孵化中心打造了数字化供应链,为入驻企业提供优质的链式共享服务。在生产端,孵化中心为入驻企业打造创新加工中心——共享工厂。工厂内安置了大批去杂质设备,让无力购买高级设备的小茶企可以低成本去除杂质,从而减轻小茶企的资金压力;建设切割厂,针对砖茶系列茶品推出小块装切割服务,在确保低损耗的同时将大茶块切割成便于携带的小块,再进行自动包装、自动罐装,省去人工包装的环节,极大地节约了时间和成本;设计通用包装,即外观相同、标签不同的茶叶罐,只需更改茶叶罐外的标签就能让小茶企的茶叶迅速上架,提升再加工效率。物流仓储端,孵化中心打造了智能仓储中心——"壹号茶仓",即共享智能云仓。仓位配备温度智能控制系统,使茶企或顾客存储的茶叶保质保价,并配套高效的客服响应、快速的物流、结算服务,能有效降低联盟企业的仓储、物流费用,实现线上下单同步结算、快速发货。

除了各种共享生产流通设备外,孵化中心依托政府资源与银行合作,为有资金需求的小企业提供线上金融贷款服务,企业通过贷款资金进行黑茶交易，到期还款资金不足时可由孵化中心依托强大的供应链网络估算茶叶质量、成本、市场价值，并通过线上直播等营销渠道帮助企业完成黑茶销售以偿还贷款。

孵化中心通过提供的免费人才培育和各类共享服务，使得汇聚的要素能作用到黑茶企业，为黑茶企业提供团队发展的舞台。企业在实现信息即时交互和资源有效匹配的基础上，能有效规避市场风险，提升自身的盈利能力。通过数字化供应链的建设和数字营销方式，资源能够通过孵化中心这个媒介作用到黑茶的原产地安化，为安化本地的中小企业乃至茶农拓展了销路，促进当地经济效益、社会效益、生态效益的有机统一。

3. 品牌辐射

（1）电商直播营销。2018年孵化中心推出"全网计划"：采用短视频和直播的方式，在京东、天猫、淘宝、拼多多、抖音等各大知名平台开设安化黑茶旗舰店，由孵化中心专人负责运营，以迅速推广安化黑茶，扩大品牌影响范围。[①] 安化黑茶旗舰店和安化黑茶选品中心则严控品牌品质，借助旗舰店的影响力和销售力在线上树立了价格标杆，不仅有效遏制了线上恶性竞争的乱象，也为传统茶企争取到了线上发展的利润空间。在"全网计划"实施过程中，孵化中心依托具有一定流量基础的"陈县长说安化"抖音号组织了一系列的扶贫助农直播，林依轮以及安化籍羽毛球世界冠军龚睿那、黄穗也纷纷受邀加入直播助力的名人队伍。在网红IP的示范和引导作用下，安化县掀起了全民直播的热潮，先后有万余人走上了直播带货的道路，"农村胖大海""安化小陈故事"等本土网红也逐渐进入大众视野。全网计划实行后，安化黑茶线上销量激增，帮助安化黑茶迅速提升了品牌知名度，引领更多人从事黑茶产业，带动了网红经济、旅游经济的协同发展，有效促进了黑茶产业链的延伸。

（2）抖音与省博物馆合作。得益于全网计划的顺利进行，抖音注意到了"安化黑茶"这个崭露头角的区域品牌，将合作的目光放到了安化县。孵化中心与抖音携手合作，将安化黑茶万里茶路的重要驿站与现代数字直播技术结合，依托具有200多年历史的"裕通永"茶行，在安化县内打造全国第一个茶叶类直播基地，这也是全国第一个农业产业直播基地。[②] 基地内，专业直播

[①②] 向懿：做数字化"首席茶农"[EB/OL]. 安化黑茶频道，https：//tea.rednet.cn/content/2022/03/04/10971869.html.

设备、教学培训室、仓储物流室等配套设施齐全，经过培训孵化，素人主播大批涌现，为黑茶代言。直播基地依靠"裕通永"茶行的古香古韵与现代齐全的直播设施也一度成为网红打卡点。除抖音外，孵化中心还凭借公益文创设计方案的匠心巧思得到了湖南省博物馆的青睐。中心将博物馆元素与安化黑茶相结合，推出了"茶之有礼"湖南省博物馆联名千两茯砖茶礼盒，为安化黑茶增添了历史文化气息，也为后来孵化中心与文和友、茶颜悦色等知名品牌携手打造联名IP奠定了基础。

黑茶产业正持续注入文化活力。孵化中心通过电子商务、直播带货、企业合作等方式，将品牌信息传递给更广泛的社会群体，从而提高品牌的知名度和影响力，形成有效的品牌辐射。以全方位的营销推广吸引更多的消费者关注和选择，激发消费者的购买欲望，提升品牌的市场占有率和竞争力；直播助农行动和就业扶贫的举措有利于在消费者心中树立社会友善型的良好形象；与抖音省博的合作则进一步拉近了消费者与品牌源地之间的距离，有利于实现黑茶文化和旅游业、康养产业的融合，促进区域经济的多维度提升。

4. 行业规范

（1）规范黑茶质量标准。为营造良好的市场环境，安化黑茶离岸孵化中心从行业准入着手，与安化县黑茶质量标准检测中心合作，邀请权威专家与企业代表共同制定"安化黑茶"系列产品准入标准、质检规则、认证体系。申请入驻孵化中心的茶企必须持有质检中心的质检报告，产品必须使用标准的标识和规范的产品信息描述方式。茶企入驻后，孵化中心再对茶叶进行二次抽检，以确保茶叶质量符合标准，从源头上给予安化黑茶品质保障。

（2）建设溯源体系。孵化中心还基于大数据和智能算法开发三级溯源保真流通系统，将安化黑茶从茶园种植、仓储物流到终端销售的全部数据记录并放置于区块链中，实现茶叶种、养、采、制、售全过程可追溯、"一叶一码"可溯源。一级溯源确保茶叶是安化黑茶，二级溯源查询生产企业，三级溯源了解原料信息，确保孵化中心销往市场的都是正宗安化黑茶，防止不法商家鱼目混珠，为安化黑茶的品质打造提供了有力保障。

总体而言，孵化中心积极制定和维系行业标准，通过规范安化黑茶区域公用品牌的生产、质检标准，建设三级溯源体系，有效把控了产品质量，增强了公众的信任度，有利于树立绿色安全的品牌形象。同时，将企业自我监督、中心监督和社会监督统一起来，有效地促进了安化黑茶品牌的可持续发展（见图6-9）。

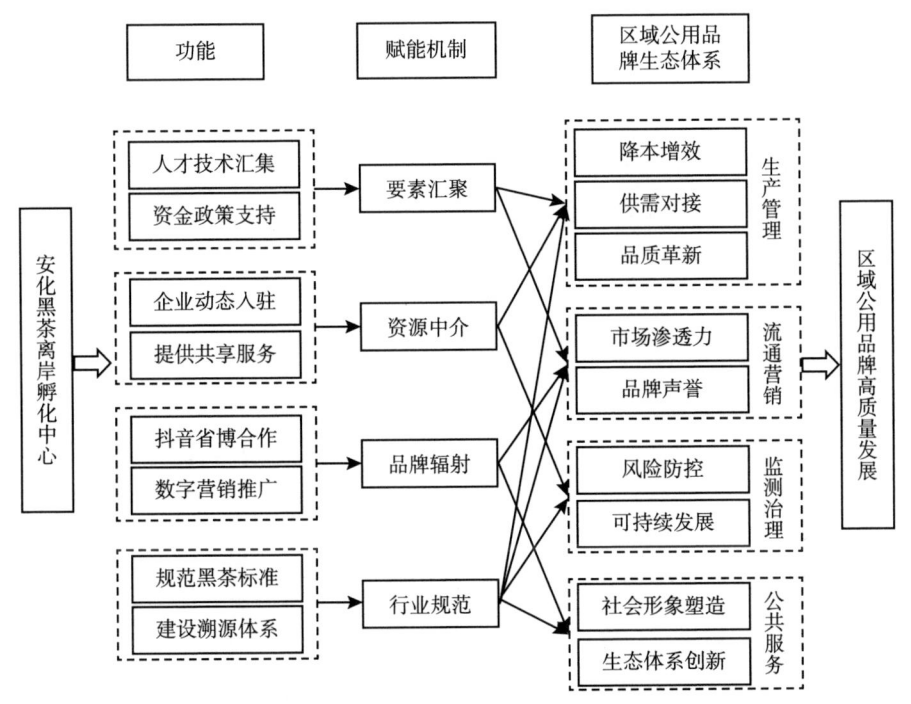

第6章 新业态赋能：离岸孵化中心服务区域公用品牌高质量发展

图6-9 安化黑茶离岸孵化中心赋能区域公用品牌高质量发展机制

6.3.5 高质量发展成效

2022年，安化黑茶抖音电商直播基地带动安化黑茶集群企业两百余家实现线上销售2.8亿元，[①] 借助长沙的资金、人才吸引力，安化黑茶离岸孵化中心依托电商直播助力安化黑茶品牌走向各地，同时也吸引了越来越多的人来到安化，感受独特的黑茶文化与历史底蕴，为黑茶产业与文化、旅游业的协同发展创造了良好的基础。

通过资源的集中和有效利用，安化黑茶离岸孵化中心实现了黑茶产品、工艺和包装的创新。在传统的黑茶品类基础上，安化涌现出了黑茶牙膏、速溶黑茶、黑茶洗发水等紧跟当代消费新需求的创新产品。黑茶的生态价值被不断挖掘，"健康养生"成为茶产业、文化产业、旅游业发展新动力，有机标准化的生态茶园也成为安化生态观光农业的一张靓丽名片。2022年，安化县茶旅产业深度融合，实现全年茶叶加工量8.6万吨，综合产值238亿元；接待各类游

---

① 一年销售2.8亿元！安化黑茶电商迈入"高铁时代"！[EB/OL]. 澎湃新闻，https://www.thepaper.cn/newsDetail_forward_22768962.

客910万人次，旅游综合收入95亿元。①

近年来，安化黑茶的公用品牌价值估值在短期内实现了快速增长，由图6-10可知，2024年安化黑茶品牌价值估值已达到52.80亿元。在该年度茶叶区域公用品牌价值评估中，安化黑茶的品牌带动力、品牌经营力和品牌传播力均位列前十位。与2010年相比，安化黑茶品牌价值得到了长足发展，黑茶产业成为安化名副其实的第一产业、特色优势产业和乡村振兴的支柱产业。

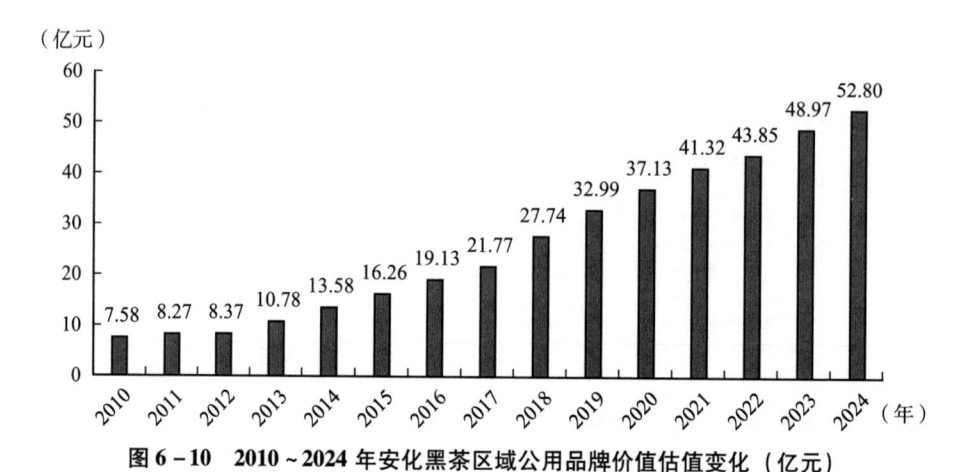

图6-10 2010~2024年安化黑茶区域公用品牌价值估值变化（亿元）

资料来源：中国农业品牌研究中心2010~2024年历年中国茶叶区域公用品牌价值评估报告披露数据。

2019年，安化县实现累计脱贫人口37 727户143 529人，将贫困发生率从2014年的17.5%降到了0.63%，②摘掉了国家级贫困县的帽子，阔步迈向乡村振兴。与此同时，安化黑茶的生产率大幅提升，安化县成为中国生态产茶第一县、黑茶产量第一县。由图6-11可知，安化县的黑茶综合产值和茶园面积经历了逐年稳步增长的过程并逐渐趋向稳定，2023年安化黑茶综合产值达到252亿元，较有数据可查的2011年增长了六倍有余，县内拥有茶园面积36万亩，较2011年翻了一番，有茶企210余家、从业人员40余万人。③对当地人

---

① 2022年政府工作报告［S/OL］．安化县人民政府，http：//www.anhua.gov.cn/16/60/content_1716000.html.
② 安化县2019年国民经济和社会发展统计公报［S/OL］．益阳市统计局，http：//tjj.yiyang.gov.cn/4918/4920/content_1139817.html.
③ 以茶为媒 激活一方山水——安化县"三茶"统筹发展工作综述［EB/OL］．益阳市人民政府网，https：//www.yiyang.gov.cn/yiyang/2/3/74/content_1923274.html.

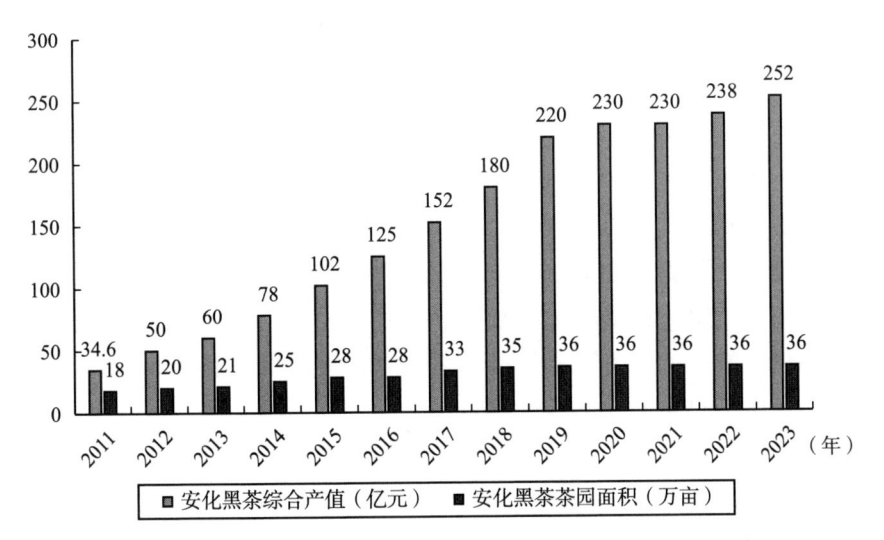

民就业增收、当地经济社会发展等方面起到了重要作用。

图 6-11　2011~2023 年安化黑茶综合产值及安化县茶园面积情况

资料来源：益阳市人民政府网站、安化县人民政府网站的历年工作报告中"安化黑茶综合产值""安化黑茶茶园面积"相关数据。

6.4　本章小结

本章从新业态的角度解读了数字经济背景下产业数字化的表现形式，主要分为理论阐释与案例解读两大板块。在理论阐述部分，本章结合数字经济背景，从新业态的定义、产生原因（数字技术驱动；产业链的分解、融合和创新；消费者需求的变化）、特征（创新性、融合性、共享性、动态性、协调性）着手对新业态进行了解读。结合本书主题，将数字经济催生的农业新业态从生产、流通、服务、产业融合的角度进行分类，列举了对应的典型类型，以其中的"品牌离岸孵化"新业态作为主要研究对象，进一步阐释其定义和特点，并分析概括了品牌离岸孵化赋能区域农产品公用品牌高质量发展的理论框架。在案例解读部分，详细介绍了安化黑茶离岸孵化中心促进安化黑茶区域公用品牌发展的系列举措，并探究其赋能机制，为新业态赋能提供案例参考。

政策建议如下。其一，提高数字化、智能化技术水平。企业应利用物联网、大数据、人工智能等现代数字技术，提升农产品生产、加工、销售等环节的智能化水平；注重专业技术人才、创新型人才培育，积极与高等学校、职业院校、科研院所开展科研、人才合作；推广智能仓储和冷链物流等技术，确保农产品在运输和储存过程中的品质和安全，加速数字化转型进程。

其二，持续创新业态模式。在农业智慧化升级和推广态势下，覆盖"产前－产中－产后"环节的产业互联网，是未来农业服务的大方向。政府应当积极倡导并引领农业资源生产企业、农业机械设备制造商、农业科技研发单位及互联网服务平台等多元化涉农主体，充分发掘并展现其各自独特的竞争优势。通过创新模式，如"农业物资与增值服务融合""科技创新驱动服务升级"以及"互联网赋能农业服务"等策略，主动向农业服务产业拓展深化，以此促进农业服务体系的全面升级与高效运行。

其三，引导规范业态发展。推动区域公用品牌建设由政府单一主导向多方共同促进转化，在此过程中，应充分发挥不同主体的协调作用，以提升企业自驱力和自治力。对于多边监管体系而言，需创新和加强监管职能，进一步提升市场主体的活力和创新能力。对企业而言，应自觉遵循行业规范，建立健全科学的管理体系，共同促进区域公用品牌的健康发展。

第 7 章

新模式赋能：供应链视角下数字平台助推区域公用品牌高质量发展

7.1 平台模式及农产品供应链

在数字经济时代，企业普遍选择依托数字平台来整合内外资源，进而创造价值。然而，关于如何更有效地利用数字平台的力量，特别是在区域公用品牌所面临的资源限制问题方面——如市场认知模糊、品牌确立门槛低、资源投入不足，以及"公地悲剧""免费搭车""柠檬效应"等现象和战略误区，仍需我们深入研究。基于这一背景，本章将从平台模式和农产品供应链的基本概念入手，通过分析平台模式下农产品区域公用品牌的价值共创机制，以及数字平台赋能农产品区域公用品牌高质量发展的实现机制，并结合多个平台的现实案例，深入探讨数字平台推动农产品区域公用品牌高质量发展的内在逻辑与机制。

7.1.1 平台模式的概念及其分类

数字平台是随着信息科技的持续进步与数字经济的蓬勃发展而逐步演化形成的一种关键经济载体。从发展历程来看，数字平台经历了显著转变：从 20 世纪 60 年代以英特尔、微软、苹果等为代表的个人电脑平台，到 20 世纪 90 年代以谷歌、亚马逊、雅虎等为代表的互联网平台，再到 21 世纪以来以 Twitter、Uber、Facebook 等为代表的移动互联网平台。每一步转变都极大地促进了信息传播、资源共享和商业模式的革新（陈瑾和梁辰，2022）。[①] 在数字经济背景下，数字平台融合了高效的数据采集与传输技术，拥有卓越的数据分析处理能力和开放多元的主体承载能力。

平台模式是一种通过联结多个特定群体、提供互动机制以响应各方需求并实现盈利的商业模式。它具备多边市场、网络效应、共享经济、数据驱动及灵活性等特点与优势，这些特性极大地增强了在信息和通信技术支撑下商业模式的运作效能。平台的存在不仅促进了相应制度框架的构建，更有效地保障了消费者和供应商的权益，还增强了平台参与者间的凝聚力。一方面，平台为供需双方搭建了一个服务交换与价值创造的场所，加速信息的流通，有效缓解了信息不对称问题；另一方面，平台助力企业获取更丰富的用户资源，增进企业间知识交流和技术合作，进而形成了一个完备的价值链，引领企业步入良性发展的轨道。数字平台的组织构成分类丰富多样，可从多个维度进行深入划分。

1. 根据核心功能分类

（1）产品平台。专注于产品的设计、开发、展示和销售，通常围绕某一类或多类产品构建，如电子产品、服装、食品等。产品平台通过优化产品展示、提供便捷的购买渠道和售后服务，帮助企业和消费者实现产品交易。

（2）技术平台。提供技术支持和服务的平台。这类平台主要关注技术解决方案的研发、推广和应用，如云计算平台、大数据平台、人工智能平台等。技术平台通过提供高效、可靠的技术服务，支持其他平台或企业的技术创新和业务发展。

（3）商业平台。涉及商业活动的各个方面，包括市场推广、品牌建设、供应链管理、金融服务等。商业平台通常具有广泛的业务覆盖面和强大的资源整合能力，通过提供多样化的商业服务，促进商业活动的顺利进行。

（4）生产平台。专注于生产过程的优化和管理。这类平台涉及工业自动化、智能制造、物联网等领域，通过提供先进的生产技术和设备，帮助企业提高生产效率、降低成本、提升产品质量。生产平台更多地是作为一个技术或服务的提供者，而非直接面向消费者的平台。

（5）交易平台。作为提供交易服务的平台，连接买家和卖家，促进商品或服务的交易。这类平台可以根据交易对象的不同进一步细分为多种类型，如

---

① 陈瑾，梁辰. 我国数字平台的组织业态、技术特征与商业模式研究 [J]. 企业经济，2022，41 (12)：129 – 139.

综合商品交易平台、垂直商品交易平台、金融交易平台等。交易平台通过提供交易撮合、支付结算、物流配送等服务，保障交易活动的顺利进行。

2. 根据业务模式分类

（1）单边平台。消费者在一个平台上只能买一个商家的产品。单边平台大多提供的是零售服务，从供货商那里购买各种产品，有时把这些产品加工成最终产品，然后出售给消费者。该类平台不论对哪个消费者，都无法做到长期低于成本价销售。

（2）双边平台。连接买家和卖家的市场。该类平台上任何一方价格的变化都会对平台的总需求和交易量产生直接的影响，且价格结构①非中性②。双边平台相互影响的两组用户中，至少具有一个正向交叉网络效应③。

（3）多边平台。消费者在一个平台上可以看到多个商家的商品，各商家共同竞争。多边平台提供的是中介服务，通过促进两种或两种以上客户之间的交易，并从中谋取利润。该类平台对其中一方甚至多方参与者按低于成本价收费，或者不收费，甚至给予奖励，但总体利润可能反而更大。基于多边平台具有的网络效应，总价值呈指数型增长，并且边际成本递减，总成本快速下降。

3. 根据交易类型分类

（1）交易型平台。平台双方用户必须在平台上产生交易行为，才会产生网络外部性，典型的交易型平台为电商平台。

（2）非交易型平台。在平台双方用户之间加入平台，以产生"跨群网络外部性"。典型的包括在线交友平台，用户只要注册了，哪怕不使用平台，也会产生外部性④，吸引更多的用户。

---

① 广义价格结构又称价格体系，是指包括商品价格、劳务价格和生产要素价格在内的价格体系。改革价格体系不仅要使商品和劳务价格合理化，而且要使生产要素价格合理化两者的改革相互制约和相互影响。

② 价格结构非中性，来源于货币非中性的概念，是指从价格结构和交易量的关系定义双边市场时，一方数量或者价格的变化，另一方会产生不同比例的变化。

③ 网络效应指产品价值随购买这种产品及其兼容产品的消费者的数量增加而增加，在互联网、传媒、航空运输、金融等行业普遍存在网络效应。交叉网络效应指一侧用户的增加对于另外一侧用户的影响。

④ 外部性一词源于马歇尔的《经济学原理》中的外部经济这一概念：只要某人的效用函数或某厂商的生产函数所包含的某些变量在另一个人或厂商的控制之下，就表明该经济中存在外部性。网络外部性来源于网络价值概念以及网络效应，即网络价值随着网络规模的增大而增大。平狄克在《微观经济学》中，将网络外部性定义为个人的需求取决于其他人的购买量情况。也就是说越多的人使用一种特定商品或参加一项特定活动，这种商品或活动对每个人的内在价值就越高。

4. 根据商业模式分类

（1）网络协同模式。在产品、企业和产业之间的经济效应不断协同发展的背景下，平台已成为数字经济时代具有代表性的复杂商业生态系统，该模式具有互补性、动态性、自主性等特征，核心在于平台内部各个价值模块之间的合作与协调。

（2）主体价值模式。消费者从被动接受者转变为多元化内容生产者及信息传播者，其主体意识增强，不仅追求产品性价比，更重视个人审美、兴趣与选择；同时，在数字经济中，消费者积极实现自我价值，通过反馈与分享提升社会影响力。

（3）平台+生态模式。通过构建以核心业务为中心的生态链，实现跨产业整合与生态闭环；进而打造生态圈，关注消费场景，促进跨界合作与价值分享；最终，平台生态不断演化与分化，形成多层级生态圈，推动平台生态的裂变式发展与持续繁荣。

7.1.2 农产品供应链及其构成

农产品供应链是指从"田间"至"餐桌"，即从农业生产到最终消费者手中的全过程，涵盖了农产品的生产、采购、加工、运输、存储和销售等多个环节。这一系统不仅涉及物理上的物流和信息的流动，还包含供应商、生产者、批发商、零售商和消费者等多个参与者的以及他们的组合。

农产品供应链作为农业经济的生命线，其高效运作直接关系食品的质量安全、农业的经济效益以及消费者的健康，主要包括上游的农产品生产，中游的农产品加工、物流，下游的农产品销售等环节（刘秀玲和戴蓬军，2006），[①]如图7-1所示。

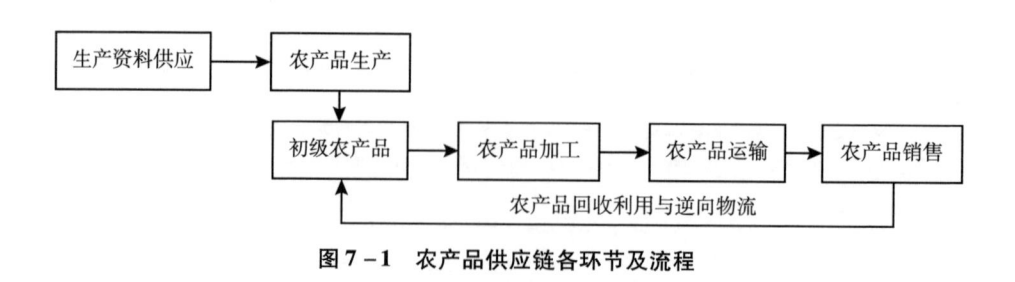

图7-1 农产品供应链各环节及流程

[①] 刘秀玲，戴蓬军. 农业产业化经营中供应链物流管理研究 [J]. 商业研究，2006 (5)：183-187.

第7章 新模式赋能：供应链视角下数字平台助推区域公用品牌高质量发展

生产环节是供应链的起点，包括种植作物和养殖家禽及畜牧。农民家庭作为农业生产的基本单元，通常拥有较小的经营规模，并且以较为分散和低集中度的形式进行运作。加工环节通常在农场或与农产品生产地距离较近的企业进行。中游的农产品加工企业可充分利用当地的农业资源，对农产品进行加工，以满足下游渠道的要求，并延长农产品的保鲜期。运输与仓储环节作为供应链中的关键一环，负责将农产品从生产地或加工地点安全、及时地运送到消费地，仓储管理的优劣也会对产品的品质及损耗率产生直接影响。分销与销售环节主要由下游的批发商、批发市场、农贸市场、超市、餐饮企业、电子商务平台以及零售商、分销商等农产品销售商负责，分销渠道的选择和销售策略的制定，决定了农产品能否快速、有效地送达市场，并保持其新鲜度。

由于不同农产品供应链中产品或服务的供求双方实力存在差异，农产品生产供给者与终端的消费者在供应链中所扮演的角色和发挥的作用各不相同。基于这一特点，可以将农产品供应链的主要运作模式划分为"推动式""拉动式"以及由这两者结合而形成的"推拉混合式"（马士华和林勇，2010）。[①]

1. "推动式"运作模式

"推动式"运作模式的特征在于，以农产品生产商为核心，基于需求预测并在客户订货前进行运作，并在农产品出厂后通过分销商逐级推向终端消费者。其中，批发商和零售商通常处于被动地位，供应链各节点间的整体协调程度较低。

2. "拉动式"运作模式

"拉动式"运作模式强调需求导向，以农产品市场的终端消费者需求为核心牵引力，根据顾客的实际需求而非预测需求对供应链进行整合，在实际运作中甚至可实施定制化服务。

3. "推拉混合式"运作模式

"推拉混合式"模式是一种结合"推动式"与"拉动式"两种供应链管理模式优点的策略，该模式在农产品分销计划实施前后分别采取推、拉两种不同的运作方式，并将推动阶段和拉动阶段之间的分界点作为消费者需求切入点。

---

① 马士华，林勇. 供应链管理. 第3版 [M]. 北京：机械工业出版社，2010.

随着信息技术的发展，我国农产品供应链模式展现出了多元化的特征。全渠道供应链数字信息平台以互联网、大数据、区块链、现代物流等技术为基础，连接农产品的生产者、销售企业和消费者，将"人、货、场"三大要素有机地结合在一起，实现了以网络为基础的全渠道农产品供应链管理模式（丁静和王苗苗，2021），① 如图7-2所示。

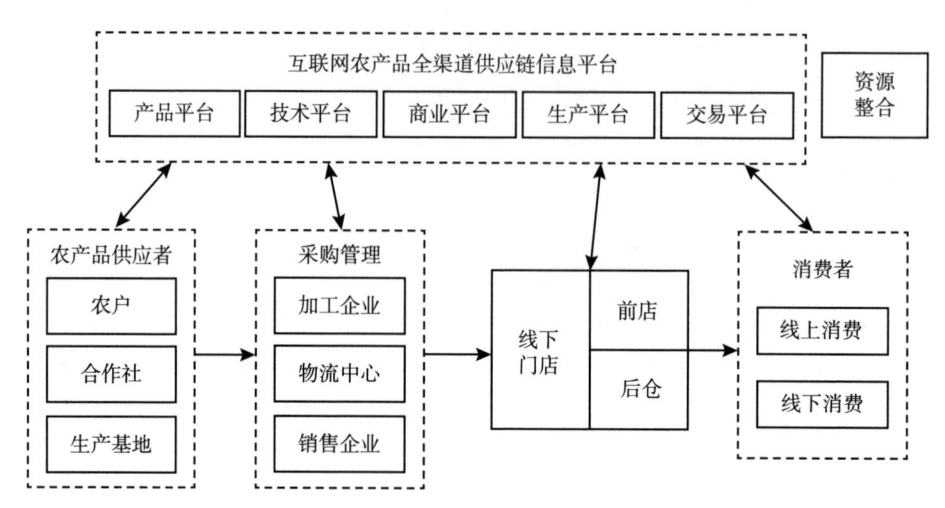

```
┌─────────────────────────────────────────────────────┐  ┌──────┐
│         互联网农产品全渠道供应链信息平台              │  │ 资源 │
│  产品平台  技术平台  商业平台  生产平台  交易平台     │  │ 整合 │
└─────────────────────────────────────────────────────┘  └──────┘
     ↕         ↕         ↕         ↕         ↕
┌──────────┐ ┌──────────┐              ┌──────────┐
│农产品供应者│ │ 采购管理 │   ┌─────┬──┐│ 消费者   │
│  农户    │→│ 加工企业 │ → │线下 │前店├│ 线上消费 │
│  合作社  │ │ 物流中心 │   │门店 │后仓├│ 线下消费 │
│ 生产基地 │ │ 销售企业 │   └─────┴──┘│          │
└──────────┘ └──────────┘              └──────────┘
```

图7-2　数字平台环境下农产品全渠道供应链运作模式

农产品供应链不断创新与演进，以响应市场需求的变化并提升农产品的流通效率。大型连锁超市通过缩减中间环节、直接对接货源，并与网络平台深度融合，探索出新零售模式的实践路径；农产品批发市场在维持其规模和组织化优势的基础上，积极向信息化、智能化的方向进行转型升级；龙头企业和农民专业合作社聚焦于农民利益的实现，通过整合资源推动农产品的现代化进程；电商平台通过构建多层次的信息共享平台，实现供应链的精细化管理和农业生产经营方式的创新；与此同时，县域电商、休闲旅游+、直播带货、短视频+电商以及社区团购等新兴业态及模式的涌现，为传统农业注入了新的活力，进一步促进了农业的可持续发展（邱晓君，2024）。②

---

① 丁静，王苗苗. 生鲜农产品全渠道供应链模式与实现路径 [J]. 安徽农业大学学报（社会科学版），2021，30（2）：53-59.

② 邱晓君. 数商兴农视域下山东省生鲜农产品供应链模式发展研究 [J]. 现代商业，2024（10）：15-18.

7.2 数字平台赋能农产品区域公用品牌高质量发展的实现机制

7.2.1 平台模式下农产品区域公用品牌发展的驱动因素

数字平台商业模式作为技术、市场、组织与价值深度耦合的产物，以边界资源和互动机制为核心，从单纯的数字技术、网络结构及传播媒介，发展成具有价值创造、价值传递和价值获取能力的可扩展生态逻辑体系。数字平台在农产品区域公用品牌和消费者之间提供了多样化的连接形式与互动方式，本质是为了促成农产品供求双方达成交易，实现各个利益主体间价值的共创和共享。在该价值共创体系中，主体通过平台边界设计、边界资源配置、平台与边界的互补资源整合，对决策优化的策略组合与价值实现产生影响。

平台模式下，对于农产品区域公用品牌高质量发展的驱动因素，可以从品牌的内部资源与外部环境两个方面展开分析（崔丙群和孟慧瑶，2022），如图7-3所示。[①]

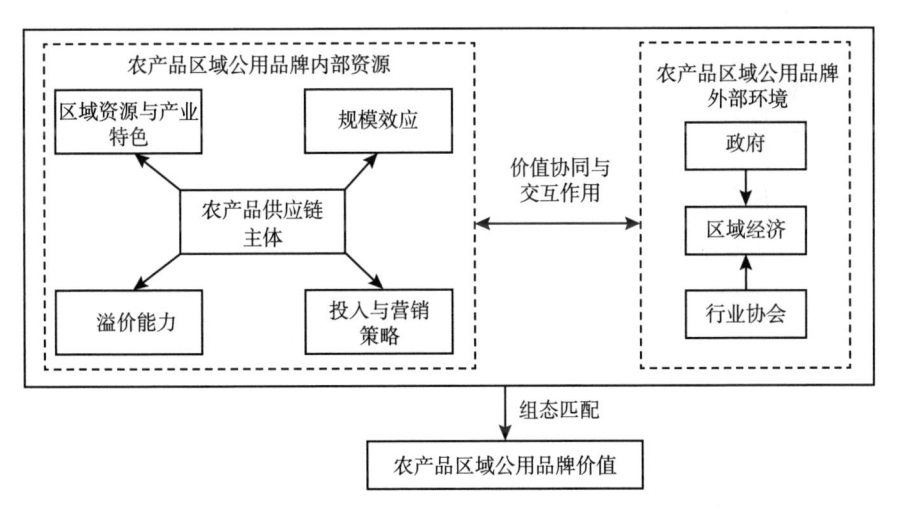

图7-3 农产品区域公用品牌价值共创的机理

[①] 崔丙群，孟慧瑶，刘思雨，等. 乡村振兴战略下农产品区域公用品牌价值共创组合路径研究[J]. 供应链管理，2022，3（11）：83-96.

1. 内部资源

（1）农产品供应链主体。数字化平台模式下的农产品区域公用品牌供应链的主体一般为供应者、加工企业、销售企业、数字平台企业以及消费者等，共同构成利益相关方。准确识别区域品牌产业链的利益相关者，并将他们纳入价值共创系统中，创建信息共享、资源共享的平台，有助于促进各利益主体之间的互动与合作，共同创造品牌价值。

农户、农业合作社、生产基地等农产品供应者作为供应链起点，连接了地区自然资源与市场需求，为供应链提供鲜活且多样化的物质基础，是确保农产品区域品牌构建与持续运作的根本源泉。由农户提供的承载着地域特色、文化价值与生态优势的农产品，其质量与特色关系区域品牌形象的塑造与市场竞争力。供应者通过遵循高标准的农业生产规范，保证农产品的安全性、营养性及独特性，为区域品牌赋予独特的差异化竞争优势，共同创造并分享品牌价值增值所带来的经济与社会效益。

加工、销售、数字平台企业在农产品区域品牌价值共创体系中扮演着核心驱动与整合者的角色，促进供应链各主体间信息共享、资源优化配置与风险共担。它们通过挖掘区域特色资源，提升农产品品质与附加值，强化品牌宣传与管理，并构建供应链协同机制，推动数字化转型，从而共同推动农产品区域品牌价值的提升与市场影响力的拓展。

消费者是农产品供应链的终端接受者，通过消费、评价反馈以及参与品牌社群互动等行为方式，为农产品区域品牌提供了市场需求导向、品牌忠诚度构建及价值认同强化的动力源泉。消费者的参与不仅促进了农产品供应链的优化与调整，还加速了品牌价值共创的迭代与升级，为农产品区域品牌的可持续发展奠定了坚实基础。

（2）区域资源与产业特色。农产品生产的地缘性特质，深刻塑造了农产品区域品牌的价值共创过程。自然资源、区位优势、产业特色以及区域人文历史和农耕文化等多种区域资源因素，共同构成了农产品区域品牌独特的价值底蕴与竞争优势。得益于区域资源和产业特色的优势，能够吸引更多的人从事该区域内农产品的生产和经营，进而扩大生产规模，实现产业的集中和规模化生产，从而推动农产品区域品牌的持续成长与升级（陆娟和孙瑾，2022）。[1]

---

[1] 陆娟，孙瑾. 乡村振兴战略下农产品区域品牌协同共建研究——基于价值共创的视角［J］. 经济与管理研究，2022，43（4）：96-110.

第 7 章　新模式赋能：供应链视角下数字平台助推区域公用品牌高质量发展

农产品的品质是由独有的气候、土地、湿度、水资源和光线等自然资源条件所决定的，地理位置、交通和通信等地理优势对农产品区域品牌的形成有着显著的正向影响。因此，被列为"一带一路"发展区域或被选为国家特色农产品优势区、重要农产品生产保护区等，对农产品区域品牌的发展具有较强的促进作用。

特色的种植或养殖方法、制造工艺、民间传统、人文历史以及农业文化等因素，赋予了农产品深厚的文化内涵与情感价值，增强了区域品牌与消费者之间的情感纽带，有助于强化该区域内的品牌产品特色，并提高农产品区域品牌的知名度和识别度，加深消费者对品牌的认同感与忠诚度。

（3）规模效应。品牌规模的扩张是实现品牌价值增长的关键因素之一。基于规模经济理论，区域品牌经营规模的扩大能够提升市场集中度，优化资源配置，减少资源浪费，进而提升农产品的竞争力与溢价空间。信息与资源借助数字平台进行聚合，区域品牌能够跨越地理界限，实现更广泛的市场覆盖与影响力，由此获得规模经济效应，正向作用于品牌价值，促进品牌价值共创的深化。

（4）溢价能力。品牌溢价能力是衡量品牌忠诚度与品质认可度的直接指标。通过精准营销、个性化推荐等数字化手段，品牌能够有效地传达其独特价值主张，提升消费者对品牌的认同与信赖，进而增强品牌的溢价能力。高溢价能力反映了农产品的高品质、强信誉和深厚的市场基础，这能够吸引更多消费者、投资者和合作伙伴的关注和参与，实现品牌建设的良性循环。通过溢价能力的提升，农产品区域公用品牌能够进一步巩固市场地位，拓展市场份额，同时带动相关产业链的协同发展，为共享经济注入新的活力。

（5）投入与营销策略。高效的品牌投入与精准的营销策略是构建农产品区域公用品牌共创的重要驱动力。品牌投入不仅包括资金、资源的直接投入，还涉及营销策略的创新与传播渠道的优化。通过大数据、人工智能等先进技术，对市场需求与消费者行为进行精准分析，制定有效的营销策略与传播方案。同时结合平台传播渠道与企业自主营销途径，进一步拓宽区域品牌传播的广度与深度，提高品牌信息的可信度与影响力。品牌投入的合理分配与营销创新的持续探索，有助于构建差异化的品牌形象与竞争优势，实现品牌价值的共创与提升。

2. 外部环境

（1）政府。政府作为农产品区域品牌构建的推动者和引导者，通过制定相关政策、提供资金支持和激励机制，鼓励和引导农户和企业积极参与区域品牌建设；为农产品区域公用品牌制定战略规划，包括确定农业品牌化模式、选择产业、明确供给侧改革方向等，从国家层面推动农业品牌化，提升农产品的附加值和市场竞争力。

政府为农户、企业等经营主体提供公共服务与支持，是农产品区域品牌形成的基础因素（何中兵和谭力文，2018）。[①] 政府通过提供政策扶持、税收优惠、技术支持等措施，支持农户和企业在品牌建设过程中的创新和发展，减少农业经营主体的经营成本；为品牌战略设计、县域电商运营、品牌推广等企业活动提供社会力量，以更好地满足农业经营主体的需求，推动区域品牌发展。

（2）行业协会。行业协会通过组织召开农产品区域公用品牌战略发布会、举办产销对接会、开展先进评选等活动，整合地区内外资源，协调区域内各企业之间的关系，促进资源共享和优势互补；通过制定行业规范、标准和自律公约等，引导企业遵守市场秩序，维护农产品区域品牌的形象和声誉。行业协会建立信息库，收集、整理和分析行业内各类信息，包括市场需求、生产技术、政策法规等，搭建资源共享平台，为企业提供及时、准确的信息服务，帮助企业把握市场动态，调整经营策略，促进企业在技术、资金、人才等方面的交流与合作，实现资源的优化配置和高效利用，提升区域品牌的竞争力。

（3）区域经济。区域经济深刻而广泛地影响着农产品区域公用品牌发展的各个环节。区域经济的发展水平直接决定了品牌建设的起点与潜力，经济繁荣的地区往往拥有更为丰富的资源、更先进的技术和更广阔的市场，这些为农产品品牌的孵化、成长与壮大提供了不可或缺的支撑。在此基础上，区域经济通过促进农业人才的聚集与培养，为农产品品牌注入了源源不断的创新活力。高水平的经济发展不仅吸引优秀人才的流入，也为农业教育、培训和科研提供强有力的保障，使农业人才能够不断掌握新技术、新方法，推动农产品品牌的持续创新与发展。

7.2.2 数字平台赋能农产品区域公用品牌发展的过程机制

在平台模式下，农产品区域公用品牌的发展过程涉及主体间互动、资源整

[①] 何中兵，谭力文，赵满路，等. 集群企业共享经济与共创价值路径研究［J］. 中国软科学，2018（10）：71-78.

第7章 新模式赋能：供应链视角下数字平台助推区域公用品牌高质量发展

合、数据交互以及平台动态能力等多个方面的综合作用，通过平台生态系统内部资源与外部环境的相互作用，实现品牌高质量发展。

1. 主体间互动

在平台经济模式下，各主体间的深度互动，即生产者与消费者之间以及供应链各协作者之间的持续互动与合作是实现农产品区域公用品牌可持续发展的重要途径。

（1）企业与消费者互动。生产和销售企业通过平台向消费者展示丰富多元的农产品信息和优惠活动，刺激消费者的选购行为，获取消费者的消费偏好和消费习惯。消费者在平台进行的农产品信息查询、浏览、购买、评价等操作，不仅是信息获取与传递的过程，也是其知识和技能赋能品牌增值的体现。这些反馈和互动数据成为企业优化产品设计、生产流程、商品组合及配送服务的重要依据。通过消费者的参与，农产品区域公用品牌的创新性和差异化得以增强，品牌得以可持续发展。

（2）企业间合作。在平台模式下，农产品生产、加工、运输、销售等企业能够形成紧密的协同作业关系，最终取得收益，实现共同发展。在供应链中，一个企业的资源和能力无法完成品牌推广的全部过程，要使供应链进程顺利进行，需要节点企业之间进行合作。企业选择与自身具有异质性和互补性资源或者服务的组织结成联盟，优化生产流程、提高加工效率、缩短运输时间、精准对接销售市场，发挥企业之间的协同效应，实现成本的缩减，增加农产品供应链的柔性。

企业借助平台渠道的搭建、客户信息资源的获取以及自身品牌规模的成长，把控整体供应网络的运营思路和运转节奏，推动精准采购、设计和生产的开展，吸引农产品供应链上其他环节企业的加盟。长期稳定、相互信赖的合作关系，可以减少企业间不必要的沟通成本和搜寻成本，使整个供应链条实现良性发展。

（3）消费者群体互动。消费者往往以消费者群体的形式存在，通过互动促进品牌发展。良好的消费者群体互动可以发挥宣传价值，为农产品区域公用品牌带来良好的口碑，增加客户及销售量，实现平台的价值最大化。平台模式下，消费者之间可以分享商品的使用感受，传递体验价值，为区域品牌吸引更多的线上流量，增加农产品和企业的曝光机会。同时，消费者间的互动行为，能够激发新的消费者需求，进一步增大消费者价值，积极协调消费者与企业之间的关系。

2. 资源整合

农产品区域品牌成长的关键是通过资源的吸收与整合形成动态能力，获得竞争优势。整合的资源主要包括区域资源、物流资源、营销资源以及关系资源（纪良纲和刘东英，2016），① 资源的整合可以减少相关设施、设备的投入，扩大资源的共享程度，弥补各方资源、能力不足的缺陷，降低企业的风险，实现价值共创。

根据农产品区域公用品牌建设的目标和需求，对当地特色资源（如地理位置、气候条件）、品牌文化资源（如地方特色、历史传承）、技术资源（如种植技术、加工技术）等区域资源进行科学合理的配置和优化，有助于推动农业产业升级，提高农产品的附加值和市场占有率，从而形成独特的品牌优势和差异化竞争力（王兴元和朱强，2017）。② 通过区域资源整合，促进区域内相关产业的集聚，形成产业集群效应与规模化生产，能够促进农产品区域品牌的健康成长并收获市场绩效。区域内的企业和农户能够共享品牌效应，利用原产地品牌的光环效应带来的超额溢价、外部规模经济和外部范围经济效应共同发展。

3. 数据交互

在农产品区域公用品牌供应链中，不管是企业与消费者的互动、企业之间的合作，抑或消费者群体互动的顺利开展，都离不开各类数据资源的共享交互，尤其是围绕线上线下平台产生的各类客户碎片化信息的交互整合。

数据交互促进了企业与消费者之间的深度互动与理解。在农产品区域公用品牌的供应链中，零售企业通过构建线上线下互联互通的信息化交互平台，实现对消费者行为数据的全面捕捉与积累，包括客户资料、行动轨迹、搜索内容、评价资讯及位置信息等。企业根据消费者行为数据能够更精准地描绘用户画像，了解其消费习惯与价值主张，发现新的价值增长点与市场需求，有效吸引并留住客户，提升区域品牌的忠诚度与满意度。

企业通过跨界数据平台的搭建与共享，分享、传递种植或养殖信息、加工数据、质量检测结果等生产数据、深度挖掘的客户信息，实现农产品供应链各

---

① 纪良纲，刘东英. 农产品供应链整合研究 [M]. 北京：人民出版社，2016.
② 王兴元，朱强. 原产地品牌塑造及治理博弈模型分析——公共品牌效应视角 [J]. 经济管理，2017，39（8）：133-145.

环节的紧密衔接与企业间的高效协同。数据交互不仅提升了供应链的响应速度与灵活性，还促进了企业间资源的优化配置与共享利用，为品牌的可持续发展提供了有力保障。

7.2.3　平台模式下农产品区域公用品牌高质量发展的实现路径

1. 数字平台赋能农产品区域公用品牌创新发展

（1）技术驱动。数字平台通过集成人工智能、云计算、区块链、大数据等前沿技术，为农产品区域公用品牌提供全链条的数字化解决方案。这些技术不仅提升了农产品生产过程的智能化水平，还优化了供应链管理、产品追溯、市场营销等环节，实现了从"田间到餐桌"的全链条透明化和智能化。

人工智能通过深度学习和算法优化，可以帮助农产品区域公用品牌进行市场预测、消费者行为分析，从而制定更加精准的营销策略和生产计划。利用AI图像识别技术，可以快速准确地检测农产品的品质，同时结合区块链技术，实现农产品的全程追溯，提升品牌信誉和消费者信任度。

云计算为农产品区域公用品牌提供了海量数据存储和高效数据分析的能力，有助于品牌方深入挖掘市场数据，发现潜在的市场机会。同时，云计算平台的弹性计算资源可以满足品牌在不同时间段和不同业务场景下的计算需求，确保业务的连续性和稳定性。

区块链技术通过去中心化、不可篡改的特性，为农产品区域公用品牌提供了透明化的供应链解决方案，确保产品的真实性和安全性。智能合约的引入可以自动执行合同条款，降低交易成本和风险，提高交易效率，为品牌方和消费者提供更加便捷和安全的交易环境。

大数据分析可以帮助农产品区域公用品牌精准定位目标消费群体，制定个性化的营销策略，提高营销效果。通过对生产数据的分析，可以优化种植结构、提高生产效率、降低生产成本，从而提升品牌的竞争力。

（2）模式创新。数字平台促进了农产品营销模式的创新，如电商平台、直播带货、社交媒体营销等，这些新模式打破了传统销售渠道的限制，拓宽了品牌的市场覆盖范围。同时，通过数据分析与消费者洞察，数字平台能够精准定位目标市场，实施个性化营销策略，提高品牌的市场响应速度和竞争力。

O2O模式将线上营销与线下体验相结合，消费者可以通过线上平台了解品牌信息、购买产品，并在线下实体店进行体验和提货。这种模式有助于提升品牌的曝光度和用户体验，为农产品区域公用品牌的创新发展注入新的动力。

数字平台模式可以为农产品区域公用品牌提供全方位的数字化服务，包括产品展示、营销推广、在线交易、客户服务等。平台通过聚合资源和流量，为品牌方提供更广阔的市场空间和发展机会。

生态圈模式通过整合产业链上下游资源，构建以农产品区域公用品牌为核心的产业生态圈。生态圈内的企业可以共享资源、协同创新、共同开拓市场，实现互利共赢。

共享经济模式鼓励品牌方与其他企业或个人共享资源和服务，如共享仓储、物流、营销渠道等。这种模式可以降低品牌方的运营成本，提高资源利用效率，同时也有助于扩大品牌的市场影响力。

2. 数字平台赋能农产品区域公用品牌价值发展

（1）品牌塑造。数字平台通过构建品牌官方网站、社交媒体矩阵、内容营销等手段，传播品牌故事、展示产品特色、提升品牌形象，为农产品区域公用品牌提供全方位的品牌塑造支持。利用大数据分析市场趋势、竞争态势、消费者品牌偏好和购买行为，为农产品区域公用品牌提供精准的市场定位建议。根据品牌定位，制定差异化的营销策略，突出品牌特色和优势，增强品牌识别度和记忆点。

利用数字平台的多渠道传播优势，通过搜索引擎优化（SEO）、社交媒体营销、内容营销等方式，将品牌形象和故事传递给更广泛的受众，提高品牌的曝光度和知名度。与行业内的意见领袖（KOL）合作，通过他们的推荐和分享，扩大品牌的影响力，增强消费者黏性，提升品牌认知度和好感度。

（2）市场拓展。借助数字平台的全球化网络，农产品区域公用品牌能够轻松跨越地域限制，进入更广阔的市场。通过跨境电商、国际展会等渠道，品牌能够直接对接海外消费者和采购商，提升品牌知名度和市场占有率。同时，数字平台还能为品牌提供国际贸易规则、市场趋势等方面的信息支持，助力品牌适应国际市场。

平台模式结合线上营销和线下体验，为消费者提供便捷的购物体验。在主流电商平台开设品牌旗舰店展示产品信息，利用平台的流量和资源优势进行营销推广，拓展线上销售渠道。与网红主播合作，通过直播带货的形式，快速提高品牌知名度和销售额。同时，在重点市场区域开设品牌实体店，提供产品展示和体验服务，增强消费者的购买信心。结合乡村旅游，推出农产品采摘、体验等活动，将品牌与旅游相结合，拓宽农产品区域公用品牌的销售渠道。与电商平台、社区团购、新零售等渠道合作，增加市场覆盖面。

利用传统节日和重要时间节点，开展主题营销活动，提高品牌的市场关注度。与其他品牌或行业进行跨界合作，共同推出联名产品或活动，拓宽品牌受众范围。利用跨境电商平台，将农产品区域公用品牌推向国际市场，拓展海外市场空间。与国际品牌、机构等开展合作，共同开发新产品、拓展新市场，提升品牌的国际影响力。

3. 数字平台赋能农产品区域公用品牌绿色发展

（1）生态环保。数字平台通过推动农业生产的数字化和智能化，促进了绿色农业的发展。例如，利用大数据、人工智能等技术手段，对土壤、气候等生产条件进行精准分析，为农户提供科学的种植方案，提高农业生产效率和资源利用率。推广水肥一体化智能灌溉系统，根据作物生长需求自动调节灌溉量和施肥量，减少水资源浪费和化肥使用，降低对环境的污染。同时，数字平台还能对农产品生产过程中的碳排放进行监测和管理，助力品牌实现碳中和目标。

利用物联网、遥感等技术手段，对农产品生产区域的环境进行实时监测，确保生产环境符合环保标准。通过数字平台建立农产品生产追溯体系，对农产品的生产过程进行全程监管，防止使用违禁农药等有害物质，保障农产品的绿色品质。

数字平台可以利用其广泛的传播渠道，如社交媒体、短视频平台等，向农户和消费者宣传绿色生产的重要性，推广生态农业、有机农业等环保理念。在线上平台设立绿色农产品专区，优先展示和推广经过绿色认证的农产品，引导消费者选择绿色农产品。同时与环保部门或认证机构合作，为符合绿色生产标准的农产品提供认证服务，提高品牌的可信度和市场价值。

（2）资源优化。通过数字平台对农产品供应链进行数字化管理，优化物流、仓储等环节，降低运营成本，促进农业产业链上下游的协同合作，提高供应链的整体效率。建立农产品信息共享平台，促进农户、加工企业、销售商之间的信息交流与合作，实现资源的优化配置和高效利用。

依托数字平台提供便捷的金融服务，如农村数字金融服务体系中的农户贷款网上申请、合作社抱团担保、银行自主授信等，解决农户在绿色生产过程中的资金问题。为农户提供农业保险等风险保障服务，降低自然灾害和市场波动对农业生产的影响，保障农户的稳定收益。

4. 数字平台赋能农产品区域公用品牌普惠发展

（1）农民增收。数字平台通过拓展销售渠道、提升品牌价值等方式，直接促进了农民增收。一方面，数字平台打破了传统销售渠道的垄断地位，降低了农民进入市场的门槛和成本；另一方面，品牌价值的提升使农产品能够获得更高的溢价空间，从而增加农民的收入来源。

数字平台可以联合农业院校、科研机构等，为农民提供在线或线下的技能培训，包括现代农业技术、市场营销、电子商务等，提升农民的发展能力和参与区域公用品牌建设的素质。通过数字平台推广农业科技服务，如智能种植、病虫害远程诊断等，帮助农民提高生产效率和质量，增加收入。

搭建或利用现有的电商平台，为农民提供农产品销售渠道，降低销售成本，提高农产品附加值，促进农产品上行。引导农民参与区域公用品牌的建设，通过品牌化提升农产品的市场认知度和竞争力，从而增加农民收入。

通过数字平台建立农民与加工企业、销售商之间的订单契约关系，确保农民的收益稳定。鼓励农民以土地、资金、劳动力等形式入股，参与区域公用品牌的经营和利润分配，实现利益共享。

（2）乡村振兴。数字平台赋能农产品区域公用品牌高质量发展，是推动乡村振兴的重要力量。通过品牌建设和产业升级，数字平台能够带动乡村经济的全面发展，提升乡村的基础设施建设水平、公共服务能力和社会治理能力。同时，数字平台还能促进城乡之间的信息交流和资源共享，推动城乡融合发展。

结合区域资源禀赋和产业基础，通过数字平台推广和培育具有地方特色的农产品产业，形成产业集群效应。推动农业与旅游业、文化产业等深度融合，拓展农业产业链和价值链，增加农民收入来源。

7.3 数字生产平台赋能：以托普云农为例

数字生产平台作为新兴技术工具，正逐步成为助力农产品品牌提升的重要力量。托普云农作为行业内的佼佼者，通过精准农业、质量追溯、数字化营销与数字化管理等数字化解决方案，为农产品区域公用品牌的高质量发展提供了全方位的支持与赋能作用，其成功经验表明数字生产平台在推动农业现代化与乡村振兴方面具有巨大潜力与广阔前景。本节以托普云农为例，探讨数字生产平台如何赋能农产品区域公用品牌高质量发展。

7.3.1 托普云农平台生态系统发展历程

浙江托普云农科技股份有限公司是一家专注于数字农业领域的国家高新技术企业，致力于通过人工智能、物联网、大数据、区块链等数字技术，以顶层设计方式建立"1+1+N"模式（林海芬和陈梦雅，2022），①为农业生产监测、农产品安全、农业项目管理、农业生态监控等领域提供智能化解决方案。其打造的智慧农业云平台集成了数据采集、处理、分析与应用等功能，为全国农业农村数字化转型升级与产业数字化建设提供了重要的技术支撑与数据服务。

为深化数字乡村建设，打造智慧新农业，托普云农在多维度进行了持续探索与实践，其发展历程体现了从基础技术研发到全面数字化转型的深刻变革，紧密围绕现代农业发展的核心需求，逐步构建起一个集精密仪器研发、物联网技术应用、智慧云平台构建及大数据服务于一身的综合农业服务体系。

7.3.2 托普云农对农产品区域品牌的赋能机制

托普云农作为国内智慧农业领域的领军企业，其发展的脉络清晰地展现了数字生产平台从单一技术应用到构建全面生态系统的过程，也深刻影响着农产品区域公用品牌的发展轨迹，其赋能机制如下。

1. 智能设备与数据采集

托普云农利用人工智能、物联网等技术建设各级农业物联网综合应用平台，实现数据快速采集、高效分析、智能决策等功能，为农业生产、经营、管理等主体提供物联网监测、预警、宏观决策等支撑服务。同时通过对农机设备的信息化管理，实现精准作业，推动农业向机械化、智能化方向发展，提升农业基础实力。平台搭建与智能装备应用的双管齐下，可以有效增加农业生产收

---

① 林海芬，陈梦雅，曲廷琛. 组织学习视角行业惯例的演化过程案例研究［J］. 科研管理，2022，43（2）：137-148.

益，推动现代农业生产发展。

托普云农通过构建"懂生产、会决策、能高产、保优质"的智能生产管理系统，科技赋农，高效解决了农业生产中的"不会种、种不好、人工贵、管理难"等问题。实现农田环境的实时监测和作物生长数据的自动采集，为农产品生产提供精准管理和科学决策依据。对于区域品牌而言，这意味着生产出的农产品具有更高的品质稳定性，为区域品牌塑造了"科技、高效、绿色"的形象。

2. 产业链整合

托普云农以"互联互通、以用促建、共建共享"为原则，应用业界成熟的大数据中台产品，贯穿目录编制、治理、归集、入仓、采集、分析六大环节，提高数据存储能力、数据处理能力，实现聚数、看数和用数，助力农产品区域公用品牌数字化转型。

通过构建"互联网＋"农业平台，托普云农致力于构建一个信息透明、协作紧密的产业链条，促进产业链上下游的信息流通和资源整合，实现从生产到销售的全链条透明化管理。这种整合优化了供应链，降低了成本，同时增强了区域品牌在市场上的响应速度和竞争力，实现品牌差异化。

3. 综合服务平台构建

托普云农打造的智慧农业综合服务平台，利用大数据分析、人工智能算法集成了种植管理、市场分析、品牌推广等功能。数字技术优化资源利用，减少了化肥农药施用量，实现了精准农业，符合绿色农业发展趋势，为区域农产品品牌提供了全方位的服务支持。平台通过大数据分析提供定制化的种植建议，助力农产品生产绿色发展，提升品牌价值。

4. 平台生态体系建设

托普云农4.0战略着眼于构建一个开放、共享、共赢的农业生态体系。通过与政府、高校、研究机构、行业协会以及众多农业企业的深度合作，共同推动农业科技创新，促进科研成果的快速转化与应用。托普云农构建的资源对接、知识共享、技术普及、品牌共建平台，帮助中小农户接入现代农业体系，缩小城乡差距，让更多的农业从业者享受到技术进步带来的好处，实现农业的普惠发展。对于区域品牌，生态圈的形成意味着更多的合作机会、更强的品牌背书，以及在绿色农业、可持续发展等方面的先发优势。

第7章 新模式赋能：供应链视角下数字平台助推区域公用品牌高质量发展

7.4 数字交易平台赋能：以赣南脐橙为例

随着交易模式的不断更新与迭代，数字交易平台在农产品市场推广过程中的重要性日益显著。作为一种新型的商业模式，数字交易平台通过提供信息服务、数据技术支撑手段等为生产者与消费者之间搭建了一座沟通桥梁，从而实现农产品流通效率提升及品质改善。本节以赣南脐橙为例，探讨数字交易平台如何助力农产品区域公用品牌走向高质量发展道路。

7.4.1 赣南脐橙发展的主要阶段

赣南脐橙的发展是一部从农业传统种植向现代农业产业化转型、从一棵树到一个产业集群的缩影。其历程可追溯至20世纪60年代，从最初以零星种植的形式存在，到逐步向规模化生产迈进。在21世纪初期，通过申请地理标志产品认证、实施品牌战略，成功塑造了鲜明的品牌形象，实现了品牌化战略的建设。其品牌发展主要经历了五个阶段。

1. 初步发展

20世纪60年代中期至70年代，以寻乌园艺场的创办和信丰初次引种脐橙为标志，赣州开始了发展柑橘的探索。此后，赣州相继建立了多个柑橘场和园艺场，柑橘生产逐渐兴起。

2. 快速发展

1980年中国科学院南方山区综合考察队在赣南进行实地考察后，认为赣南应成为我国柑橘商品生产重要基地。随着国家对柑橘产业的重视和支持，赣州地区开始大规模种植脐橙，开山种果再掀热潮。

3. 规模化发展

进入20世纪90年代以后，赣州进一步解放思想，统一认识，大力发展脐橙生产，年年动员，年年大干，基地建设初具规模。以实施"兴果富民"战略为标志，掀起第一轮柑橘产业发展高潮。

4. 品牌化发展

2001年，首届中国赣州脐橙节和中国柑橘学会学术年会在赣州举行。来自16个国家和地区的客商、全国数十家新闻媒体记者、全国各地柑橘学者以及1 000多名赣南籍在外知名人士齐聚赣州，中国柑橘学会以学会的名义为赣州题词"中国脐橙之希望"，① 极大地扩大了赣南脐橙的影响，提高了赣南脐橙的知名度，赣南脐橙产业进入快速扩张阶段。

5. 产业集群化发展

2005年，赣州以实施"培植超百亿元产业集群"战略为核心，开始了产业发展重心的大调整，从注重开发向注重营销转变，从抓单一种植业向抓产业集群转变，提出把以脐橙为主的果业产业培植打造成产值超百亿元的优势产业集群。②

7.4.2 赣南脐橙发展中存在的问题

随着数字技术的发展，赣南脐橙开始积极探索电子商务模式，通过线上平台拓展市场，不断完善品牌产业链。然而，在品牌销售过程中，一系列挑战与问题逐渐浮现，对赣南脐橙的持续发展构成了潜在威胁。

1. 市场渠道分散与整合不足

赣南脐橙在销售环节中的一个核心挑战在于市场渠道的分散与整合不足，虽然销售渠道多样化，包括传统的农贸市场、实体零售、大型商超以及各类电商平台，但彼此独立、各自为战，未能形成一个协同一致的销售网络。这导致了信息流动的割裂，品牌信息和市场策略在不同渠道间传递不畅，难以形成统一的品牌形象与市场声音，从而影响了消费者的品牌认知与忠诚度建设。同时，传统市场销售分散，难以形成规模效应，且受地域限制较大。而电商平台虽拓展了销售边界，但同质化竞争严重，小规模农户难以在平台上脱颖而出。

赣南脐橙产业销售渠道的数字化转型虽已起步，但整体水平尚不足以支撑跨渠道的数据整合与分析，渠道间的资源调配、信息共享和策略协调存在明显障碍，限制了基于数据洞察的市场决策能力。此外，利益分配机制的不完善，导致渠道合作方缺乏足够的动力去配合品牌整体战略，进一步加剧了渠道间的

---

① 黄传龙，祁春节. 赣州市赣南脐橙产业发展的成就、经验与未来展望［J］. 中国果业信息，2010（7）：1-5.

② 昔日"一棵苗"今朝橙满枝——赣州市脐橙产业发展纪事［N/OL］. 赣南日报，https://www.ganzhou.gov.cn/gzszf/c100022/202111/dc84fa4c633349e69e077ec5143c44dc.shtml.

离散状态。这一系列因素共同作用，不仅导致品牌资源分散，营销成本上升，还影响了对市场变化的敏感度和快速反应能力，使品牌在日益激烈的市场竞争中处于不利位置。

2. 品牌同质化与定位模糊

品牌差异化，即在消费者心中塑造独特且鲜明的品牌形象，对于区分竞争对手、提升市场竞争力至关重要。然而，当前赣南脐橙在品牌传播与市场定位上，存在着一定程度的模糊性，未能充分挖掘和彰显其独特的地理标志属性、文化内涵与品质特色，在同质化严重的水果市场中难以脱颖而出。

品牌同质化与定位模糊的问题，源于多方面的原因。首先是品牌故事的挖掘与传播不足，尽管赣南脐橙拥有地理标志产品的权威认证，但其背后蕴含的地域文化、种植历史与自然优势等品牌故事并未得到充分展示，导致消费者难以建立深刻的情感联系与品牌记忆点。其次，产品特色与品质差异化策略不明显，市场上的脐橙品种繁多，赣南脐橙在口感、营养成分或包装设计等方面缺乏足够突出的差异化特征，影响了消费者对其独特价值的认知。再者，市场细分与目标客群定位不精确，品牌未能精准锁定其核心消费群体，营销策略因此缺乏针对性，难以有效激发目标市场的购买意愿。

3. 质量控制与标准化程度不高

赣南脐橙的品牌声誉与市场竞争力在很大程度上依赖于其稳定的高品质，然而，种植管理、采后处理及流通环节的标准化体系不完善，导致产品质量参差不齐，成为制约品牌持续成长的关键因素。赣南脐橙销售过程中质量控制与标准化程度不高的问题，是一个从田间管理到市场终端的系统性挑战。

从源头上看，赣南脐橙的种植环节农户分散经营、技术水平各异，使得种植管理标准化程度不高，影响了果实的均匀度和品质一致性。缺乏统一的种植规范和科学的农事操作指南，使得部分农户在农药、化肥使用上随意性较大，既影响了产品的绿色安全，也难以保障果品的标准化产出。此外，气候波动、病虫害防治不力等因素，也凸显出果园管理水平的不足。

在采后处理与分级包装环节，同样存在着标准化执行不力的问题。缺乏自动化、智能化的分拣设备和统一的分级标准，导致产品在外观、大小、成熟度等方面的差异性较大，影响了终端市场的统一品牌形象。加之包装标识的不规范，使得消费者难以通过外包装快速识别产品的真伪与等级，降低了品牌的识别度与信任度。

4. 品牌保护与假冒侵权

品牌保护与假冒侵权问题不仅关乎品牌形象的维护与市场信誉的保持，还会直接影响产区农户的经济利益与产业的可持续发展。随着赣南脐橙品牌知名度的不断提升，市场上出现了大量的假冒产品，这些产品以次充好，不仅损害了消费者权益，也严重侵蚀了正宗赣南脐橙的品牌价值，干扰了正常的市场秩序。

品牌保护与假冒侵权问题的根源复杂多样。一方面，地理标志产品的特殊性使得品牌保护工作本身就面临诸多难题。赣南脐橙的地理标志保护虽然为其提供了法律上的认可与保护，但由于地理标志产品覆盖范围广、涉及农户众多，加之消费者对地理标志认知不足，使得非法商家有机可乘，通过伪造产地、混淆视听等手段进行侵权行为。另一方面，法律执行力度与监管效能的不足也是问题持续存在的关键因素。尽管有关法律法规对地理标志产品有所规定，但在实际操作中，由于监管资源有限、执法难度大，对假冒行为的查处与惩罚往往不够迅速有力，难以形成足够的震慑力。

此外，品牌保护意识的淡薄也在一定程度上加剧了这一问题。部分农户与小型加工销售商对于品牌保护的重要性认识不足，缺乏主动维护品牌权益的意识与行动，甚至在利益驱使下参与或默许了假冒行为，进一步模糊了市场界限，使得品牌保护工作更加艰难。

5. 营销策略创新不足

在当前多元化、竞争激烈的市场环境下，传统的营销手段已难以满足消费者日益增长的个性化需求和对品牌体验的更高期待。营销策略的创新滞后主要体现在对新兴市场趋势的把握不准确、消费者互动方式的传统单一，以及品牌故事挖掘和传播的表面化。

随着互联网技术的飞速发展，社交媒体、直播带货、短视频营销等新兴渠道成为品牌传播的新阵地，而赣南脐橙在这些领域的探索和应用尚不够深入，未能充分利用数字平台的互动性和即时性，错失了与年轻消费群体有效沟通的机会。农户及销售企业对现代市场趋势，尤其是数字化营销、内容营销和体验营销的适应性不强，在营销策略上缺乏创新。

6. 国际市场的开拓面临挑战

赣南脐橙作为中国地理标志产品，在国际市场的开拓过程中面临了一系列复杂的挑战，这些挑战不仅来源于国际贸易环境的多变性，也与品牌自身的发展策略、国际认知度及适应国际标准的能力密切相关。

第7章 新模式赋能：供应链视角下数字平台助推区域公用品牌高质量发展

国际贸易环境的不确定性构成了首要障碍。全球经济形势的波动、贸易政策的频繁调整以及国际政治关系的紧张，都可能对赣南脐橙的出口造成直接影响，增加了市场进入的难度和风险。特别是贸易保护主义的抬头，可能导致进口国设置更高的关税壁垒或非关税壁垒，限制产品在国际市场流通。

品牌国际认知度的不足限制了其在海外市场的影响力。尽管在国内享有盛名，但在国际市场，赣南脐橙作为一个新兴品牌，面临着与众多成熟国际水果品牌的竞争，缺乏足够的品牌历史积淀和国际营销投入，使得其品牌故事、地域特色及品质优势未能有效传达给海外消费者，影响了其市场接受度和品牌忠诚度的建立。

7.4.3 京东助推赣南脐橙销售的实践模式

2020年11月15日，一场由京东生鲜联合赣州市政府及当地领军企业共同主办的赣南脐橙网络博览会盛大开幕（见图7-4）。① 在开幕式上，京东"京心助农"项目与赣州市政府签署了战略合作协议，旨在共同推动赣南脐橙产业的高质量发展，提升产品品质与品牌影响力。双方将携手打造区域产业品牌，为促进当地农业振兴和农民增收贡献力量。

图7-4 2020年赣南脐橙网络博览会

资料来源：打造产业带共建品牌，京东"京心助农"加速赣南脐橙品牌化升级［EB/OL］. 搜狐新闻，https://www.sohu.com/na/432469141_310397.

---

① 打造产业带共建品牌，京东"京心助农"加速赣南脐橙品牌化升级［EB/OL］. 搜狐新闻，https://www.sohu.com/na/432469141_310397.

通过此次合作，京东将利用其在电商领域的技术优势和市场资源，为赣南脐橙提供全方位的线上销售和品牌推广服务。赣州市政府则将发挥其在产业政策和资源整合方面的优势，为赣南脐橙产业的发展提供有力的支持和保障。

如何找准品类、提升品质、推广品牌，形成聚合效应、溢价效应和扩散效应，是实现区域品牌高质量发展的关键。京东作为中国领先的数字销售平台，以其强大的资源整合能力、先进的技术支持和丰富的市场经验推出的"京心助农"长期战略项目，通过数字化赋能为赣南脐橙产业提供了全新的发展路径，如图7-5所示。

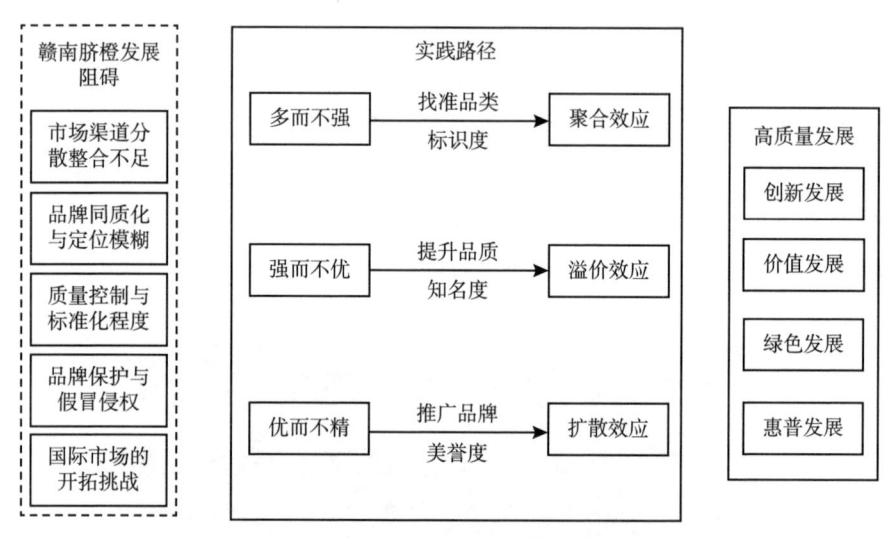

图7-5 京东助推赣南脐橙销售的实践路径

针对赣南脐橙发展过程中存在的问题与挑战，具体实践路径如下：

（1）市场渠道整合与品牌推广。京东通过大数据分析，帮助赣南脐橙找准市场定位，确定最具竞争力的品类，使其在同类产品中脱颖而出，更具标识度；借助平台的用户画像和消费行为分析，为赣南脐橙量身定制品牌定位，提升其在消费者心中的标识度，打破"多而不强"的局面。同时，京东平台的流量优势和成熟的营销体系，通过品牌专区、直播带货、节日促销等方式，扩大了赣南脐橙的品牌知名度，增强了品牌影响力。

通过统一的渠道管理平台，实现数据互联互通，强化品牌策略执行的一致性，深化数字化转型，以及优化渠道间的利益分配机制等策略的实施，赣南脐橙品牌能够有效整合市场渠道，提升品牌形象的统一性和市场反馈的效率，最终增强其在国内外市场的竞争力和品牌影响力。

（2）品牌差异化与品质保障。"京心助农"项目通过打造赣南脐橙的特色品牌专区，结合地域文化、种植历史、营养价值等元素，构建了独特的品牌故事和差异化卖点，提升赣南脐橙的美誉度和品牌形象。京东还与当地政府和行业协会合作，对赣南脐橙进行原产地认证，确保每一件产品都有唯一的地理标志，有效增强了品牌识别度和信任度。

在品质控制方面，京东引入了严格的品控体系，从源头开始对脐橙的种植、采摘、包装、运输等环节进行全程监控，确保产品品质，从而解决了质量控制与标准化程度不高的问题。并利用自身的供应链管理和品控体系，帮助赣南脐橙提升品质，增强其在市场中的竞争优势。通过线上线下联动，京东为赣南脐橙打造了立体的品牌形象，提升了知名度，实现了从"强而不优"到"优而精"的转变。这不仅能提升赣南脐橙的品质，还能在市场上形成溢价效应，增加农民收入，促进乡村振兴。

（3）品牌保护与防伪追溯。京东利用区块链技术，为赣南脐橙建立了全程可追溯体系，每一箱脐橙都有唯一的追溯码，消费者可以通过扫描二维码查询产品来源、种植信息、检测报告等，极大地增强了品牌的防伪能力和消费者信心。这一举措有效解决了品牌保护与假冒侵权的问题，维护了赣南脐橙的品牌形象和市场秩序。

在此基础上，京东与江西省脐橙产业地带共同创立合作品牌，实行全面的质量控制策略，从脐橙生产的最初阶段起就严把质量关，并推出一系列最为严格的地域品牌保护举措。京东生鲜进一步深化与农夫山泉17.5°橙、杨氏集团、宏辉公司等赣州地区知名脐橙深加工企业的合作，共同建立起一套供应链标准互认系统，强制执行"检验合格标识＋二维码＋彩色编码"的三重验证整合规范，以此推动赣南脐橙产业的整体品质升级，助力赣南脐橙跃升为中国顶尖的脐橙品牌之一，确保为消费者奉上既安全又高质量的美味赣南脐橙体验。

（4）营销策略创新与消费者互动。京东生鲜积极引领当地农产品产业带向标准化、规范化转型，为赣南脐橙及脐橙深加工产品铺设了更广阔的全国销售网络。京东鼓励当地产业探索创新的营销手段，利用直播（见图7-6）、短视频、社交电商等多种新媒体形式，开展互动性强、参与度高的营销活动，如"果园直播采摘""脐橙文化节"等，增加与消费者的互动，提高消费者对赣南脐橙的兴趣和了解，也拉近品牌与消费者之间的距离，提升品牌黏性，产生明显的溢价效应。

图 7-6　网红主播现场直播带货

资料来源：江西联通：助农直播让赣南脐橙"香飘四海［EB/OL］.澎湃新闻，https：//m.thepaper.cn/newsDetail_forward_21017890.

（5）国际市场的拓展。京东凭借其全球化的供应链体系和丰富的国际贸易经验，为赣南脐橙打开了国际市场的大门。通过与国际电商平台合作、参加国际农产品展会、设立海外仓等方式，赣南脐橙得以更便捷地进入国际市场。京东还协助赣南脐橙生产商了解并遵守国际标准，提升产品竞争力，解决国际贸易中的标准适应问题。同时，利用京东的全球物流网络，有效解决了跨境物流难题，确保脐橙在国际运输过程中的新鲜度和安全性。

京东通过数字化技术的综合应用赋能赣南脐橙品牌，打破传统农产品面临的"低品质、低价格、低收益"的"三低"恶性循环。通过供应链资源整合、物流系统构建、数字化营销、全链条帮扶模式、政企合作等运行模式，有效解决了品牌销售过程中的发展阻碍，实现"高品质、高价格、高收益"的"三高"循环。这不仅促进了赣南脐橙产业的高质量发展，还带动了当地农民增收致富和乡村振兴，也为其他农产品区域公用品牌的发展提供了可借

第7章　新模式赋能：供应链视角下数字平台助推区域公用品牌高质量发展

鉴的范例，展现了数字销售平台在推动农业现代化、促进乡村振兴中的重要作用。

全渠道运行模式具体如下。

（1）整合供应链资源，优化生产与销售。京东通过智能供应链系统对赣南脐橙的生产、加工、仓储、物流等各个环节进行精细化管理，利用大数据分析，指导农户合理安排生产计划，提高生产效率。实行"订单采摘"模式，即消费者下单后，当天采摘，保证脐橙的新鲜度，将作用力从下游销售端辐射至上游生产端。

（2）构建冷链物流体系，确保品质稳定。京东物流在赣南地区建立产地仓，实现从源头到消费终端的全流程冷链服务覆盖。这套高效的供应链基础设施，能显著降低物流综合成本，提升运输效率。同时，在产地仓内，利用智能分选设备对果品进行精准筛检，满足不同渠道的分类定级需求，提升产品标准化水平。

（3）数字化营销与品牌建设。京东通过其电商平台，为赣南脐橙提供线上销售渠道，并通过精准营销、直播带货等方式，提升品牌知名度和市场影响力。利用京东数科等数字营销工具，为赣南脐橙提供定制化营销方案，提高市场渗透率和用户黏性。

（4）全链条帮扶模式，助力产业升级。京东不仅关注销售环节，还通过整合物流、金融、人才等资源，为赣南脐橙产业提供全产业链支持。通过为农产品建立标准体系，推动赣南脐橙产业标准化、品牌化发展。同时，依托智能供应链的全渠道销售通路，提升产品附加值和市场竞争力。

（5）政企合作，共促乡村振兴。京东与政府紧密合作，共同推动赣南脐橙产业数字化转型。通过政府权威背书，为项目顺利开展提供有力保障。项目不仅为当地农户带来增收机会，还促进了苗木、生产、养殖、包装、加工、贮藏、运输、销售以及机械制造、休闲旅游等产业环节发展，有力推动了当地经济发展。

目前，越来越多的高质量区域农产品通过京东上线，借助平台的资源整合能力，实现全产业链的数字化转型，不仅省去了中间分拨环节，缩短运输周期，还有效破解了传统供应链体系高损耗、低效率的问题，让"原产地直发"成为可能。同时，京东解决了农产品销售过程中信息不对称的问题，帮助区域品牌树立形象、扩展影响力，真正实现好货卖好价，促进农村居民收入增长。

7.5 本章小结

在数字经济时代，农产品区域公用品牌的高质量发展已成为推动农业现代化和乡村振兴的关键。本章通过对平台模式和农产品供应链的深入分析，揭示了数字平台在提升农产品品牌价值、优化供应链管理以及增强市场竞争力等方面所扮演的重要角色。数字平台通过整合资源、提供互动机制，不仅促进了农产品供应链的高效运作，还借助数据驱动和技术创新，提升了农业生产的标准化和信息化水平。成功案例，如托普云农和赣南脐橙，充分展示了数字平台在实际应用中的有效性和巨大潜力。

政策建议如下。其一，加大对农村地区网络基础设施建设的投入，缩小城乡数字鸿沟，为数字平台的应用提供基础保障。同时，鼓励和支持农产品供应链各环节的数字化转型，推广物联网、大数据、人工智能等技术，以提升供应链的透明度、效率和智能化水平。建立健全农产品溯源体系，确保农产品从生产到消费的全程可追溯，从而保障产品质量安全，增强消费者信任。

其二，鼓励农产品区域品牌与数字平台深化合作，充分利用平台的技术优势和资源整合能力，提升品牌知名度和市场竞争力。推动农产品区域品牌加快数字化转型，构建线上线下一体化的营销渠道，实现精准营销和个性化服务。支持农产品区域品牌进行品牌形象塑造和价值提升，打造具有独特文化内涵和地域特色的品牌形象，进而提升品牌附加值。

其三，制定和完善相关政策，为数字平台的发展和农产品区域品牌的成长提供坚实的政策保障。建立健全农产品区域品牌保护机制，严厉打击假冒伪劣行为，切实维护品牌形象和市场秩序。加大人才培养和引进力度，为农产品区域品牌的持续健康发展提供有力的人才支撑。

其四，支持农产品区域品牌与数字平台携手合作，探索"平台＋生态"的发展模式，共同构建产业生态圈，实现资源共享和协同发展。推动农产品区域品牌走绿色发展之路，积极推广绿色生产技术和模式，努力实现农业可持续发展。关注农产品区域品牌的普惠发展，借助数字平台的力量帮助农民增收致富，有力促进乡村振兴。

第 8 章

本书主要结论和发展建议

8.1 主要结论

通过前述章节的分析，可将本书获得的初步结论总结如下。

（1）中国农产品区域公用品牌在数量上稳步增长，但也伴有不均衡和管理上的问题与挑战。一是品牌数量逐年增长，增速呈先快速后平稳增长的态势；同时，品牌质量也在稳步提高。二是在区域分布上不均衡，西部地区的品牌数量领先，且个别省份区域集中度高。三是在品类分布上，可分为种植类、畜牧类、水产类三大类，且各自占比不均衡；在三大品类所细分的二十二种品类中，其分布具有集中性，并且与市场需求高度相关。四是品牌价值上，越来越多的品牌开始参与价值评估；品牌价值分布具有集中性，甚至其品类分布同样也具有集中性。总体上，中国农产品区域公用品牌发展面临政策支持力度不断加大、国际竞争力日益上升以及数字经济赋能等方面的发展机遇，但同时也在品牌的管理和发展、品牌可持续发展等方面面临着严峻挑战。

（2）数字经济赋能农产品区域公用品牌高质量发展的机理。数字经济赋能农产品区域公用品牌高质量发展，其核心是以数字经济的四新服务（新市场、新技术、新业态、新模式）推动高质量的生态体系（生产管理体系、流通营销体系、监测治理体系和公共服务体系）构建，进而克服农产品区域公用品牌的固有痛点，实现创新发展、价值发展、绿色发展和普惠发展。

（3）数字新消费赋能。数字新消费通过市场扩容机制和市场增质机制实现了信息消费、时尚消费、文旅消费、绿色消费等不同类别新市场的创建，区域公用品牌管理者提升消费者的消费渠道、消费场景、消费方式、消费观念，以满足消费者需求个性化、渠道多元化、产品品质化等的消费升级，最终赋能农产品区域公用品牌实现收益提升、产品质优和权益保障等。

（4）数字新技术赋能。从价值攀升和智慧治理的视角，结合大数据和区块链等技术的赋能过程，对攀枝花芒果、盐池滩羊两个品牌进行详细的案例分析，得到3方面结论。一是数字技术可以将农产品的物理系统要素（如种植者、种植环境、种植设备、运输和销售系统等）通过数据采集设施（如传感器、摄像头等）和网络传输设施（如加密传输、智能合约等）映射到网络空间中，实现全过程管理。二是大数据和区块链等技术在需求预测、科学种植、物流和运维等环节发挥重要作用，通过价值攀升和智慧治理等机制，推动了个性化种植、全生命周期管理和智能运维管理等新商业模式的创新。三是大数据技术通过处理和分析海量数据，帮助品牌在市场定位、产品推荐和风险控制等方面作出高质量决策；区块链技术则保障数据传输的安全性和不可篡改性，为生产溯源和防伪提供支持。这些技术的应用不仅确保了品牌的竞争力和产品质量，还为区域公用品牌高质量发展提供了强大的数字赋能。

（5）数字新业态赋能。在以安化黑茶为案例进行分析的基础上，本书研究了品牌离岸孵化新业态助力农产品区域公用品牌加速发展的作用机制，主要研究结论可归于以下4点。一是品牌离岸孵化能够作为一种新业态，能够有效解决欠发达地区发展区域公用品牌时人才、资金、技术等要素匮乏的问题，释放发展活力。通过在发达城市地区设立孵化器，将孵化环节与产业化环节空间分离，利用当地的政策优惠和科技优势吸引技术、人才和资金等要素，为源地品牌提供支持。二是孵化器通过整合技术、资本和人才资源，为企业提供一站式服务，促进资源高效利用，推动产业升级和经济发展。三是依托数字技术优化生产流程和市场推广，孵化器还通过线上线下渠道拓宽品牌传播，提高品牌的市场覆盖率。四是孵化器通过参与行业规范制定，可确保服务质量和行业标准，助力品牌实现全链条的质量保障和市场影响力的提升。

（6）数字新模式赋能。在以托普云农、赣南脐橙为案例进行分析的基础上，本书研究了供应链视角下数字平台助推区域公用品牌高质量发展的作用机制，主要研究结论可归于以下3点。一是数字平台在提升农产品品牌价值、优化供应链管理、增强市场竞争力等方面具有重要作用。二是在农产品区域公用品牌的发展中，平台经济模式下的主体间互动、资源整合和数据交互等机制是关键推动力。主体间互动机制包括企业与消费者的互动、企业间的合作以及消费者群体的互动，通过平台促进品牌价值的共创，增强品牌的创新性和差异化，提升品牌忠诚度。三是要重视数字平台的资源整合机制，可以通过优化区域资源、物流资源、营销资源和关系资源，推动农业产业升级，实现品牌的差异化竞争力和规模效应。数据交互机制则通过线上和线下数据的共享和分析，促进企业与消费者之间的理解与互动，优化供应链效率，为品牌的可持续发展提供支持。这一综合机制不仅推动了农产品区域公用品牌的成长，还确保了品牌在市场中的竞争力和持续影响力。数字平台还可以通过整合资源和提供互动机制，促进了供应链的高效运作，并通过数据驱动和技术创新，提升了农业生产的标准化和信息化水平。

基于上述认识，本书从加强政策支持与引导、推动农产品供应链数字化转型与创新、创新业态模式与规范业态发展、健全农产品区域公用品牌监管体系与服务体系、促进多元化数字营销渠道发展五个方面，提出数字经济多维赋能农产品区域公用品牌高质量发展相关建议。

8.2 发展建议

8.2.1 强化政策支持与引导

制定针对农产品区域公用品牌高质量发展的专项政策，需从多维度综合考量，以确保区域公用品牌能在激烈的市场竞争中实现高质量、可持续的发展。

首先，政府应清晰界定农产品区域公用品牌的短期与长期发展目标，并精心规划数字化转型的实现路径。这涵盖了提升品牌知名度、加强市场竞争力，以及推动农业生产向现代化、标准化和数字化迈进等多个方面。在具体实施层面，政府应推出一系列扶持措施，如财政补贴、税收优惠、低息贷款及金融信贷支持等，以缓解企业资金压力，激发农产品区域公用品牌的发展活力与市场推广动力。例如，对于符合条件的品牌建设项目，政府可直接提供财政补贴，减轻品牌初创阶段的高额投资负担。同时，可以通过税收优惠政策，诸如减免企业所得税、增值税等，进一步削减企业运营成本，提升其市场竞争力。

其次，金融支持在农产品区域公用品牌高质量发展中发挥着至关重要的作用。政府可通过设立专项基金或与金融机构建立紧密合作，提供低息贷款及担保服务，精准对接企业在品牌建设过程中的资金需求。这些资金将专门用于广告宣传、市场拓展、品牌认证及生产设备更新等关键环节，以推动品牌全面发展。低息贷款机制旨在有效降低企业的融资成本，而担保服务则能够增强企业的信贷获取能力，为其在融资道路上保驾护航，化解潜在风险与挑战。为确保金融支持的高效精准，相关政策应清晰界定资金使用的重点领域及具体要求。例如，品牌推广专项资金应专款专用，助力企业开展全国乃至国际范围的市场营销活动，显著提升品牌的市场认知度；技术创新资金则应倾斜于支持企业研发新技术、推进数字化转型升级，为品牌注入强劲竞争力；产业链整合资金则致力于优化供应链管理，全面提升生产效率。此外，政府可积极探索"公共－私营"合作模式（PPP），广泛吸纳私营部门资金参与品牌建设，此举不仅能够拓宽资金来源渠道，还能提升资金使用效率，实现资源的优化配置。为确保资金使用的透明高效，政府应建立健全资金评估与监管机制，定期对资金使用效果进行综合评估，严密监控资金流向，确保每一笔资金都能精准助力品牌建设目标的实现。

最后，政府需加大对农产品区域公用品牌基础设施的投资，优化市场竞争环境，加速技术标准化。通过提升品牌管理与运营能力，确保品牌在国内外保持竞争优势。政府可通过构建现代化物流网络来缩短流通时间，降低损耗，提高效率。同时，推动信息化平台应用，实现全链条智能化管理，增强供应链透明度与可追溯性。此外，实施严格质量控制标准，建立健全质量监管体系，从源头把关，确保产品符合高标准，保障消费者健康，提升品牌形象与市场信任。

8.2.2 推动农产品全产业链数字化转型与创新

要加快农村地区数字基础设施建设，优先提升互联网、物联网、大数据和区块链等关键技术的覆盖率和应用水平，缩小城乡数字鸿沟，为农产品品牌的数字化提供坚实基础。通过加快高速宽带网络的铺设，推广智能传感设备的部署，并优化数据处理中心的布局，确保农村地区能够有效接入并利用数字技术。

应积极利用物联网、大数据、人工智能等技术，全面提升农产品在生产、加工、销售各环节的智能化程度。这不仅能显著提高效率，还能保障产品质量的稳定性和一致性。同时，推广智能仓储和冷链物流技术，确保农产品在运输和储存过程中的品质和安全性，为消费者提供更高质量的产品。推动区块链技术的广泛应用，建立健全农产品溯源体系，确保农产品在生产、加工、流通等环节中的数据被实时监控和精准记录，实现农产品从生产到消费的全程可追溯，保障产品质量安全，增强消费者信任。

此外，农产品区域公用品牌建设还应注重专业技术人才的培养，积极与高等学校、职业院校、科研机构开展科研合作和人才交流，以增强品牌的创新能力和技术储备。

8.2.3 强化数字服务支撑与农业业态创新

数字经济通过数字服务赋能农产品区域公用品牌发展，而这种服务的提供主要基于数字化平台来实现。在农业智慧化升级的态势下，持续创新业态模式已成为推动农业服务发展的关键战略。通过覆盖"产前—产中—产后"全环节的产业互联网，各类涉农主体可以充分发挥其比较优势，积极探索并拓展出"农资+服务""科技+服务""互联网+服务"等创新模式。这些模式不仅能够有效优化资源配置，提升农业生产效率，还能够推动农业各环节之间的紧密衔接与融合，进一步深化农产品加工业、乡村旅游等相关产业之间的互动与协同，延长农业产业链和价值链，最终推动农业业态的持续创新与发展。

鼓励产业互联网建设，引导各类涉农企业如农资生产企业、农机装备企业、农业科技企业和互联网平台等，在农业生产的各个环节提供全方位、多层次的服务，加速农业现代化进程。例如，发展"农资+服务"模式，通过整合农资供应链，提供精准的农业投入品，帮助农户实现精细化种植，降低生产成本；发展"科技+服务"模式，通过农业科技的推广与应用，使先进技术能够快速普及到田间地头，提高农业生产的科技含量和附加值；发展"互联网+服务"模式，借助互联网平台，打通农产品从生产到消费的各个环节，实现了生产与市场的无缝对接，增强农产品与区域公用品牌建设的市场竞争力。

鼓励和支持农产品区域公用品牌与数字平台的合作，充分利用平台的技术优势和资源整合能力，提升品牌的知名度和市场竞争力。推动农产品区域品牌的数字化转型，构建线上线下一体化的营销渠道，实现精准营销和个性化服务，增强品牌的市场影响力。支持农产品区域品牌进行品牌形象塑造和价值提升，打造具有独特文化内涵和地域特色的品牌形象，提升品牌附加值。

8.2.4 促进多元化数字营销渠道发展

数字消费可以通过需求维度和供给维度，改变居民消费理念和消费习惯，推动消费层次从发展型向共享型和服务型转变、消费结构从物质需求向精神给养转变、消费方式从传统线下向新式线上转变。

（1）构建全渠道营销策略。在数字化时代，农产品区域公用品牌应积极探索并构建全渠道营销策略，充分利用社交媒体、短视频平台、电商平台及直播带货等多种数字营销渠道。通过精准定位目标消费群体，制定差异化的营销内容，实现品牌信息的广泛传播和深度触达。同时，加强各渠道间的协同作战，形成营销合力，提升品牌的市场覆盖率和影响力，为农产品区域公用品牌的高质量发展提供强大的市场驱动力。

（2）强化内容创新与互动体验。在多元化数字营销渠道中，内容是吸引消费者关注、建立品牌情感连接的关键。农产品区域公用品牌应注重内容创新，结合品牌故事、产品特色及消费者需求，打造有温度、有深度的营销内容。同时，利用数字技术的互动性，增强消费者的参与感和体验感，如通过AR试吃、VR农场游等活动，让消费者身临其境地感受农产品的生长环境和品质魅力。内容创新与互动体验的结合，将有效提升品牌的美誉度和忠诚度，促进品牌的高质量发展。

（3）数据分析驱动精准营销。在多元化数字营销过程中，数据分析是优化营销策略、提升营销效果的重要手段。农产品区域公用品牌应建立完善的数据收集、分析和应用体系，对消费者行为、市场趋势及营销效果进行深度洞察。基于数据分析结果，品牌可以更加精准地定位目标市场、优化营销预算分配、调整营销策略和渠道组合，实现精准营销和高效转化。此外，数据分析还能帮助品牌及时发现市场机会和潜在风险，为品牌的长期发展和战略规划提供有力支持。通过数据分析驱动精准营销，农产品区域公用品牌可以更加精准地满足消费者需求，实现品牌的高质量发展。

（4）深化供应链协同。为支撑多元化数字营销渠道的高效运作，农产品区域公用品牌需深化供应链协同，并推动整个产业链的数字化转型。这包括提升农产品生产环节的标准化、智能化水平，利用物联网、大数据等技术优化种植、养殖、加工等环节的管理，确保产品品质的稳定性和可追溯性。同时，加强与物流、仓储、销售等环节的数字化对接，实现供应链各环节的紧密协同和信息共享。通过数字化转型，农产品区域公用品牌能够更快速地响应市场变化，更高效地满足消费者需求，从而在激烈的市场竞争中占据优势地位，推动品牌的高质量发展。

8.2.5 健全品牌监管体系与服务体系

建立健全农产品区域公用品牌监管体系，确保品牌质量、安全和诚信。为此，需建立和完善监管机制，该机制应涵盖品牌认证、质量检测、安全评估和诚信管理等多个方面。通过制定和实施严格的品牌标准和规范，确保品牌产品符合既定的质量和安全要求，从而有效减少伪劣产品的出现。建议设立专门的监管机构或委员会，定期检查和评估品牌的实际运作情况，包括对生产、加工、储存和流通等各个环节进行全面监督。此外，应充分利用数字技术，如区块链和物联网，实现品牌产品的全程追溯和实时监控，以此提高监管的透明度和准确性。

加强品牌建设、技术推广和市场开拓等方面的公共服务，支持农产品区域公用品牌全面发展。提供专业化的品牌建设服务，包括品牌设计、市场定位、宣传推广等，帮助企业塑造和提升品牌形象。加强技术推广，通过组织培训、研讨会和技术交流等形式，推动农业新技术和新理念的普及应用，提高生产效率和产品质量。支持市场开拓，为企业提供市场调研、营销策略和销售渠道的支持，帮助品牌拓展市场和提升竞争力。建立完善的公共服务平台，提供一站式服务，整合各种资源，为农产品区域公用品牌建设提供全方位的支持。

在业态发展的规范化方面，深化"放管服"改革理念，为农业服务市场的培育、服务主体的扶持以及服务行为的规范化提供明确的指引。通过简化行政审批流程，强化事中事后监管，优化营商环境，促进服务市场的健康发展和各类涉农主体的有序竞争。同时，随着市场主体逐步成为业态创新的核心力量，区域公用品牌的建设也逐步从政府单一主导模式向多方协同促进模式演进。企业、农民合作社、科研机构等各类主体通过共同参与品牌建设，能够充分发挥各自的优势，形成合力，推动品牌形象的提升和品牌价值的增长。未来应通过引导发展多方协同模式，激发农产品区域公用品牌建设过程中各类主体的创新动力，促使区域公用品牌建设由政府单一主导发展向多方共同促进转化，充分发挥不同主体的能动性，提升企业自驱力和自制力。

参考文献

[1] 毕婕.数字化背景下农产品区域公用品牌的价值提升思考[J].质量与市场,2023(12).

[2] 曾维炯,徐立成.高端农产品价格的"最后一公里"与产业链的失衡发展——基于黑龙江五常市"五常大米"的实证分析[J].中国农村观察,2014(2).

[3] 陈慈,陈俊红,龚晶,等.农业新产业新业态的特征、类型与作用[J].农业经济,2018(1).

[4] 陈洁,陈碧玉,苏艳.农产品绿色营销的策略探讨[J].中国商贸,2011(31).

[5] 陈瑾,梁辰.我国数字平台的组织业态、技术特征与商业模式研究[J].企业经济,2022(12).

[6] 陈卫洪,耿芳艳.网络营销赋能农村产业发展的机制研究——新媒体平台"直播+短视频+商城"助农案例及其分析[J].农业经济问题,2023(11).

[7] 崔丙群,孟慧瑶,刘思雨,等.乡村振兴战略下农产品区域公用品牌价值共创组合路径研究[J].供应链管理,2022(11).

[8] 戴天放.农业业态概念和新业态类型及其形成机制初探[J].农业现代化研究,2014(2).

[9] 丁静,王苗苗.生鲜农产品全渠道供应链模式与实现路径[J].安徽农业大学学报(社会科学版),2021(2).

[10] 董银果,钱薇雯.农产品区域公用品牌建设中的"搭便车"问题——基于数字化追溯、透明和保证体系的治理研究[J].中国农村观察,2022(6).

[11] 郭峰，熊云军，石庆玲，等．数字经济与行政边界地区经济发展再考察——来自卫星灯光数据的证据［J］．管理世界，2023（4）．

[12] 郭红生．区域农产品品牌的文化营销［J］．商场现代化，2006（33）．

[13] 何中兵，谭力文，赵满路，等．集群企业共享经济与共创价值路径研究［J］．中国软科学，2018（10）．

[14] 洪小玲，万虎，肖晓，等．基于区块链的制造联盟系统［J］．计算机科学，2020（S1）．

[15] 胡晓云，程定军，李闯，等．中国农产品区域公用品牌的价值评估研究［J］．中国广告，2010（3）．

[16] 胡正明，王亚卓．农产品区域品牌形成与成长路径研究［J］．江西财经大学学报，2010（6）．

[17] 黄蕾．区域产业集群品牌：我国农产品品牌建设的新视角［J］．江西社会科学，2009（9）．

[18] 黄荣兴，牛有龙，许晋豫．宁夏滩羊：品牌护航 培育"致富羊"［J］．中国乡村振兴，2023（22）．

[19] 黄细芬．数字经济赋能视角下农产品新零售营销模式创新研究——以广东省肇庆市为例［J］．全国流通经济，2023（23）．

[20] 黄亚妍，谢治阳，胡传东，等．中国农产品地理标志的空间结构与乡村旅游关联性研究［J］．资源开发与市场，2024（8）．

[21] 纪良纲，刘东英．农产品供应链整合研究［M］．北京：人民出版社，2016：41-47．

[22] 江凌．文旅新业态的生成机制、发展逻辑与高质量发展路径［J］．贵州师范大学学报（社会科学版），2023（3）．

[23] 靳代平，秦伟，王芳．苏州市农产品数字化品牌建设策略研究［J］．现代营销（经营版），2021（1）．

[24] 兰勇，张婕妤．农产品区域公用品牌研究回顾与展望［J］．农业经济，2019（9）．

[25] 雷鹏，周立．农村新产业、新业态、新模式发展研究——基于福建安溪茶庄园产业融合调查［J］．福建论坛（人文社会科学版），2020（4）．

[26] 黎彩眉．农产品区域公用品牌建设问题与完善路径研究［J］．绿色科技，2021（6）．

[27] 李楠，李昀励．数字赋能农业现代化：内在机理、成效检视与实践

路向［J］．华中农业大学学报（社会科学版），2024（5）．

［28］梁鲁晋．结构洞理论综述及应用研究探析［J］．管理学家（学术版），2011（4）．

［29］林海芬，陈梦雅，曲廷琛．组织学习视角行业惯例的演化过程案例研究［J］．科研管理，2022（2）．

［30］刘邓威，李靖．数字经济助力农业现代化发展的作用机理、现实困境与实践路径［J］．重庆科技大学学报（社会科学版），2024（4）．

［31］刘斐，蔡洁，李晓静，等．农村一二三产业融合的个体响应及影响因素［J］．西北农林科技大学学报（社会科学版），2019（4）．

［32］刘竞．中国地理标志农产品结构特征及影响因素分析［J］．干旱区资源与环境，2024（7）．

［33］刘秀玲，戴蓬军．农业产业化经营中供应链物流管理研究［J］．商业研究，2006（5）．

［34］刘卓．农业与文创融合背景下的农产品包装设计［J］．包装工程，2020（20）．

［35］龙玉祥．"心经济"背景下农产品品牌营销策略［J］．农业经济，2011（11）．

［36］卢结华．新业态智力成果的类型化及其法律应对［J］．科技与法律（中英文），2023（6）．

［37］陆娟，孙瑾．乡村振兴战略下农产品区域品牌协同共建研究——基于价值共创的视角［J］．经济与管理研究，2022（4）．

［38］路璐．农产品区域品牌建设中地方政府扶持路径优化研究［D］．西安：西北大学，2021．

［39］马改艳．农产品区域公用品牌"搭便车"问题及其治理研究——以福州茉莉花茶为例［J］．现代农村科技，2024（6）．

［40］马清学．农产品区域品牌建设模式研究［J］．河南师范大学学报（哲学社会科学版），2010（1）．

［41］马士华，林勇．供应链管理．第3版［M］．北京：机械工业出版社，2010．

［42］毛中根，谢迟，叶胥．新时代中国新消费：理论内涵、发展特点与政策取向［J］．经济学家，2020（9）．

［43］聂元昆，刘莉，崔海浪．绿色消费意愿的反应机制——品牌拟人化

和产品类型的匹配效应[J].技术经济,2024(4).

[44]宁宾瑶.数字营销视角下农产品区域品牌形成机制与价值提升探析[J].黑龙江粮食,2024(3).

[45]乔朋华,薛睿,韩先锋.数字营销何以激发中小企业创新——基于信息动态能力的中介作用[J].南开管理评论,2024(5).

[46]乔瀛东,张国宝.数字化背景下安徽省农产品区域公用品牌价值提升[J].商场现代化,2024(3).

[47]邱晓君.数商兴农视域下山东省生鲜农产品供应链模式发展研究[J].现代商业,2024(10).

[48]任保平,杜宇翔,裴昂.数字经济背景下中国消费新变化:态势、特征及路径[J].消费经济,2022(1).

[49]石明明,江舟,周小焱.消费升级还是消费降级[J].中国工业经济,2019(7).

[50]史丹,叶云岭,于海潮.双循环视角下技术转移对产业升级的影响研究[J].数量经济技术经济研究,2023(6).

[51]苏晓蕾.探析农产品品牌数字化转型面临的机遇与挑战[J].现代农业研究,2023(11).

[52]孙琳琳.中国新消费的驱动因素及发展前景[J].人民论坛,2023(5).

[53]孙全爽,乔惠波.数字经济促进农村产业振兴的内在机理与实施策略[J].农业与技术,2024(11).

[54]谭春兰,张涵.苏州阳澄湖大闸蟹水产品品牌发展策略研究[J].中国渔业经济,2013(4).

[55]谭芳.仪式观视角下的茶文化传播[J].武汉:华中师范大学,2014.

[56]田秀娟,李睿.数字技术赋能实体经济转型发展——基于熊彼特内生增长理论的分析框架[J].管理世界,2022(5).

[57]汪冉,雷书彦.湖北省物种类农业文化遗产的现状和保护[J].湖北农业科学,2021(6).

[58]王奇,牛耕,赵国昌.电子商务发展与乡村振兴:中国经验[J].世界经济,2021(12).

[59]王树祥,张明玉,黎金银.农产品生产特征及其变化对农产品物流

的重要影响［J］．管理现代化，2009（5）．

［60］王小璟，万怡，邱欢．我国区域公用品牌基本状况分析［J］．宏观质量研究，2023（2）．

［61］王兴元，朱强．原产地品牌塑造及治理博弈模型分析——公共品牌效应视角［J］．经济管理，2017（8）．

［62］王志超，孙良斌．农户区域公用品牌使用意愿调查［J］．合作经济与科技，2024（6）．

［63］王志飞．赣南脐橙产业国际化研究［J］．农村经济与科技，2018，29（23）．

［64］闻中，陈剑．网络效应与网络外部性：概念的探讨与分析［J］．当代经济科学，2000（6）．

［65］伍静，孙可晴，陈玮宁．后疫情时代"云旅游"高质量发展模式与路径探究［J］．现代商业，2021（20）．

［66］夏杰长，张雅俊．形成消费和投资相互促进良性循环新局面［J］．东北财经大学学报，2024（1）．

［67］夏显力，陈哲，张慧利，等．农业高质量发展：数字赋能与实现路径［J］．中国农村经济，2019（12）．

［68］肖卫东．中国种植业地理集聚：时空特征、变化趋势及影响因素［J］．中国农村经济，2012（5）．

［69］谢宝剑，肖慧珍．粤港澳大湾区数字消费市场分析与前瞻［J］．新经济，2023（1）．

［70］谢佳亮，王兆峰．中国文旅融合发展效率动态演化及影响因素［J］．经济地理，2024（5）．

［71］熊颖，郭守亭．数字经济发展对中国居民消费结构升级的空间效应与作用机制［J］．华中农业大学学报（社会科学版），2023（1）．

［72］徐梦周，胡青，吕铁．信息消费能促进区域创新效率提升吗？——基于省域面板数据的实证研究［J］．中国软科学，2022（8）．

［73］杨军鸽，王琴梅．数字经济对物流业与现代农业融合发展的影响［J］．中国流通经济，2024（8）．

［74］杨昀，贾玎．农文旅融合背景下的古村落乡村振兴路径研究［J］．云南农业大学学报（社会科学），2021（5）．

［75］尧珏，邵法焕，蒋和平．都市农业新产业和新业态的发展模式研

究——以青岛市为例[J].农业现代化研究,2020(1).

[76] 叶泽樱,郑馨,陶琳.新生代消费升级与共情驱动的创新[J].中国工业经济,2024(4).

[77] 袁璋.我国中部地区农业产业结构演进及调整优化方向研究[D].北京:中国农业科学院,2006.

[78] 张洁梅,秦维佳.绿色消费行为对亲社会行为的双刃剑效应:基于道德自我认同和心理特权的中介机制[J].经济与管理评论,2024(4).

[79] 张侨.绿色农产品品牌战略建设探析[J].农业展望,2017(6).

[80] 张月义,郑昊,孙叶芳.区域质量品牌对制造业高质量发展的影响研究——以浙江制造为例[J].宏观质量研究,2024(2).

[81] 赵付春.我国信息消费构成、影响和发展重点研究[J].社会科学,2014(1).

[82] 赵建伟,彭成圆,冯臻,等.特色农产品电商发展及其影响因素研究——基于江苏省农户电商的调研数据分析[J].价格理论与实践,2020(8).

[83] 郑英隆.信息消费论纲[J].上海社会科学院学术季刊,1994(2).

[84] Christidis K, Devetsikiotis M. Blockchains and smart contracts for the internet of things[J]. IEEE Access, 2016(4).